Auxiliando a humanidade a encontrar a Verdade

Os Novos Rumos do Cristianismo

© 2016 – Adolfo Marques dos Santos

Os Novos Rumos do Cristianismo
Adolfo Marques dos Santos

Todos os direitos desta edição reservados à
CONHECIMENTO EDITORIAL LTDA.
Fone/Fax: 19 3451-5440
www.edconhecimento.com.br
vendas@edconhecimento.com.br

Nos termos da lei que resguarda os direitos autorais, é proibida a reprodução total ou parcial, de qualquer forma ou por qualquer meio – eletrônico ou mecânico, inclusive por processos xerográficos, de fotocópia e de gravação –, sem permissão, por escrito, do Editor.

Revisão Linguística: Sueli Cardoso de Araújo
Projeto gráfico: Sérgio Carvalho
Ilustração da capa: Banco de imagens
Diagramação: Helena Maria Medeiros

• Impresso no Brasil • Presita en Brazilo
ISBN: 978-85-7618-375-4

Editado conforme o
Novo Acordo Ortográfico da Língua Portuguesa

Produzido no Departamento Gráfico de
CONHECIMENTO EDITORIAL LTDA
Rua Prof. Paulo Chaves, 276 - 13485-150
Fone: 19 3451-5440 — Limeira - SP

Dados Internacionais de Catalogação na Publicação (CIP)
(Câmara Brasileira do Livro, SP, Brasil)

Santos, Adolfo Marques dos
  Os Novos Rumos do Cristianismo / Adolfo Marques dos Santos – Limeira, SP: Editora do Conhecimento, 2016.
  314 p. (Adventos Crísticos)

ISBN 978-85-7618-375-4

1. Cristianismo e espiritismo 2. Religiosidade 3. Ética. 4.Valores. I. Título.

16-0812   CDD – 133.9
        Índice para catálogo sistemático:
          1. Cristianismo e espiritismo 133.9

ADOLFO MARQUES DOS SANTOS

Os Novos Rumos do Cristianismo

1ª edição
2016

EDITORA DO
CONHECIMENTO

Outros livros da série

Adventos Crísticos

O Evangelho e a Lei de Deus
O Fim dos Tempos e os Discos Voadores
Adventos Crísticos
A Arte de Interpretar a Vida
Pérolas de Esperança
A Predestinação Espiritual do Brasil
O Cristianismo Renovado

O produto integral de todos os livros é destinado ao
C. E. U. — Centro Espiritualista Universalista
para a divulgação dos Adventos Crísticos.

O autor se encontra disponível para realizar conferências sobre
os ADVENTOS CRÍSTICOS, onde for convidado.

www.adventos.org.br
adolfo@adventos.org.br
adolfoadventos@gmail.com
Telefone: (0055 21) 99636-2184
Rio de Janeiro – Brasil

Por estarmos na Era do Mentalismo, o foco neste livro é o despertar de nosso Cristo interno.

Sendo Cristo sinônimo de amor universal, procure manter-se sintonizado com a sinfonia do Cosmo e, dessa forma, estará melhorando a sua audição mental.

Com a sua Chama Crística divinamente acesa, os seus pensamentos entrarão em campos progressivamente abstratos e, assim, surgirá o seu incêndio interior.

Concentre-se em sua glândula pineal durante a leitura-estudo deste livro e você perceberá brotar de seu âmago o ardor do Divino Amor... Sentirá a crística inspiração advinda do Cristo Criador da Terra, tendo Jesus como crístico intermediário para auxiliá-lo.

Para renovar o Cristianismo, será necessário estarmos emocionalmente embebidos na abrangência do Nazareno Mestre e em ressonância com o Cristo, Senhor Nosso e Irmão Maior.

Saúde e Paz!

Sumário

Esclarecimentos 9
Ao leitor 14
Palavras do autor 18
Introdução 20
Prece de abertura 27
1. O despertar do Cristo Interno 29
2. Nova biologia terrena 39
3. Escolas para a alma 51
4. Mentalismo crístico 62
5. Exercitar a superconsciência 71
6. Faculdades mediúnicas 80
7. Sublimes emoções 89
8. Providência Divina 97
9. O homem é o que ele pensa 106
10. Viver o presente 113
11. O cristianismo e os quatro pilares da sociedade ... 120
12. Em ressonância com o Cristo 128
13. Consciências ascensionadas 136
14. Amor ativo 143
15. Vida e saúde na Era do Mentalismo 151
16. A fraternidade em ação crística 159
17. Princípio crístico das relações sociais 166
18. O homem se vincula à sua criação 172
19. Celebrar a vida 179
20. O evangelho como cântico de esperança 187
21. As religiões no Terceiro Milênio 194
22. A morte não interrompe a vida 204
23. Autocura à luz do Evangelho 212

24. Celebrar com o Brasil o triunfo divino do Evangelho 222
25. As religiões e o cristianismo renovado 231
26. Funções dos integrantes das Sagradas Fileiras 241
27. Características do cristão renovado 247
28. Integração entre ciência e religião 254
29. Evolução da consciência 261
30. Constantes universais 267
31. Livre-arbítrio e Lei de Causa e Efeito 276
32. Educar para libertar consciências 289
33. Reversão 295
Epílogo 306
Referências bibliográficas 312

Esclarecimentos

Pela Lei da Evolução, há necessidade natural de, periodicamente, substituirmos valores, conceitos, ensinamentos, convenções etc., pois, por ser dinâmico o universo, tudo criado obedece ao eterno transformismo.

A implantação dos Adventos Crísticos[1] nesta fase de transição planetária obedece ao planejamento sideral voltado para a Terra[2].

Por volta de 1.400 a.C., Anfion, encarnado na Mesopotâmia, era médium do Cristo terráqueo. Na oportunidade, sinalizou para seus discípulos as épocas e os locais em que estes reencarnariam para preparar a chegada do angelical Avatar-Luz, cujo descenso vibratório para reencarnar já estava sendo anunciado no plano divino. Após mais de mil anos em processo de autodescenso, Ele, a Grande Estrela, conseguiu atingir a vibração da matéria densa e recebeu o nome de Jesus.

Entre a reunião de Anfion com seus discípulos e o nascimento de Jesus, muitos espíritos especiais reencarnaram, preparando o mundo para a chegada d'Ele. Dentre eles, Moisés, para implantar o monoteísmo, e o profeta Isaías[3], para que,

---

[1] Adventos Crísticos constituem a proposta trazida ao plano material pelos espíritos integrantes das Sagradas Fileiras para renovar o Cristianismo, consubstanciada no livro *Adventos crísticos*, do mesmo autor.
[2] Os mundos habitados, em função de suas idades, independentemente do grau evolutivo de suas humanidades, além das transformações naturais, obedecem à Lei da Evolução. Assim, o planejamento é sideral, mas voltado para a Terra, tendo em vista que o nosso orbe atingiu a idade de abrigar espíritos em condições de frequentarem um curso secundário. Por ser constante universal, os espíritos evoluem com os seus mundos.
[3] O profeta Isaías encarnou por volta de 700 a.C. e, na personalidade do profeta Samuel, no ano de 150 a.C. Quando Jesus estava encarnado, ele reencarnou com o

na condição de médium[4], o Sol Divino, Jesus de Nazaré, Se comunicasse com o plano físico. Ainda na fase de descenso do Nazareno Mestre reencarnou Sidarta Gautama, o iluminado Buda. Isaías voltou a encarnar na personalidade do profeta Samuel (150 a.C.), fundando as escolas essênicas. Representando a ciência e a filosofia reencarnaram Tales de Mileto[5] (624-548 a.C.), Pitágoras (570-496 a.C.), Sócrates (470-399 a.C.), Platão (427-347 a.C.), Aristóteles (384-322 a.C.), Aristarco de Samos (310-230 a.C.) e muitos outros.

Da implantação do Cristianismo até os nossos dias muitos outros espíritos luminosos reencarnaram, obedecendo ao mesmo planejamento. Assim, tivemos os líderes dos primeiros séculos do Cristianismo; depois, Francisco de Assis e Antônio de Pádua; João Huss[6], Giordano Bruno[7], Allan Kardec e, mais recentemente, Francisco Cândido Xavier, João Paulo II, Sai Baba[8] e Divaldo Pereira Franco.

Em 1990, Silvestre I, que fora papa entre os anos 314 e 335, anunciou, agradecido e em júbilo, por meio da psicografia de Therezinha Teixeira Pereira de Carvalho, ser o portavoz dos demais espíritos integrantes das Sagradas Fileiras, aqueles que têm a sacra tarefa de implantar os Adventos Crísticos, açambarcando toda a humanidade.

Silvestre e alguns outros espíritos, por intermédio da psicografia de Therezinha Teixeira Pereira de Carvalho, escre-

---

nome de João, o Evangelista.
4 Jesus Se identificou mediunicamente ao profeta Isaías como YHWH.
5 Tales de Mileto foi filósofo, matemático, engenheiro, homem de negócios e astrônomo na Grécia antiga, sendo o primeiro filósofo ocidental de que se tem notícia. De ascendência fenícia, nasceu em Mileto, antiga colônia grega na Ásia Menor, atual Turquia, por volta de 623 ou 624 a.C. Faleceu aproximadamente em 546 ou 548 a.C. Fonte: <https://pt.wikipedia.org/wiki/Tales_de_Mileto>.
6 João Huss ou Jan Hus (1369-1415) foi um pensador e reformador religioso. Ele iniciou um movimento religioso baseado nas ideias de John Wycliffe. Os seus seguidores ficaram conhecidos como "hussitas". A Igreja Católica não perdoou tais rebeliões e ele foi excomungado em 1410. Condenado pelo Concílio de Constança, foi queimado vivo. Ele é considerado precursor do movimento protestante. Fonte: <https://pt.wikipedia.org/wiki/Jan_Hus>.
7 Giordano Bruno (1548-1600), teólogo, filósofo, escritor e frade dominicano italiano, condenado à morte na fogueira pela Inquisição romana por defender erros teológicos e a teoria do heliocentrismo de Copérnico. Fonte: <https://pt.wikipedia.org/wiki/Giordano Bruno>.
8 Sai Baba (1926-2011) foi guru espiritual, místico, filantropo e educador. Embora externamente seguisse a filosofia oriental, era um avatar cristão, uma vez que Cristo é a essência espiritual terrena.

veram cerca de setecentas mensagens entre 1990 e 2000, de modo a nos preparar para apresentarmos à sociedade a Proposta Adventista.

O cerne do atual Advento é fazer chegar à sociedade a verdadeira palavra falada por Jesus, a qual consta em *A Arca do Desconhecido*, no plano espiritual, e também grafada e guardada no Vaticano, conforme anotações feitas pelos primeiros cristãos.

Na atual fase de transição planetária, acontecerá:

- a separação do joio do trigo, obedecendo à Lei da Evolução;
- a verticalização do eixo da Terra em relação ao Sol;
- a redistribuição das águas dos cinco oceanos, formando apenas três;
- os cinco continentes sendo transformados, também, em apenas três;
- o reaparecimento de Atlântida na região do Triângulo das Bermudas;
- afundamentos gigantescos na cordilheira dos Andes e em várias outras partes do planeta;
- a conscientização de que Jesus é o instrutor espiritual dos quatro pilares da sociedade – científico, social, artístico e religioso. Assim, deixará de ser cultuado tão somente pelo pilar religioso.

Intuitivamente, todos sentem que a Terra e sua humanidade estão na iminência de grandes transformações de várias procedências.

Embora o curso primário terreno tenha sido concluído em 2012, teremos um período de transição, que durará quarenta anos, para consolidação na consciência daqueles que, meritoriamente, continuarem reencarnando na Terra.

A Suprema Corte dos espíritos que coordenam a vida da Terra e de seus habitantes, gradualmente, sinalizará os novos rumos do Cristianismo, o que é natural, considerando que a evolução espiritual é eterna. Logicamente, os novos ensinamentos serão fornecidos pelos prepostos de Deus à medida que formos assimilando os anteriores.

Quando uma escola planetária conclui o tempo de seu

curso espiritual primário em qualquer reduto do universo, é exigido do espírito frequentador dessa escola, pela Lei do Criador, que tenha adquirido um grau evolutivo compatível com aquele nível de escolaridade espiritual. Caso ele esteja acima da média, será ótimo e, consequentemente, assumirá maiores responsabilidades, pois determina a Lei de Deus que *a quem mais é dado, mais será cobrado*. Entretanto, se estiver abaixo da média, será transladado para outra escola planetária, para repetir o curso em outro mundo deste ou de outro sistema solar, desta ou de outra galáxia.

Entre os alunos reprovados na Terra e que serão exilados para outros mundos, haverá aqueles que têm possibilidade de se destacarem na assimilação de conhecimentos libertadores no novo planeta e, assim, tornarem-se líderes educadores de almas em sua nova morada. Trata-se da bondade infinita de Deus sempre nos oportunizando. Embora almejemos a liderança espiritual na Terra, sem evolução compatível seremos levados para mundos inferiores, onde seremos oportunizados na realização de nossas aspirações como condutores de almas.

É da Criação que antes da bonança vem a tempestade. Daí ser tempestuosa a transição em curso, mesmo para os que se diplomaram no curso de alfabetização espiritual.

O aluno terreno aprovado para o curso secundário, sob a regência de Aquário, era da força da alma, para transitar na nova fase, de regeneração e progresso, precisará:

• Substituir os discursos de conveniência pela concretização de obras nobilitantes, ou seja, será conhecido e reconhecido por meio dos atos cometidos na vivência, pois estará mais consciente de que a saúde corpórea depende da saúde mental. Terminou a fase evolutiva da mentira, da autoilusão.
• Aumentar substancialmente a sua sensibilidade psíquica, fazendo uso constante da oração, considerando que os de menor grau evolutivo passarão por fortes momentos de agruras disciplinadoras. Será uma fase de grandes dores, mas de menores sofrimentos, devido ao grau de compreensão das criaturas quanto à infalível justiça divina representada pela Lei de Causa e Efeito.
• Ajustar-se à progressiva vibração da massa planetária

terrena e de tudo a ela inerente. Daí a necessidade de recorrer à divindade uma cota extra de bênçãos e de energias, o que deverá ser feito por meio da oração ativa, aquela em que se ora no simples falar com outros indivíduos.

* * *

No crepitar da chama,
No verdejar da folhagem,
No espocar da onda,
Na essência do ar,
Aqui e acolá eu estou,
Pois sou a energia livre
Que preenche os vácuos
Tornando os espaços habitáveis.

O zênite é contigo
Shiva

(Psicografado por Therezinha de Carvalho)

Ao leitor

Durante a leitura de Os novos rumos do Cristianismo, você perceberá que não se trata de mais um livro da literatura espiritualista, mas, sobretudo, um sagrado manual para, por meio da reflexão, despertarmos o nosso Cristo interno e termos reais condições para vivenciar e divulgar o Cristianismo renovado. No final de cada capítulo consta uma reflexão sobre os Adventos Crísticos, pois, tendo em vista que a Proposta Adventista envolve os quatro pilares da sociedade, será preciso estar atentos aos problemas sociais, científicos, artísticos e religiosos, a fim de nos tornarmos homens integrais.

Trabalhemos, pois, o despertar da luz de nossa alma.

Ao encontrar no corpo deste livro palavras que expressem sacralidade, como, por exemplo, Deus, Cristo, Jesus, Amor, divindade, Supremo Artífice da Vida, Evangelho, anjos, arcanjos etc., procuremos pronunciá-las com o teor energético que auxilie no despertar dos atributos divinos de que somos portadores. Ao final de cada capítulo, convictamente façamos uma reflexão em forma de exercício de autodescobrimento de nosso Deus interior. Dessa forma, estaremos em condições para anunciar: Eu sou... Eu sou Luz!... Eu sou Deus!

Transformemos cada palavra sagrada em um mantra e a pronunciemos com o tom da convicção, pois isso não somente fará regurgitar de nosso inconsciente profundo a essência de Deus latente em nós, como também acionará a consciência dos desencarnados que estiverem nos acompanhando durante a leitura-estudo.

À medida que avançarmos na assimilação do que é proposto pelos Adventos Crísticos e contido neste livro, a nossa alma, mais plena de Deus, sentir-se-á motivada, esperançosa e livre para divulgar os novos rumos do Cristianismo.

Uma vez que a renovação do Cristianismo depende do cristão, comecemos por trazer à tona a imaculada essência de Deus da qual somos portadores. Para tal, não soterremos a nossa vontade de fazer chegar aos quatro cantos deste mundo por todos os meios, inclusive os tecnológicos, a proposta libertadora de consciências contida na sublime mensagem do Cristianismo renovado[1]. Contudo, não nos esqueçamos do sagrado valor que tem a divulgação boca a boca, pois a voz humana é capaz de transportar o prana vivificador da saúde mental e corpórea do expositor e dos ouvintes. Transformemos a nossa boa vontade em força de vontade, para que haja a realização, tendo em vista que não adiantará ter vontade sem ação renovadora.

A sociedade terrena, recentemente, terminou de percorrer Peixes, Era do Amor. Atualmente, já se encontra em Aquário, Era do Mentalismo. Simultaneamente ao desenvolvimento mental, cabe ao terráqueo colocar na rotina de sua vida o que assimilou em Peixes. Compete-lhe, agora, transformar as suas habilidades emocionais em vivenciamento evangélico.

Em Peixes, recebemos a sagrada proposta do Cristo trazida ao mundo pelo crístico anjo, Jesus de Nazaré, a qual foi dirigida ao nosso coração. Em Aquário, já não há necessidade de se fazer pregações sobre a importância do amor na vida humana, considerando que tal lição foi dada em Peixes, de forma que, em Aquário, amar passasse a ser um ato tão natural e espontâneo quanto o movimento das águas dos afluentes que correm para os rios, destes para os mares e daí para os oceanos.

A Era do Mentalismo não significa frieza intelectual, mas vivenciamento dos nobres sentimentos desenvolvidos em Peixes – a era da emoção pelo sagrado. No Mentalismo, a nossa alma, mais capacitada, direcionará as suas energias-forças para manifestar a capacidade consciente de amar. Mas amar sem pieguismo, demonstrando que já venceu a infantilidade emocional.

---

1 Cristianismo Renovado é também o título do livro anterior do autor. A obra trata das principais mudanças que sofrerá o Cristianismo, direcionando todas as religiões a aspirarem sentir o Cristo-Pai, tendo Jesus como modelo e guia.

Também não é saudável falar de amor de maneira nostálgica, por falta de coragem para atirar-se rumo ao eternamente novo, a fim de conquistar novas emoções e dilatar os sentimentos elevados e, também, o tempo emocional.

Em Peixes, Jesus ensinou o ser humano a ver, ouvir e falar com o coração, para que ele se graduasse, por esforço pessoal, ao sagrado patamar da misericórdia. Quem assimilou os ensinamentos do Nazareno Mestre, de maneira naturalíssima irá vivenciá-los em Aquário.

O foco neste livro é despertar no leitor a sua Força Superior, seu Eu Crístico, de forma que ele possa interiorizar a proposta cristã trazida ao plano material por Silvestre e aplicá-la ensinando, principalmente, pelo exemplo.

No corpo do livro constam sutis advertências sobre a imortalidade da alma, visando a que cada pessoa se sinta responsável por sua reforma íntima, convicta de sua eternidade, mas sem o rigor caracterizado pelos indivíduos insipientes[2]. Para nos dedicarmos à evangelização, não há necessidade de rigor, considerando que a evolução não dá saltos.

Você, leitor, após refletir sobre os novos rumos do Cristianismo, concluirá que a mensagem evangélica de nosso Amado Mestre, o Nazareno, contida n'*A Arca do Desconhecido*, é síntese de todas as verdades... É síntese das leis de Deus[3].

Movidos pela eterna gratidão e jubilosos com a oportunidade de divulgar a proposta do Cristo trazida ao mundo por Seu Crístico Filho, o Nazareno Mestre, empenhemo-nos em sua assimilação, cristicamente embalados pelo sentimento de amor advindo de Seu Sagrado Coração.

O ser humano, por ser portador dos atributos divinos, à medida que for assimilando os ensinamentos do Cristianismo Renovado, sentir-se-á mais consciente de seu Cristo interior.

Esta obra, por trazer à memória objetiva a Chama Crística de que somos portadores, nos proporcionará:

- Centralizar nossas aspirações no Cristo-Pai, tendo Jesus como modelo e sagrado farol a nos guiar.
- Buscar inspiração no Cristo Cósmico, para que, com júbi-

---
[2] Não sapiente; ignorante.
[3] Vide o capítulo 25, "Retificações do Evangelho", do livro *O Cristianismo Renovado*.

lo e estesia, motivar nossos semelhantes à causa crística e, juntos, divulgar o Evangelho de *A Arca do Desconhecido*, o qual contém a legítima mensagem proferida por Jesus e que mantém o som vivo de Sua voz com a musicalidade das esferas nirvânicas.

• Adquirir lucidez espiritual para sermos meritoriamente porta-vozes do Nazareno Mestre, declamando o Seu Poema de Amor à Vida e ao Artífice da Vida.

No final da leitura de cada capítulo:

• Mergulhemos na imensidão do infinito!
• Viajemos com as asas da imaginação!
• Contemplemos a magnífica obra dos prepostos de Deus![4]
• Emocionemo-nos ao ver o policrômico espaço sideral!
• Observemos, a distância, as esplendorosas luzes dos quasares!
• Sintamo-nos herdeiros do universo com cem bilhões de galáxias!
• Declamemos um poema de gratidão ao nosso guia, Jesus de Nazaré!

Durante a leitura, receba as bênçãos de Silvestre e um abraço energizante de Francisco de Assis.

---

[4] São os representantes de Deus, englobando os espíritos ascensionados, angelicais, arquiangélicos etc.

Palavras do autor

A fim de melhorar a nossa percepção extrassensorial, antes de iniciar a leitura dos capítulos deste livro façamos uma oração ao Artífice da Vida – Deus.

Em seguida, viajemos pelo cosmo vislumbrando a magnífica obra dos engenheiros siderais a serviço de Deus, o Supremo Arquiteto.

Pontilhemos nossa mente com as mais magnificentes paisagens do universo estelar.

Acompanhemos, mentalmente, os sincrônicos movimentos elípticos de cem bilhões de galáxias na imensidão do cosmo, contendo cada qual 250 bilhões de estrelas balouçando no infinito universo.

Projetados para o plano búdico – a dimensão da iluminação interior –, imaginemo-nos ouvindo a sacratíssima orquestra sinfônica da Criação na imensidão do cosmo.

Com os olhos da imaginação, contemplemos a harmonia do bailado cósmico do universo criado.

Idealizemos a esfera-luz do Cristo Cósmico açambarcando todo o espaço sideral com bilhões de bilhões de corpos celestes.

Com esse panorama mental, perguntemos:

- Que é Deus?
- Qual o meu papel na esplendorosa obra de meu Pai?
- De que maneira eu, Cristo-criatura, poderei entrar em ressonância com o Cristo-Criador da Terra, para tornar-me útil aos meus semelhantes?

Conversemos com Jesus, o Nazareno Mestre, convictos de que, durante as 33 reflexões contidas nestes apontamentos, de nosso Cristo interno aflorarão as respostas. Ele, o Sublime Anjo Planetário, nos auxiliará.

Você, que está começando a ler Os novos rumos do Cristianismo, imagine ouvindo Jesus lhe dizendo:

- Filho do Cristo-Pai, o Criador deste abençoado mundo.
- Você se encontra contemplando, com a sua capacidade imaginativa, a imensurável criação de corpos celestes realizada por engenheiros siderais!
- Continue extasiado e em júbilo só em imaginar as obras dos espíritos arquiangélicos.
- Para sentir com mais abrangência o pulsar do Universo e ouvir a musicalidade da Criação, mergulhe em seu universo íntimo e faça a conexão com o Cristo-Criador da Terra!... Sinta aflorar ao seu consciente os atributos da Divindade Suprema de que é portador!
- Em ressonância com o Cristo-Pai, você dirá convictamente: "Eu sou!... Eu sou parte não apartada de meu Criador!... Eu não preciso viajar pelo infinito para encontrar Deus, pois Ele está em mim e eu estou Nele!... Não preciso perguntar qual a parte que me compete realizar na obra de Deus!... Apenas dizer com sinceridade:
- Senhor! Que seja feita a Tua vontade!".

Saúde e paz com a bênção de Maria, nossa Santíssima Mãe e Patronesse dos Adventos Crísticos.

Introdução

Para renovar o Cristianismo, é primordial que os seres humanos de visão espiritual mais dilatada concebam o Cristo planetário como ponto focal a ser alcançado.

Assim, vamos estabelecer diretrizes a serem alcançadas durante a leitura-estudo destes apontamentos. Consideremos, por exemplo, que estamos frequentando um curso preparatório com 33 lições reflexivas, pois pretendemos contribuir com a nossa cota de ensinamentos e energias para a renovação do Cristianismo.

Durante a leitura, permaneçamos desarmados na crística condição de seres livres, focando o Cristo e Sua resplandecente luz. A nossa alma receberá um fator multiplicador de frequência mental, para, por ressonância, entrar em contato consciente com o Cristo planetário. Sentiremos, no decorrer de nossas reflexões sobre os novos rumos do Cristianismo, o despertar do Cristo interno, nossa Força Superior, a força-energia de nossa alma-luz, a fagulha de Deus que somos.

Com os nossos chacras mais acelerados e formando uma aura com cores suaves, surge de nosso âmago a motivação para direcionarmos nossas aspirações aos Céus, advindo a Chama Crística revestida da sublime ideologia atendendo à nova biologia terrena.

Nessa preparação, vamos transformar os educandários em escolas para a alma... Em um templo em que a suprema disciplina seja aprender a amar a Deus sobre todas as coisas, para ter condições de amar ao próximo como a si mesmo.

Por não ser obra do acaso estarmos encarnados sob os auspícios de Aquário, não permitamos que questões menores e normais para os alunos das escolas primárias se sobreponham ao nosso crístico ideal – representar as potestades celestes, visando a acender a luz crística dos espíritos terrestres.

No decorrer desse curso preparatório, não nos deteremos no passado, por mais dadivoso que tenha sido, considerando que um eterno e luminoso futuro nos aguarda. Nossa preocupação é exercitar a superconsciência, idealizando as maravilhas que nos aguardam na eternidade.

Por ser constante universal[1], as faculdades mediúnicas evoluem com o aprimoramento moral do espírito, o que significa que a mediunidade de prova será substituída pela psíquica. Daí a necessidade de o médium estudar para ter melhores condições de recepcionar os pensamentos dos superiores mentores espirituais de maneira progressivamente sutil.

Nos ambientes formados por seres humanos em que predominam vibrações psíquicas de teor crístico, as sublimes emoções são consequências naturais. Permitamos, então, que as emoções causadoras de enlevo invadam nossos corações.

A sociedade terrena, antes de adentrar a Era do Mentalismo, recebeu dos Céus ensinamentos libertadores, que, embora de diversas procedências, têm o mesmo objetivo: preparar o homem-espécie para frequentar uma escola secundária. Assim, mais esclarecido quanto às Leis de Deus, o ser humano não mais cruzará os braços aguardando que a providência divina faça o que lhe compete, pois determina a Lei do Criador: "Faze a tua parte, que o Céu te ajudará".

Uma vez que o homem é o que ele pensa, somos todos capazes de nos avaliar quanto ao nosso grau de evolução espiritual e desfazer as fantasias quando nos intitulamos "missionários a serviço de Deus na Terra". Para renovar o Cristianismo, os espíritos superiores contam com as pessoas de boa vontade exatamente como elas são, embora aguardando que, por esforço próprio, todas se melhorem e trabalhem a reforma íntima.

---

1 As referências às constantes universais visam a evitar as fantasias religiosas – pois são as mesmas Leis do Criador regendo os planos material, energético e espiritual –, tendo em vista que muitas pessoas foram consideradas "santas" sem terem provado, enquanto encarnadas, que já eram graduadas na misericórdia do *ver, ouvir e falar*. Neste livro, usaremos o termo 'constantes universais' de maneira abrangente, evidentemente sem separarmos a ciência da religião.

É de domínio popular que o maior percentual da humanidade ainda não consegue viver o presente por causa dos resquícios negativos trazidos de vidas anteriores. Quem pretende evoluir para ascender, deve se emocionar divinamente com a vida no presente, pois o futuro depende do agora.

Quando o Cristianismo e os quatro pilares da sociedade vibrarem em um só diapasão, poderemos tirar nossas conclusões quanto ao futuro da humanidade. Na oportunidade, a psicosfera da Terra será formada por camadas de energias com a vibração da paz.

Não existem palavras no vocabulário terreno que traduzam a emoção do que seja entrar em ressonância com o Cristo. Sentir o Cristo é sentir a consciência arquiangélica responsável pela vida planetária... É ter alcançado a bonança.

Após a limpeza energética dos planos físico e metafísico da Terra, devido aos novos panoramas mentais elaborados pelo ser humano no milênio em curso, na psicosfera do nosso orbe não existirão formas de pensamentos refratárias ao crescimento interior. Com mais facilidade, os encarnados entrarão em sintonia com as consciências ascensionadas, aquelas que impulsionam os espíritos menores ao exercício consciente da transformação íntima.

É proposto pelos espíritos responsáveis pela implantação dos Adventos Crísticos que a criatura transforme em vivência o amor ativo, pois, quanto mais se adquirem conhecimentos transcendentes, mais se ama ao Criador e às criaturas, e se tem condições psicoemocionais para substituir o amor contemplativo, aquele que não produz frutos em abundância, pelo amor ativo e construtivo.

Sendo naturais as substanciais mudanças elaboradas pelos indivíduos mais evoluídos, o nosso estágio evolutivo atual já nos propicia vislumbrar como serão a vida e a saúde da humanidade na Era do Mentalismo.

Por não depender da racionalidade em função da cultura ou do grau de escolaridade da atual encarnação, a fraternidade em ação crística é processo para as pessoas mais evoluídas que almejam alcançar os Céus... Para aquelas que sabem que antes da santificação vem a humanização. Tenhamos em mente, pois, que humanizar-se é a palavra de ordem.

Com os espíritos terrenos frequentando o curso secundário, evidentemente vibrando em uma faixa além das contingências mais comuns àqueles de mentalidades primárias, o Evangelho do Nazareno Mestre servirá de respaldo divino para a humanidade seguir o princípio crístico das relações sociais. E, assim, as guerras santas deixarão de existir.

A partir do estágio evolutivo em que se concebe que o homem se vincula à sua criação, é processo espontâneo zelar pelas criações de qualquer natureza, principalmente as mentais. Estamos progressivamente mais conscientes de que a morte não interrompe a vida. Com o Cristianismo assumindo novos e luminosos rumos, o espírito terreno terá sua tela mental pintalgada com cores que expressam vida, beleza e harmonia, próprias para quem deseja celebrar a vida, distanciando-se da inibidora frequência do medo da morte, pois tal atitude desvitaliza a alma e o corpo.

Na fase de regeneração e progresso, com a Terra sem os indivíduos que comercializam os tesouros celestes e sem aqueles que denigrem a palavra sagrada do Nazareno Mestre, transformando-a em mercadoria de compra e venda, pois foram exilados para outros mundos, todos terão o Evangelho como cântico de esperança e de exaltação à vida. E, assim, estarão empenhados em elevar suas aspirações, para ter condições de entrar na frequência do plano divino e sentir o Sublime Anjo, Jesus de Nazaré.

Mesmo sem sermos portadores de olhos de lince, podemos visualizar como serão as religiões no terceiro milênio. Os salões dos templos serão esplendorosamente decorados, de forma que expressem beleza e harmonia... A arquitetura, as figuras geométricas nos ambientes de devoção à divindade, as refinadas músicas com o tom da sacralidade, tudo, verdadeiramente tudo, servirá para propiciar magnificamente o intercâmbio com os espíritos das esferas luminosas.

A pessoa convictamente segura de que a morte não interrompe a vida mantém-se harmonizada, mesmo quando a decrepitude diminui seus passos. Ela, alegre e com atitudes joviais, mantém o sorriso nos lábios, o brilho nos olhos e o semblante com a cor do afeto.

O Evangelho do Nazareno Mestre, em sua condição sagrada de síntese das Leis de Deus, sinaliza que, à proporção que a pessoa se evangeliza, menos infringe os Estatutos da Vida e, consequentemente, diminui os efeitos negativos gerados por causas não crísticas. Dessa forma, surge a autocura à luz do Evangelho, pois a mensagem evangélica transformada em vivência é remédio para todos os males da alma e do corpo.

Deduzamos, pela lógica, a seleta corte de espíritos evoluídos e ascensionados trabalhando para fazer chegar ao conhecimento da humanidade o Evangelho de *A Arca do Desconhecido!*... Imaginemos o júbilo, o êxtase divino dos encarnados e desencarnados que estão dedicados à causa crística de canalizar energias para celebrar com o Brasil o triunfo divino do Evangelho.

O Cristo, até o momento, não foi concebido pelas religiões nem pelos demais pilares da sociedade como Consciência Arquiangélica Criadora da Terra, embora seja Ele o alimento sagrado de todas as vidas deste planeta. Antecipemo-nos, imaginando como serão as religiões e o Cristianismo renovado na Era de Aquário, com os seres humanos interagindo conscientemente com o Cristo-Pai.

Os espíritos, quanto mais evoluem, mais se dedicam à causa crística, visando à glória do Cristo, Senhor Nosso e Irmão Maior. As funções dos integrantes das Sagradas Fileiras, embora obedecendo à hierarquia, o que é natural, são desempenhadas harmonicamente, pois não existe disputa de poder entre espíritos evoluídos. São todos empenhados na mesma sagrada causa – a glória do Cristo-Pai.

Pelo exposto, com facilidade serão notadas as características do cristão renovado, independentemente de qualquer adereço que identifique o homem externo, pois se conhece a condição evolutiva do cristão em ação avaliando seu conteúdo e não o continente.

Entre as criaturas evangelizadas não existe separatividade. Daí, a integração entre a ciência e a religião no novo patamar da evolução espiritual do espírito terreno ser processo tão natural quanto a certeza de que não há vida sem Deus nem Deus sem vida.

Os seletos administradores do mundo, por terem uma evolução da consciência mais ampla na Era do Mentalismo, estarão empenhados em propiciar condições para que os seus semelhantes tenham vida digna com estudo, moradia, assistência médico-odontológica e, também, orientação psicológica, a fim de não abraçarem os vícios como fuga.

As constantes universais apresentadas neste livro são tão lógicas, claras e transparentes que não há possibilidade de serem rejeitadas. Vamos conhecer a fisiologia da alma e, finalmente, cada qual concluirá: "Os novos rumos do Cristianismo dependem de mim... Dependem de minha cota de participação para a glória do Cristo representado por Jesus de Nazaré".

O espírito de qualquer latitude cósmica, ao adquirir conhecimentos libertadores sobre livre-arbítrio e causa e efeito, passa a seguir o ensinamento deixado por Paulo de Tarso – *Tudo me é lícito, mas nem tudo me convém* – e reflete antes de agir.

As novas aspirações dos educandos levarão os educadores a criar novos parâmetros para a educação, convictos de que o momento histórico da sociedade requer que os pedagogos elaborem meios de educar para libertar consciências...

Na última reflexão proposta neste livro, na condição de Filho Pródigo, o leitor sentirá o empuxo crístico causado pelo Cristo-Pai... Sentir-se-á atraído pelo tropismo do Sol Divino, Jesus de Nazaré... E, assim, começará a sua **reversão**[2], o seu retorno consciente ao Pai.

Antes de iniciar o estudo do primeiro capítulo, sigamos estes passos:

- Concentremos toda a nossa força mental na glândula pineal.
- Idealizemos a nossa pineal na condição de magnífica lâmpada acesa.
- Ativemos luminosamente nosso cérebro.
- Vejamos e sintamos a nossa esfera-luz se expandindo.
- Procuremos sintonizar o nosso Cristo interno com o Cristo-Pai.

---

[2] Para compreender melhor o momento de transição planetária e da **reversão**, vide o livro *O fim dos tempos e os discos voadores*, do mesmo autor.

- Sintamo-nos seres cósmicos, eternos e imortais.
Produzamos, por sete vezes, o som do sagrado e universal mantra AUM ("OM").

Prece de abertura

Deus!
Mente Suprema!
Artífice da Vida!
Causa sem Causa!
Absoluto Incriado Criador!
Vida da minha vida!
Luz dos meus olhos!
Som da minha voz!
Ar da minha respiração!
Auxilia-me, Senhor,
A elevar-me à frequência da vida cósmica,
Para que eu compreenda os objetivos sagrados da vida,
E transforme as minhas potencialidades em ações criadoras.
Pai!
Ajuda-me a despertar o meu Cristo interno,
A minha parte não apartada de Ti.
A aumentar a minha capacidade de amar,
E de agradecer ao Criador do Amor!
Deus!
Estou na Terra, em um reduto do Teu infinito universo,
Exercitando harmonizar-me com as Leis da Vida
Para vislumbrar a beleza policrômica da Tua Criação,
A qual, intuitivamente, sei que existe,

Pois És a perfeição absoluta.
Senhor!
O momento histórico do planeta Terra clama por mudanças,
Razão pela qual estamos empenhados na divulgação dos Adventos Crísticos,
E, neste sagrado instante,
Apresentando à sociedade um luminoso roteiro
Para os novos rumos do Cristianismo.
Ajuda-nos, Pai de Infinito Amor, nessa sacrossanta tarefa!
Abençoa, Senhor, por misericórdia,
A todos nós, espíritos terráqueos,
Pois temos a sagrada incumbência
De divulgar o Cristianismo Renovado.
Ampara-nos, Senhor, a fim de que,
Impulsionados pelos sentimentos emotivos do afeto fraterno,
Consigamos decorar a mente humana com a policromia divina,
E a fascinante beleza do poema cósmico declamado por Jesus – o Evangelho.

AUM

1. O despertar do Cristo Interno

Pergunta: - Em que consiste o despertar do Cristo interno no homem?

Resposta: - É da Lei de Deus que ninguém alcança a bonança antes de passar harmonicamente pela tempestade, demonstrando que a compreendeu, pois reconheceu que a sua sagrada função é estimular as criaturas letárgicas a despertarem os seus atributos divinos. Assim, passamos milênios e milênios no vaivém reencarnatório para, atualmente, com a Terra adentrando Aquário, começarmos a desfrutar da bonança.

Alcançar a bonança é, com o nosso Cristo interno, entrar na frequência do Cristo-Amor, o Criador da Terra. Sabemos que Cristo é sinônimo de Amor Universal. Logicamente, só pelo coração se alcança o Cristo-Bonança.

Façamos uma autoavaliação, para saber se estamos nos evangelizando:

- Dentro de nossos limites, observemos se já exteriorizamos amor de maneira incondicional, para que as ondas mentais geradas pelo nosso Cristo entrem em sintonia, por ressonância[1], com o Cristo-Pai. Dessa forma, com a nossa Chama Crística centuplicada, sintamos brotar de nosso âmago a nossa Força Superior, o nosso Eu Crístico, a fagulha de Deus que somos.
- A ligação entre o Cristo-criatura e o Cristo-Criador será

---

[1] Em física, ressonância é a tendência de um sistema oscilar em máxima amplitude em certas frequências conhecidas como frequências ressonantes ou frequências naturais do sistema. Nessas frequências, até mesmo forças periódicas pequenas podem produzir vibrações de grande amplitude, pois o sistema armazena energia vibracional. Fonte: <https://pt.wikipedia.org/wiki/Resson%C3%A2ncia>.

sempre pelas vias internas do coração. Assim, quanto mais se ama, mais se desperta as potencialidades do Cristo na criatura humana. Verifiquemos se isso está acontecendo conosco.

• Sabemos que o Cristo-Pai paira eternamente sobre a humanidade. Portanto, imaginar a magnificente Consciência Criadora da Terra já é suficiente para acionarmos a essência do Criador existente em nós. Assim, estaremos despertando de nosso inconsciente profundo mais Deus, mais Vida, mais Amor... Na verdade, é o nosso Cristo identificando o Cristo-Criador e entrando em sintonia com Ele. Averiguemos se a nossa sensibilidade está aflorando ao consciente.

• Para quem pretende despertar o seu Eu Crístico, é importantíssimo exercitar a superconsciência, projetando-se para o novo, o desconhecido, com disposição para aquisição de novos horizontes rumo ao infinito, pois ficar preso ao passado é negar a eternidade.

Pergunta: - Sabemos que, potencialmente, somos deuses. Como trazer ao consciente essa verdade incontestе, a fim de nos tornarmos mais operantes na obra de Deus?

Resposta: - O Cristo, criador da Terra, é uma centelha do Supremo Artífice da Vida, que foi criado simples e ignorante e, por evolução, despertou em Si a onisciência, a onipresença e a onipotência de Deus... Despertou a Sua chama crística de maneira tão abrangente que foi capaz de reter em Si as energias provindas da desintegração natural do núcleo do Sol do nosso sistema e criar a nebulosa que deu origem à Terra. Deus, que é perfeito e equânime, nos criou, em essência, potencialmente iguais a Ele, o Cristo, cabendo a cada individualidade regurgitar de seu âmago os divinos atributos[2] de Deus e fazer chegar ao consciente as manifestações de seu Cristo interno.

Para tal:

• Admiremos com olhos crísticos a majestosa beleza externa da Criação e, assim, estaremos acionando de nosso mundo íntimo o naco de Deus que somos.

---

2 O despertar dos atributos divinos é eternamente progressivo, pois somente Deus é Absoluto.

• Plasmemos, em nossa tela mental, com os olhos da imaginação, a beleza paradisíaca do universo estelar e nos sintamos partes não apartadas do Criador.

• Para aguçar os nossos ouvidos transcendentes, coloquemo-nos no centro do universo a contemplar a esplendorosa obra realizada pelos engenheiros siderais sob a batuta do Cristo Cósmico a serviço do Criador Supremo, Deus, e ouçamos a musicalidade da Criação se propagando em ondas de amor pela imensidão do espaço sideral.

Indubitavelmente, com tais paisagens mentais, tornar-nos-emos mais operantes na Vinha do Senhor.

Pergunta: - Dentre os quatro pilares da sociedade, por que o religioso é o que menos causa motivação íntima aos espíritos encarnados para viverem alegremente?

Resposta: - O milenar ranço religioso de quando adorar a Deus era temê-Lo continua vivo na consciência da maioria dos espíritos terrenos, razão pela qual, para estes, tudo que se refere ao Sagrado tem o peso do temor, do horror, da morte, do inferno eterno, do castigo santificado etc. É característico, em religiosos sem religiosidade, a voz tumular, o olhar sem vida, o semblante carregado de angústias, a ausência de alegria quando no ofício da fé, na convivência social, na vida em família, além da falta de expressão corporal. São pessoas lânguidas, melancólicas, sem o magnetismo acionador de consciências.

O pilar religioso, na Era do Mentalismo, não será mais tão desmotivador, a ponto de inibir as pessoas de viverem alegremente e sem medo do imponderável, considerando que toda a sociedade passará a comungar com a inquestionável Lei da Reencarnação.

Os espíritos terrenos de consciência mais cósmica, juntamente com os "índigos"[3] que vêm reencarnando na Terra nesses últimos quarenta anos, em especial procedentes da

---

3 Os espíritos índigos começaram a encarnar na Terra a partir de 1972, procedentes, principalmente, da estrela Alcíone, da constelação das Plêiades, segundo Divaldo Franco. Os primeiros grupos estão inseridos nos quatro pilares da sociedade (científico, artístico, social e religioso), sendo que os componentes do último grupo, denominados cristais, mais sensíveis às manifestações da divindade, por processo natural abraçaram o pilar religioso.

constelação das Plêiades[4], implantarão nova conduta e nova feição para os terráqueos exercitarem o *religare* de maneira mais alegre, festiva e empolgante.

Com a nova consciência espiritual da humanidade terrena, os templos religiosos passarão a ser escolas de evangelização de almas e deixarão, paulatinamente, de ser ambientes para acolher tão somente pedintes das mais variadas necessidades materiais, sob a batuta de astutos e orientadores avarentos.

Esclarecidos, os que forem representar a divindade com rótulo de religiosos não mais terão o semblante da falta de intimidade com as potestades celestiais nem a voz da desarmonia íntima, mas, sim, brilho nos olhos, energia na voz e magnetismo, o que identifica as pessoas convictas de que são capazes de ser porta-vozes dos Céus atuando na Terra na condição de encarnados.

Pergunta: - Não é válido as pessoas irem a templos religiosos pedir alento para sofrimentos, dores e demais necessidades?

Resposta: - Evidentemente que é válido. Mas, após o exílio de bilhões de espíritos, que deixarão a Terra nesta fase de transição planetária, os que continuarem aqui serão menos ignorantes quanto às duas leis básicas da Criação – Reencarnação e Causa e Efeito.

O espírito, sabendo que, infalivelmente, todo efeito retorna à causa, será menos negligente diante dos ensinamentos libertadores trazidos aos terrestres pelos emissários celestes. Com isso, tais criaturas, conhecendo outras constantes universais, serão mais íntegras.

As pessoas serão mais cuidadosas em suas ações e reações, evitando gerar carma negativo, mas não se permitirão a clausura com medo dos desafios naturais da vida, conforme vem acontecendo durante milênios.

Pela logicidade das Leis de Deus, os espíritos que permanecerem neste orbe serão mais polidos. A sociedade será formada não só por aqueles que aprenderam e apreenderam os ensina-

---

4 Salientamos a constelação das Plêiades, mas a Terra tem recebido, e continuará recebendo, espíritos de outros redutos do universo.

mentos dos espíritos superiores sem, necessariamente, passar pelas dificuldades existenciais, como também por aqueles que assimilaram as lições disciplinadoras passando por dores, sofrimentos e dificuldades. Em consequência, procurarão acertar mais diante dos Estatutos da Vida na Era do Mentalismo.

Os espíritos passarão a compreender gradativamente que cada um, no corpo ou fora dele, é responsável por arquitetar o seu destino. Com isso, a natureza de sua rogativa aos Céus adquirirá outra conotação, com novas energias, pois, se tudo evolui, as súplicas a Deus também se tornarão cada vez mais abrangentes, mais coletivas. A alma não mais pedirá objetos e sim força-energia para absorver com elegância crística as reações de suas ações; deixará de pedir para si e passará a suplicar alento para todos de sua convivência ou para a sociedade planetária.

A consciência vai se dilatando com a evolução espiritual do suplicante. Quando o ser humano chega a determinado grau de compreensão quanto à perfeição das Leis de Deus, agradece pelas oportunidades, mesmo aquelas em forma de dificuldades que surgem para resgatar seus débitos diante da Magna Lei do Criador.

A Divindade Suprema permite que os benfeitores espirituais auxiliem os menos evoluídos, mas sem arbitrar pelas mudanças, pois o livre-arbítrio é sagrado. Os benefícios são apenas uma forma de oportunizar a criatura, para que ela se motive e invista em mudanças de valores. Caso não haja novas expectativas no sentido de elevar a frequência mental, o mal continuará desempenhando a sua tarefa disciplinadora.

O dínamo da inspiração divina para a Terra, o Cristo-Pai, é onipresente em todos os redutos do orbe. No entanto, consta na Lei do Supremo Legislador: "Faze a tua parte que o céu te ajudará". Por conseguinte, nosso esforço no sentido de nos evangelizarmos é a palavra de ordem, a fim de que não permaneçamos de braços cruzados aguardando que caiam dos Céus as benesses que desejamos, considerando o que consta em Gênesis (3:19): "Comerás o teu pão com o suor do teu rosto".

A Lei da Evolução determina que sem esforço pessoal não há mérito, cabendo a cada indivíduo encontrar recursos em si para trazer ao consciente as suas potencialidades latentes. Evidentemente que os Céus sempre ajudam, pois Deus é a bondade infinita, mas é necessário trazer à memória objetiva, a cada instante, o nosso Deus interior, a essência do Criador de que somos portadores.

Quando concebermos que o nosso templo é o Universo, em qualquer lugar que estivermos poderemos entrar em sintonia com o Cristo-Pai e pedir alento para os nossos sofrimentos e para as necessidades de nossos semelhantes. Simultaneamente, suplicaremos aos espíritos superiores que nos esclareçam quanto à Lei de Ação e Reação, a fim de acertarmos mais em nossas ações e atitudes e termos encarnações mais agradáveis e com o brilho do entusiasmo pela vida.

Pergunta: - É sabido que o despertar do Cristo interno no homem o torna mais harmonizado com as leis da vida. É possível caracterizar esse homem apenas observando a sua conduta externa na vida social?

Resposta: - É preferível procedermos a uma autoanálise a nos preocuparmos com a conduta de nossos semelhantes. Por enquanto, na Terra, a melhor maneira para uma autoavaliação com relação a conduta, grau de tolerância, convivência com as diferenças e, sobretudo, compreensão para com as fraquezas alheias, é observar as nossas reações, uma vez que as ações podem ser "divinamente" elaboradas, mas nem sempre revestidas de intenções dignificantes.

Cada mônada, desde a sua gênese, traz em si as forças positiva e negativa, contrárias e complementares, cabendo-lhe, após atingir por evolução o patamar hominal, arbitrar quanto à sua conduta no percurso reencarnatório da trajetória evolutivo-ascensional.

Uma vez que o Cristo interno é a divinal essência de nossa vida, tenhamos em mente:

- A dilatação da percepção e da ação para identificar Deus e tornar-se mais ativo em Sua obra é progressiva e eterna, o que é natural, tendo em vista que a evolução espiritual não tem ponto final.
- Assim como os Cristos planetários, solares, constelatórios, galácticos, hemisféricos, cósmicos etc. vão dilatando suas

capacidades de sentir a Suprema Consciência – Deus, os Cristos internos dos seres humanos seguem o mesmo princípio, que, por ser único, é universal.

• A cada instante, o nosso Eu Crístico desperta em si os divinos atributos de Deus. Embora não seja possível padronizar a conduta humana, devido aos diferentes graus de consciência que se tem do Cristo interior, percebe-se claramente que as criaturas vão tornando-se pacíficas, amorosas, mansas, ternas, afetuosas, meigas, caridosas, altruísticas, à medida que descobrem ser portadoras da essência de Deus. O tempo é um perfeito mestre.

Somente será possível caracterizar uma criatura evangelizada por meio de sua conduta quando ela estiver sozinha diante de sua consciência e do Deus onipresente. Apenas observar a ação externa em sua vida social não será suficiente, principalmente se ela fizer uso da astúcia.

Pergunta: - Existem exercícios que podem nos auxiliar a trazer à tona a nossa Chama Crística divinamente acesa?
Resposta: - Somos convictos de que a essência doutrinária do Evangelho cristão é a síntese de todas as verdades. Por conseguinte, evangelizarmo-nos é o mais crístico exercício para direcionar nossas aspirações sem possibilidade de errar o alvo.

À medida que despertamos de nossa latência os atributos de Deus, tornamo-nos criaturas melhores, mais luminosas e mais cônscias de nossas responsabilidades diante da vida e do Criador da Vida. Por conseguinte, projetemo-nos sempre para o futuro, idealizando as maravilhas que nos aguardam na condição de herdeiros do universo estelar.

Para exercitar a nossa superconsciência, imaginemos:

• Os seres humanos plenos da convicção quanto à onipresença de Deus, vislumbrando um futuro sobranceiro e dadivoso, em que toda a humanidade se encontre de mãos dadas louvando o Autor da Vida... Agradecendo a Deus pela dádiva de ter olhos para ver a magnífica arquitetura do espaço sideral; ouvidos para ouvir a sinfonia cósmica do universo criado; boca para declamar poemas de amor ao Autor do Amor, Deus.

- As pessoas tomadas por sentimentos crísticos e emocionadas, devido aos eflúvios emanados dos corações afetuosos, e fraternalmente entrelaçadas por elos de luz de cor rosa.
- Em meio a um campo de energias defluentes das mentes luminescentes[5], plasmando panoramas de fascinante beleza, fulgurantes cores que expressem a imaculada presença dos anjos da arte, da poesia, da policromia divina. Nesses momentos de plenitude, de iluminação íntima, é o Deus-criatura ampliando noossa capacidade mental para identificarmos com mais abrangência o Deus-Criador.
- Logicamente, pensar de maneira luminosa é exercitar a superconsciência, o que resulta em regurgitar da latência a nossa Força Superior, o nosso Eu Crístico, a centelha de Deus que somos. Oremos!

* * *

Meu Deus!
Supremo Artífice da Vida!
Estou na Terra!
Estou na Via Láctea!
Estou entre cem bilhões de galáxias!
Estou singrando os espaços siderais e contemplando bilhões de estrelas flutuando no cosmo.
Estou extasiado, Senhor, com a magnífica beleza policrômica do universo!
Sei que sou parte não apartada de Ti, meu Deus!
Sei que sou Luz, pois sou filho da Suprema Luz.
Sei que sou Amor, pois sou Teu filho.
Sei que sou Bondade, pois sou um naco de Ti.
Ajuda-me, Senhor!
Ajuda-me a trazer ao meu consciente o meu Cristo interno.
Ajuda-me, Pai, a tornar-me operante na Tua Sagrada Obra.
Ajuda-me, por misericórdia, a ter condições para representar Jesus.
Ajuda-me a aceitar e seguir os novos rumos a que o Cristianismo me conclama.
Senhor!
Doa-me, por misericórdia, uma cota extra de energia vital,
Pois quero contribuir com a conscientização da sociedade
Quanto aos novos rumos do Cristianismo Renovado.

---
5 Que tem a propriedade de emitir luz em temperatura ordinária.

Quero ser porta-voz do Nazareno Mestre,
Levando a Sua palavra aos meus semelhantes.
Ilumina, Pai de Infinita Bondade e Justiça, a minha consciência,
A fim de que eu possa refletir para o mundo a imagem Daquele
Que também é Caminho, também é Verdade e também é Vida,
O meu irmão mais velho – Jesus de Nazaré.

* * *

Adventos Crísticos – Para alcançar melhor o conteúdo ético-moral de Os Novos Rumos do Cristianismo, comecemos por amorizar os nossos divinos sentidos, exercitando a misericórdia do *ver, ouvir e falar.* Com a misericórdia em ação, gradualmente o nosso Cristo interno irá despertando.

É propósito de Jesus renovar o Cristianismo e, devido a toda a humanidade ser cristã, independentemente dos rótulos externos das religiões, necessário é que todos nós estabeleçamos um foco – o Cristo – a ser alcançado, pois, enquanto o ser humano não tiver um ponto centralizador de suas aspirações transcendentes, continuará querendo impor os seus deuses e as suas ideias, como se no plano da relatividade existissem verdades absolutas.

Uma vez que o universo é uno e uno é o seu criador, inevitável se torna a união sem fusão de todos os povos, de forma que o ser humano se conscientize de que o Cristo-Criador da Terra – açambarca todos os instrutores espirituais de nosso orbe, sendo que Jesus, além de Guia de nossos guias, é o governador do planeta e instrutor espiritual da humanidade.

É crístico ressaltar que todos os caminhos nos conduzirão ao Cristo em Sua condição de centro de convergência das aspirações da humanidade. Assim, não há necessidade de substituirmos os nossos líderes espirituais, considerando que, por se tratar de espíritos evoluídos ou ascensionados, estão todos de mãos dadas ao Meigo Jesus – o Grão-Mestre do Cristianismo.

Ao concebermos o Cristo como centro de convergência para onde todos os espíritos terrenos caminham, é possível deduzir como será a vida do conjunto planetário à medida que os ensinamentos contidos em Os Novos Rumos do Cristianismo são assimilados e colocados na rotina da vida.

Observando as elucidações da física newtoniana, sabemos que todos os corpos se atraem simultaneamente e, dessa forma, o universo é mantido em equilíbrio. Por ser constante universal a lei de atração dos corpos, levemos tais informações para os planos transcendentes, a fim de nos empenharmos com afinco em nossos exercícios de fraternidade, solidariedade e compreensão, uma vez que já temos evolução espiritual para plasmar a nossa família universal.

Por ser da Lei do Criador que as partes não estão apartadas do Todo... E, tendo em vista que Deus é uno, nada existe isolado d'Ele. Obviamente, na gênese do espírito imortal e eterno, embora *simples e ignorante*, todos são dotados de um fator crístico e, à proporção que evoluem, eclode-lhes do âmago a vontade progressiva de sua **reversão**, ou seja, seu retorno consciente ao Criador na condição sagrada de *Filhos Pródigos*.

Na proposta dos Adventos do Cristo-Pai está intrínseca, na essência espiritual de todos os homens, a convivência fraternal, uma vez que ninguém conseguirá adentrar os pórticos celestes enquanto não abraçar, com o calor da vida, seus semelhantes no plano terrestre.

Assim, na condição de seres cósmicos estagiando na Terra, vislumbremos o universo estelar sob as batutas dos Cristos criadores de mundos com seus movimentos elípticos, os quais só são harmônicos porque não existem disputas.

2. Nova biologia terrena

Pergunta: - *Uma vez que a sociedade vai conscientizar-se de que o Cristianismo açambarca toda a humanidade terrena, de que maneira os representantes das diversas religiões abrirão mão do poder e do domínio, a ponto de adotar o Evangelho do Mestre Jesus como bússola a nortear as suas vidas?*

Resposta: - A limpeza total e abrangente das energias deletérias em torno da Terra é periódica e acontece a cada 25.920 anos terrenos, ou seja, um ciclo planetário[1].

Na última limpeza, a Terra sofreu inclinação de aproximadamente 23 graus de seu eixo em relação ao Sol. Na ocasião, a Atlântida submergiu onde atualmente é o mar dos Sargaços, surgindo naquela região o Triângulo das Bermudas[2].

Atualmente, fim de mais um ciclo planetário, a Terra sofrerá nova limpeza em seus campos energéticos e no plano material, bem como ficará verticalizada em relação ao Sol[3].

---

1 Embora a limpeza mais abrangente seja a cada *fim de ciclo*, época em que a Terra sofre alteração de seu eixo em relação ao Sol, periodicamente, quando a oscilação do "planeta higienizador" do sistema planetário que, a cada 6.666 anos tangencia o nosso, é para "dentro", causa grandes alterações em nosso orbe (vide o livro *O fim dos tempos e os discos voadores*, do mesmo autor, Editora do Conhecimento).
2 O Triângulo das Bermudas (também conhecido como Triângulo do Diabo) é uma área que varia, aproximadamente, de 1,1 milhão de km² até 3,95 milhões de km². Essa variação ocorre em virtude de fatores físicos, químicos, climáticos, geográficos e geofísicos da região, que influem decisivamente no cálculo de sua área, situada no oceano Atlântico entre as ilhas Bermudas, Porto Rico, Fort Lauderdale (Flórida) e Bahamas. A região notabilizou-se como palco de diversos desaparecimentos de aviões, barcos de passeio e navios, para os quais se popularizaram explicações extrafísicas e/ou sobrenaturais. Fonte: <https://pt.wikipedia.org/wiki/Tri%C3%A2ngulo_das_Bermudas>.
3 Vide *O fim dos tempos e os discos voadores*.

Um dos 14 planetas de outro sistema solar, que tangenciará obliquamente a Terra em relação à nossa horizontal, higienizará a atmosfera e a psicosfera terráqueas, absorvendo as energias que estiverem incompatíveis para uma escola secundária.

Sem essas energias e sem os espíritos de pouca evolução, os quais serão exilados para o planeta visitante – "mata-borrão" –, o comportamento dos encarnados e desencarnados que permanecerem na Terra será luminosamente diferente.

Diminuirá, natural e gradualmente, a ânsia pelo poder e pelo domínio. Em função da emanação dos novos pensamentos que serão gerados pelos espíritos terrenos passar a ser mais crística, formar-se-á uma nova e mais luminosa egrégora em torno da Terra.

Sem os espíritos inferiores reencarnando na Terra, as próximas gerações não terão a acentuada carga genética instintiva herdada da ancestralidade animal.

O espírito humano, sem os recalques ensejados pelo instinto inferior, será capaz de estabelecer normas de conduta social superior, e, assim, predominará o bom senso, a fraternidade, a solidariedade e a compreensão. Naturalmente, deixarão de existir as *guerras santas*.

Uma vez que a evolução não dá saltos, não há possibilidade de sucesso para quem pretender evangelizar homens cuja biologia se sobrepuser à sua ideologia. De onde se conclui que, para o ser humano colocar o Evangelho como bússola a nortear a sua vida e a vida da sociedade, necessário é que, geneticamente, esteja em condições para tal. Isso porque os acordos diplomáticos e os sistemas de governos, além de transitórios, são externos ao homem, enquanto a evangelização é interna e eterna.

Na sequência da evolução espiritual e genética, o homem vai trazendo ao consciente o seu Eu Crístico, o que lhe propiciará formatar uma unidade diretora para condução evangelizada da vida. Ele passará a ter um ponto focal a ser alcançado em cada existência. Com isso, aos poucos perderá a dualidade das trajetórias oscilantes.

Observemos que o abrir mão de conceitos, tradições, crenças etc. deve ser pela lógica, compreendendo-se as leis que regem o universo. É bom lembrar que Deus não impõe, apenas convida e oferece recursos para as nossas mudanças conscientes.

Pergunta: - *Diante de cérebros brilhantes, capazes de criar fabulosos engenhos, como é possível a biologia interferir tanto, a ponto de inibir que o homem realize aquilo que pensa?*

Resposta: - É devido à má qualidade genética – mas não somente a ela – que surgem os conflitos entre a vontade psíquica do espírito eterno e imortal e o corpo biológico, por meio do qual ele pretende expressar o que idealizou. Deduz-se, então, que o problema da avassaladora desigualdade em vários aspectos existentes entre os povos, e até mesmo entre as individualidades humanas[4], não é somente em função da pouca evolução espiritual, como também da biológica. Quantas pessoas portadoras de bom grau de discernimento quanto ao sentido sagrado da vida continuam viciadas? Quantas se colocam à frente de um rebanho humano sem condições magnéticas nem espirituais para pastorear e encaminhar ovelhas ao redil do Senhor, pois ainda portadoras de desarmonia íntima devido à ancestralidade do animal que foram?

À medida que o ser humano descobre mais Deus em si, vai se vinculando aos Céus e se desvinculando do poder e do domínio transitórios do plano material.

Na pessoa desprovida da ânsia de mando e poder, surge a vontade de suprir as carências coletivas de acordo com a sua capacidade de realização e as necessidades de seus semelhantes. Observado esse item em nossa vida, é possível fazermos uma autoavaliação quanto ao grau de evolução espiritual. É atitude sensata, principalmente para quem acha que pela vida que leva na Terra tem vaga garantida no Céu. Atentemos para o valor sagrado da solidariedade.

Mesmo com códigos sociais bem elaborados, é evidente o porquê de os legisladores terrenos não obterem integral sucesso, já que as mais magníficas leis podem modificar o mundo externo, mas necessariamente não modificam o homem interno. Assim, a evangelização deve ser a nossa mais sagrada aspi-

---

4 No dia a dia, podemos observar pessoas de conduta ilibada que, em um "piscar de olhos", destroem suas construções ou aquisições ético-morais de décadas sem aparente explicação lógica. É a biologia se sobrepondo à ideologia.

ração, a fim de que a alma desperte em si o amor fraterno e a solidariedade crística.

Encerremos essas reflexões sobre os seres humanos capazes de realizar maravilhas no plano material conscientes de que, mesmo quando eles são portadores de cérebros brilhantes, se a biologia for carregada da ancestralidade animal, ficam amortecidos e, em muitos casos, não têm elementos químicos no organismo para se emocionarem quando estiverem pensando no que pretendem realizar.

Pergunta: - Se os sociólogos se empenhassem em conscientizar a sociedade planetária quanto às Leis da Reencarnação e de Causa e Efeito, evidentemente respeitando as etnias, não obteriam bons resultados?

Resposta: - É da Lei do Criador que ninguém consegue ensinar a experiência que não viveu. Por essa razão, muitos têm discursos perfeitos na configuração estética vocabular, mas sem magnetismo para trazer à memória objetiva de seus ouvintes a ética cristã. Isso porque a mudança só será real se for de dentro para fora. A voz do expositor precisa ter energia para regurgitar da essência da alma ouvinte a sua Força Superior... O seu Eu Crístico... A sua Chama Divina... O seu Cristo interno.

É necessário e indispensável que os sociólogos do conhecimento e da economia[5] despertem mais Deus em si, para que, assim, tenham condições de acionar do mundo íntimo de seus ouvintes ou leitores o Cristo-Amor; que os diplomatas, quando portadores de delicadeza e finura, imbuídos de propósitos nobres e divinos, procurem aproximar os homens dos homens principalmente pelo exemplo evangélico.

Não é suficiente criar sistemas educacionais, políticos, econômico-financeiros, religiosos etc., dirigidos, unicamente, ao homem externo, pois, caso não se trabalhe o homem interno em sua condição essencial de espírito eterno e imortal, não se atingirá o sagrado objetivo de renová-lo.

No planeta Terra, nenhum compêndio diplomático supe-

---

5 Sociologia do conhecimento: análise das condições sociais em que se produzem os conhecimentos; sociologia econômica: estudo das leis, instituições e sistemas econômicos enquanto produtos das relações entre indivíduos que vivem socialmente. Fonte: <http://profedsonmendes.blogspot.com.br/2011/09/sociologia.html>.

ra o que existe na síntese de todas as verdades – a essência evangélica do Mestre Jesus contida no livro sagrado *A Arca do Desconhecido* – sem possibilidade de fracasso de qualquer natureza.

O nosso atual grau evolutivo nos permite conceber que a moral cristã é a ligação consciente da criatura ao Criador. Dessa forma, é esperado pelos nossos superiores do plano espiritual que os seres humanos espiritual e biologicamente mais evoluídos assumam a vanguarda na condução da sociedade, levando os demais indivíduos a compreenderem que quem ama a Deus sobre todas as coisas tem condições para amar ao próximo como a si mesmo.

Entretanto, não é suficiente a conscientização teórica quanto às Leis da Reencarnação e de Causa e Efeito para que sejam obtidos bons resultados nos investimentos espirituais. Deve-se, respeitando as etnias, investir, principalmente, no "acordar" do Cristo interior latente no ser humano.

Pergunta: - Verdadeiramente, em que muda o espírito se expressar tendo um corpo biologicamente superior ou inferior, se ele, na condição essencial é o mesmo - uma fagulha de Deus?

Resposta: - Antes de Jesus reencarnar, foi feita pela espiritualidade superior uma "seleção", para se saber qual a descendência genética que forneceria melhores condições para a formação do corpo biológico do Sublime Anjo. Após concluírem a pesquisa, entre os descendentes de Hilel e de Davi foi escolhida a genética de Davi.

Francisco de Assis, até os 21 anos de idade, aproximadamente, teve as energias oriundas de seu pai, Pedro Bernardone, sobrepondo-se às de sua mãe, Maria Picalini, razão pela qual chegou a desviar-se temporariamente de sua tarefa missionária evangélica, que era cuidar da vida. Ele chegou a se alistar nas Cruzadas para defender o Evangelho com as armas da morte.

Para o corpo atender ao comando da alma rumo à sua ascese espiritual, é preciso que a ancestralidade animal não predomine em si, para não impedir o divino tropismo causado pelo Céu à essência angélica que dormita em seu universo íntimo.

Estejamos atentos, pois não é suficiente o espírito ser evoluído se, ao encarnar, o seu corpo biológico não estiver compatível. Ele encontrará dificuldades para colocar integralmente o seu talento a serviço da vida, caso o corpo seja geneticamente grotesco ou impregnado com energias oriundas dos vícios.

Quando a genética é superior, há maior mobilidade da alma em todos os sentidos... Raciocínios crísticos mais rápidos... A pessoa é mais leve... Naturalmente mais aglutinadora de consciências superiores.

A criatura é portadora de melhor estabilidade emocional e o seu organismo produz elementos químicos em dosagens harmônicas, adequadas para a vida relacional.

O metabolismo do corpo funciona sincronizado com as leis da vida e, assim, o ser humano mantém o sagrado bom humor e a saudável alegria de viver. É, também, pessoa mais expressiva nas relações com os seus semelhantes.

Imaginemos a diferença entre exercitar a nossa sintonização com os Céus ouvindo a "Ave Maria", seja de Schubert, Bach, Chopin ou Gounod, tocada em um órgão de uma catedral ou provinda de um aparelho rudimentar, arcaico... Sabemos que, indubitavelmente, tudo evolui no universo de Deus. Logicamente, não é aconselhável ficarmos presos ao ontem, pois a evolução espiritual deve estar de mãos dadas com a evolução material.

Jesus, nosso Amado Mestre e Pedagogo Divino, viveu no plano material e não repudiou o que nele existia. Apenas sabia que tudo Lhe era lícito, mas que nem tudo Lhe convinha, conforme afirmado, posteriormente, por Paulo de Tarso.

Pergunta: Tendo em vista a importância genética para facilitar à alma transitar no mundo da forma com mais mobilidade e melhor discernimento, é possível traçar um perfil das qualidades que o espírito precisará ter para continuar reencarnando na Terra na Era do Mentalismo?

Resposta: As nossas colocações poderão ser consideradas infundadas caso não consideremos as constantes universais. Daí a necessidade de nos basearmos na Lei da Evolução, que, por ser universal, dispensa sentimentalismos.

Para se matricular ou continuar matriculado na Escola Terra, será preciso que os portadores de talento administrativo para conduzir os povos já tenham incorporado a noção de que desempenham funções de zeladores dos bens públicos e que assumiram compromissos com os demais homens e, principalmente, com a infalível Lei de Ação e Reação. Por sua vez, os educadores deverão conhecer as Leis de Deus, de modo a terem condições de preparar ética e moralmente a juventude para a vida em sociedade e, sobretudo, para a vida depois da vida. É necessário que eles tenham evolução espiritual para educar almas no sentido evangélico de serem honestas na condução da existência por conhecerem as Leis do Imponderável.

As criaturas da área da saúde não deverão mercadejar as dores alheias, de modo a não voltarem ao plano físico, nas próximas vidas, portando doenças e males os mais variados como reação às suas ações antievangélicas. Caso tombadas por sentimento de culpa, elas poderão ter corpos desalinhados com grandes dores e sofrimentos. Também, sentirão fortíssimas dores morais nos planos dos desencarnados e, quando retornarem à vida corpórea, não será diferente.

É preciso, também, que a classe médica seja evangelizada, para que na Terra não haja clínica de aborto. Aliás, os espíritos desse naipe não continuarão na Terra, o que é natural, considerando que, quanto mais se evolui, mais se zela e valoriza divinamente a vida, agradecendo sempre ao Criador da Vida pela oportunidade de cada reencarnação, pois não existe ética superior à vida, conforme Pietro Ubaldi no livro Princípios de uma nova ética.

O espírito deverá ser naturalmente fraterno, solidário e compreensivo, considerando que os alunos de um curso secundário já têm evolução para compreender que, quanto mais se é consciente do Deus imanente em si, mais vem à memória objetiva a vontade de irmanar-se na condição de filhos do mesmo Pai.

É necessário, também, que o indivíduo não alimente o exacerbado desejo de acumular bens perecíveis, mas que tenha o garbo, a alegria evangélica de saber que em nenhuma mesa terrena falta o pão da vida, o pão de cada dia.

Importante, também, é que já tenha se graduado espiritualmente à honestidade, o que significa que não mais fará uso da astúcia.

Na verdade, são informações que há muito fazem parte de nossa milenar cultura teológica, científica e filosófica. Porém, como o planeta estava percorrendo outro espaço no cosmo e os espíritos terrenos exercitando o sentimento crístico em Peixes, a maioria não atentou que a Terra caminhava para Aquário, onde ocorreria a *separação do joio do trigo* e que somente os mais qualificados espiritualmente permaneceriam na Escola Terra na Era do Mentalismo para exercitarem a força da alma, a força da mente, a sua Força Superior.

Pergunta: *Devido ao novo DNA das próximas gerações, os terrenos continuarão convivendo com guerras, homicídios, suicídios, genocídio etc.?*

Resposta: Com as encarnações de espíritos mais conscientes de que cada criatura é uma centelha do Criador e conhecedores do sentido sagrado da vida biológica para evolução e ascensão do espírito imortal e eterno, a nova genética vai assegurar que cada indivíduo não perca a lucidez, a ponto de ter atitudes antivitais. Quanto mais se conscientiza de seu Cristo interno, mais o ser humano valoriza a vida e agradece a Deus pela oportunidade de mais uma existência para se evangelizar. A alma mais lúcida cria, com a energia da gratidão, as mais edênicas paisagens mentais para exercitar a superconsciência e sair das frequências inferiores, aquelas em que a vida não tem o valor da sacralidade.

O espírito terreno, após a *separação do lobo do cordeiro*, será eternamente grato ao Criador pela oportunidade de cada reencarnação. Com o exílio dos espíritos não classificados para frequentarem o curso secundário terreno, aos poucos, em níveis diferentes, todos serão zeladores de sua própria vida e das vidas de todos os reinos.

Ele associará Deus à vida e vida a Deus, independentemente de reino ou evolução, pois não existe Deus sem vida nem vida sem Deus. Consequentemente, as ações e atitudes contrárias à vida deixarão de existir.

Da mesma forma, não presenteará seus semelhantes com

buquês de flores, pois serão verdadeiros jardineiros do planeta Terra a cultivarem beleza e perfume para todos. A vontade será a de plantar beleza para colher perfume sem destruir o universo vegetal. A Terra será transformada em um jardim, de forma que todos os indivíduos possam usufruir das benesses advindas do reino vegetal. Terminarão, assim, os "privilégios" tão comuns, atualmente, aos mais abastados. A nova realidade é que todos usufruam das benesses da mãe natureza.

Tendo em vista que seremos zeladores do reino vegetal, podemos imaginar o que acontecerá conosco em relação ao reino hominal!. Na verdade, seremos zeladores incondicionais das vidas de todos os reinos do planeta, na condição sagrada de coparticipantes da obra do Deus-Vida.

Pergunta: - Qual o programa que a administração pública deve elaborar para minimizar a ignorância da humanidade quanto às Leis do Imponderável?

Resposta: - Continuemos nos valendo das Leis da Evolução, já que são constantes universais. Isso significa que a evolução espiritual, associada à evolução genética, é capaz de produzir maravilhas em benefício de todos. No entanto, enquanto o ser humano de qualquer latitude, longitude ou altitude do cosmo não se conscientizar das leis da Reencarnação e de Causa e Efeito, não possuirá força-energia para conduzir a própria vida, muito menos a de outrem.

Com a Escola Terra iniciando seu curso secundário, é necessário que se crie um Núcleo Orientador Espiritual Planetário (NOEP), cujos membros que formarão o professorado tenham demonstrado, à luz do dia, que são espiritualmente capazes de esclarecer a sociedade quanto às leis fundamentais da vida.

O NOEP deverá utilizar todos os meios de comunicação para que os ensinamentos libertadores cheguem a todas as pessoas de forma compreensível.

Também é responsabilidade do NOEP conclamar os povos a criar congressos, seminários e demais eventos culturais para ensinar o ser humano a arte de interpretar a vida[6].

---

6 *A arte de interpretar a vida* é título de um livro do mesmo autor.

É preciso que seus representantes sejam universalistas e possuam energia-força na palavra capaz de levar a sociedade à reflexão quanto à sacralidade da vida corpórea na condição de santuário sagrado da alma.

Seus administradores devem se empenhar na conscientização dos administradores das nações de que o ser humano terreno já possui evolução espiritual para substituir as armas de fogo por armas energéticas neutralizadoras de ações, para, dessa forma, preservarem o que há de mais sagrado na Criação – a vida.

Por sua vez, os ambientes de reclusão para os apenados devem ser transformados em núcleos de trabalho, em escolas profissionalizantes e em universidades para ensinar o homem a tornar-se um ser integral, um ser evangelizado.

É da alçada do NOEP esclarecer o ser humano de todos os níveis evolutivos quanto à vida depois da vida, conscientizando-o de que a morte não interrompe a vida.

Pergunta: Considerando o exíguo tempo que o humano terreno tem para qualificar-se, a ponto de adquirir mérito e continuar reencarnando no abençoado planeta Terra quando comparado ao planeta higienizador, qual a conduta mais aconselhável?

Resposta: A conduta evangélica, pois não existe, em toda a extensão do mundo, outro meio de orientação para conduzir almas ao Reino dos Céus, nem compêndio diplomático para orientar os povos que substitua a mensagem evangélica do Cristo trazida ao mundo por Seu crístico filho, Jesus de Nazaré.

Caso tais ensinamentos já façam parte de nossa rotina mental e sejam naturalmente transformados em vivência, ou seja, sem a estressante "obrigação teológica" imposta pelo universo externo, estaremos em condições reais para continuar reencarnando na Terra.

* * *

Antes de avançarmos na leitura, façamos uma autoavaliação para saber se estamos despertando a centelha de Deus da qual somos portadores.

Verifiquemos se nosso semblante expressa gratidão aos prepostos de Deus pela oportunidade de estarmos encarnados neste momento crístico em que os Céus solicitam a nossa consciente participação na renovação do Cristianismo.

Desarmados, avaliemos se o conteúdo destes apontamentos está nos causando enlevo e motivação para abraçarmos a causa crística de contribuir com o direcionamento dos novos rumos do Cristianismo.

À medida que avançamos em nossas reflexões evangélicas baseadas nas Leis de Deus, observemos, com as nossas novas conquistas internas, se já exteriorizamos o sorriso da paz interior, se portamos no rosto o brilho da harmonia íntima, se sentimos a vibração em ondas de alegria por estarmos exaltando a vida, tendo o Nazareno Mestre como angelical modelo.

Encerremos cada reflexão com uma oração que contenha a musicalidade que identifique o Autor da Vida... Plasmemos em nossa tela mental os jardins edênicos das mansões celestiais e projetemo-nos para essa ambiência sagrada, imaginando-nos mergulhados em um oceano de bênçãos e luzes claras, em meio aos terapêuticos raios de Sol do amanhecer.

Para movimentarmos os nossos recursos latentes, foquemos os Céus, para que as nossas ondas mentais se integrem, por ressonância, ao concerto harmônico do universo.

Fiquemos em paz, embebidos na sublime Energia do Cristo, Senhor Nosso e Irmão Maior, e abraçados pelo Sublime Peregrino – Jesus, o Nazareno –, cantando hinos de louvor à Vida – Deus –, como gesto de gratidão por estarmos corporificados.

* * *

Adventos Crísticos – Sabe-se que Deus, em Sua condição de perfeição absoluta, envia aos mundos materiais os Seus emissários para instruir as humanidades de acordo com as evoluções espiritual e biológica de cada reduto. Embora essas evoluções sejam entrelaçadas, a criatura, por ser portadora de livre-arbítrio, poderá fazer opções que bloqueiem a sua capacidade realizadora, deixando de assimilar os ensinamentos de cada etapa evolutiva, de modo a ter condições de receber novos e eternos conhecimentos libertadores.

Para o espírito, na Era do Mentalismo, continuar reencarnando na Terra, necessitará de um bom polimento em sua tessitura perispiritual, a fim de que a sua instintiva biologia não se sobreponha à sua iluminada ideologia.

Observemos alguns itens que precisaremos trabalhar em nós, a fim de que consigamos colaborar com Jesus para implantação dos Adventos do Cristo, Senhor Nosso e Irmão Maior, neste momento profético e apocalíptico que estamos vivendo.

Intuitivamente, todos sentem que os tempos já chegaram; que estamos no clímax das grandes convulsões geofísicas, climáticas, financeiras, econômicas etc., além das psíquico-emocionais; no instante da história terrena mais aguçador das forças latentes existentes em nossos espíritos.

É também o momento mais divino para trazermos ao consciente as nossas crísticas inclinações. Aquelas que produzem efeitos quânticos em nossa alma, elevando nossas frequências para entrarmos nas dimensões da iluminação interior.

Estamos às vésperas da maior revolução social, época de grandes choques ideológicos, que produzirão imensuráveis dores e sofrimentos. Trata-se do momento propício para o homem terreno dinamizar seus ânimos e colocar na pauta da vida a mensagem evangélica proferida pelo Nazareno Mestre.

Sejamos os precursores da nova era na preparação da sociedade atual e futura. Sejamos a expressão viva no plano dos encarnados representando o Cristo, tendo Jesus de Nazaré como modelo e guia.

Coloquemos dinamismo em nossas aspirações morais para, conscientemente, nos ligarmos, por ressonância, ao Cristo-Amor e termos força-energia para implantarmos uma nova ordem moral – os Adventos Crísticos, *o novo pão para a humanidade.*

3. Escolas para a alma

Pergunta: - Como será a vida terrena quando o ser humano conceber que, independentemente de sua vontade objetiva, toda a humanidade caminha rumo à cristianização[1], atendendo à vontade subjetiva do Cristo Planetário da Terra, uma vez que todas as criaturas são portadoras do Cristo interno?

Resposta: - O homem, por ter sido criado, em essência, à imagem e semelhança do Cristo, naturalmente é atraído pelo magnetismo do próprio Cristo-Pai latente na criatura. É o Cristo-Criador causando divino tropismo à Chama Crística do Cristo-criatura, obedecendo à Lei dos Afins.

Na mesma proporção que o indivíduo desperta a fagulha de Deus existente em si, entra em ressonância com o Cristo planetário, consciente ou inconscientemente. Isso demonstra que a conduta das pessoas nas escolas planetárias não é padronizada, devido ao desnível de conscientização entre os humanos.

A vontade de retornar ao Criador acompanha o "espírito"[2] desde a sua gênese, quando ainda na condição de mônada recém-criada. Pela Lei de Causa e Efeito, todo efeito retorna à causa. Nós somos efeitos da Causa sem Causa – Deus. Assim, todos nós, na sacra condição de filhos do mesmo Pai, retornaremos ao nosso Criador.

---
[1] Processo de conversão de indivíduos ao Cristianismo. Neste livro, cristianizar é assimilar e transformar em vivência a mensagem do Cristo trazida ao plano material por Jesus.
[2] Usamos a palavra "espírito" para facilitar o entendimento, pois, na verdade, a mônada, embora portadora dos atributos divinos, inicialmente pertence ao seu "espírito-grupo", sem individualidade nem livre-arbítrio.

Na fase inicial, após deixar de pertencer ao "espírito-grupo" e obter a individualidade, o espírito, já portador de livre-arbítrio e responsável por seus atos, embora simples e ignorante, passa a percorrer um imenso raio de "afastamento" de Deus para adquirir experiências. Depois, na condição de filho pródigo, começa a sua **reversão**, ou seja, ele passa a sentir progressiva "saudade de Deus" e a retornar ao Pai conscientemente.

A mente em evolução, após atingir a sua frequência máxima dentro da faixa de cor amarela, que vai de 540 a 580 trilhões de vibrações por segundo, "termina" a sua busca de Deus por meio do intelecto, do pilar científico; entre 580 e 620 trilhões de vibrações por segundo, percorre a faixa de cor verde do pilar artístico, buscando o mesmo Deus; ao começar a frequência de 620 trilhões de vibrações por segundo, a mente começa a emitir a cor azul-celeste, a cor do *religare* a Deus conscientemente, indo até 660 trilhões de vibrações por segundo, segundo Ubaldi, em *A grande síntese*.

Embora toda a humanidade caminhe rumo à sua cristianização, a vida passa a ser mais motivadora e agradável quando o indivíduo, por evolução espiritual, atinge o estágio de retorno consciente ao Criador.

Pergunta: - Os lares terrenos serão transformados em escolas para o exercício do aperfeiçoamento do espírito na Era do Mentalismo?
Resposta: - Deus é a infinita bondade e a infinita justiça. A bondade d'Ele nos oportuniza para que, por meio do amor carnal e transitório, além de infinitos outros meios, despertemos o amor espiritual, incondicional e eterno.

Com a progressiva aquisição de conhecimentos transcendentes, haverá também a eterna expansão do Eu Crístico do ser humano.

Por não haver ponto final para a plenitude, já que a evolução é eterna, os novos lares terrenos terão o progressivo magnetismo do afeto, do carinho, do amor, da ternura. Paulatinamente, serão transformados em ambientes sob os auspícios do Evangelho do Nazareno Mestre.

Como o tempo para cada espírito adquirir a plenitude é

a eternidade, inicialmente os lares continuarão sendo escolas abrigando bom percentual de alunos desalinhados, tendo em vista que, para ser segura, a evolução tem de ser lenta. Mas, aos poucos, com a miscigenação[3] entre a genética terrena e a trazida pelos espíritos "índigo" da constelação das Plêiades, os lares serão transformados em santuários. Os seres humanos componentes das novas gerações, quando adentrarem a velhice, continuarão com vigor, voz altiva, semblante agradável e olhos expressando vida... Isso porque, conhecendo a Lei da Reencarnação, se preocuparão em viver alegremente mesmo na velhice, em vez de ficarem preocupados com a morte. Em nosso atual orbe, vive-se muito pouco, pois alimentam em si o medo do desencarne. Com tal atitude, os lares ficam com energias pesadas e com aparência geriátrica terrena. Ambientes sem vida, alegria, sorriso, beleza, sol, flores, perfume ou as cores que identifiquem paz nos corações e gratidão a Deus por mais uma oportunidade reencarnatória.

A criatura evangelizada, conhecedora das leis fundamentais da Criação, e que já as transformou em vivência, ao atingir a longevidade não tem razão para rememorar os momentos difíceis da trajetória daquele encarne e mantém a mente fecunda e projetada para o eterno vir a ser... Com tal atitude, o fim da existência não será acompanhado por sentimento de culpa nem por remorso.

É constante universal que, à medida que diminui a sua alimentação com carne animal, o ser humano vai adquirindo vida sexual de melhor qualidade. Nesse caso, o "amor sensação" herdado do animal é transformado, na intimidade do coração humano, em "amor divino". A harmonia dos lares depende de vários fatores e, entre eles, o sexual[4].

A restrita área de um lar oportuniza a alma a exercitar paciência, tolerância, benevolência, convivência com as diferenças, rumo à universalização. Logicamente, ninguém vai tor-

---

3 Processo ou resultado de misturar raças, pelo casamento ou coabitação de um homem e uma mulher de etnias diferentes. No livro, tem o sentido de, devido à mistura da genética terrena com a trazida pelos "índigos", as próximas gerações serão mais polidas, considerando que a ancestralidade animal vai perdendo energia-força.
4 Milhares de famílias são desfeitas devido à péssima vida sexual do casal, principalmente para as mulheres, que, em sua maioria, não são sexualmente realizadas por seus companheiros. Precisamos sacralizar a nossa vida sexual.

nar-se um voluntário cósmico na condição sagrada de instrutor espiritual se estiver em conflito íntimo por se encontrar desarmonizado com aqueles que os senhores do carma reuniram em um mesmo lar. Precisamos aprender a viver e conviver com as diferenças sem perder o equilíbrio.

O indivíduo mais cônscio quanto ao sentido divino da vida deve aproveitar a sagrada oportunidade da convivência em família, para, diante dos óbices corriqueiros, motivar-se para estudar, adquirir conhecimentos libertadores e ter a crística condição de exercitar a sua ascensão espiritual.

Por ser Deus perfeito, as áreas dos lares em que vivem as famílias também servem para o espírito trabalhar em si a misericórdia, além de dilatarem o amor rumo à família universal.

Pergunta: - Podemos deduzir que em um futuro próximo, quando a idade dos componentes dos lares terrenos avançar, não haverá a desvitalizadora melancolia?

Resposta: - Alegria, simpatia e bom humor, no dicionário da evolução, é "sinônimo" de calor da compreensão das Leis do Supremo Legislador. Assim, com a nova concepção quanto à vida eterna do espírito imortal, deixará de existir o gélido lar habitado por almas sem vida, sem o calor da afabilidade e da alegria.

A fim de não perdermos o foco neste sagrado evento, que é comentar os novos rumos do Cristianismo, continuemos reativando em nossa memória subjetiva as constantes universais e procuremos colocá-las em prática à proporção que formos trazendo ao consciente a essência do Cristo da qual somos portadores.

As criaturas terrenas, conhecendo melhor a Lei de Ação e Reação, procurarão agir segundo princípios ético-morais evangélicos[5]. Em consequência, quando reencarnarem, não estarão tão oneradas diante das leis disciplinadoras, a ponto de portarem corpos teratológicos[6] ou doenças da morte.

---
5 Neste livro, adotamos a seguinte nomenclatura: moral – relação do homem para com Deus ou primeira Lei da Vida: *amar a Deus sobre todas as coisas*; ética – relação das criaturas entre si ou segunda Lei da Vida: *amar ao próximo como a si mesmo*.
6 Teratologia é a ciência que se ocupa do desenvolvimento anormal e das malformações congênitas, ou das monstruosidades. Neste livro, tem o sentido de

Com o perispírito sem a avassaladora carga tóxica comum aos espíritos não evangelizados, os lares serão ambientes festivos onde Deus reúne almas para celebrarem a vida.

O estado emocional da alma na Era do Mentalismo após a transição planetária, sem as hecatombes[7] cármicas de caráter disciplinador, será mais motivador para a ascese espiritual. Com a criatura focando a mente divina, o seu corpo biológico estará alimentado com energias vivificadoras, o que significa que as doenças corpóreas gradativamente diminuirão, até serem extintas.

O homem-espécie, sabendo que ele é o que pensa, vai desenhando em sua tela mental, no dia a dia da existência, paisagens que expressem pureza iniciática e estesia[8] divina.

Um dos objetivos da reencarnação é levar a alma a aprender a pensar exaltando a vida. Com tal atitude, ela vai notando que o universo age cristicamente a seu favor, à medida que for pensando de maneira adequada a quem almeja disciplinar, em seu mundo íntimo, o ritmo das forças criadoras e, assim, manter a vitalidade biológica.

O espírito graduado, a ponto de conceber que é da Lei do Criador ele ser o artífice de seu destino, empenha-se em desenvolver as magníficas forças cósmicas latentes em seu âmago, pois as Leis da Evolução não permitem que o anjo seja forjado por forças externas. Adquire-se a angelitude por esforço pessoal e de dentro para fora, com a expansão do Cristo interior.

Por concebermos que Deus é perfeito, para o espírito ter sinal verde e singrar os espaços siderais, ele é responsável por construir antes, passo a passo, a ponte que lhe propiciará transitar entre o finito e o infinito, pois na obra de Deus não há privilégios... Tudo é conquistado meritoriamente.

É possível deduzir que, brevemente, os lares terrenos serão mais calorosos, mesmo quando a idade de seus componentes avançar.

---

identificar as criaturas que nascem com grandes deformidades físicas.
7 Etimologicamente, tem o significado de "sacrifício de cem bois". Por extensão de sentido, modernamente o termo é aplicado a grandes catástrofes, com muitas vítimas, como genocídios ou eventos naturais como furacões, enchentes, terremotos etc.
8 Sentimento do belo. Sensibilidade. Capacidade de perceber sensações.

Pergunta: - *De que forma as escolas terrenas serão transformadas em educandários para o espírito, enquanto encarnado, aprender a arte de interpretar a vida?*

Resposta: - A alma, quando evangelizada, mantém-se equilibrada em qualquer ambiente. Concebamos o planeta Terra como a nossa escola planetária e, divinamente motivados, invistamos em novos ensinamentos, de tal maneira que a nossa Chama Crística permaneça acesa, a ponto de sermos alimentados pela esperança de transformarmos o mundo em um celeiro de luz advinda da usina do Cristo Criador da Terra e, também, do nosso Cristo interno.

Para a pessoa graduar-se espiritualmente, a ponto de ter mérito e continuar na Terra, será preciso ter domínio mental sobre si mesma. Assim, disciplinemos a nossa mente, trabalhando o autocontrole, o autodomínio, a autocondução.

Para tanto, exercitemos a nossa motivação íntima, para vislumbrarmos a beleza das dimensões luminosas do eterno amanhã cheio de bênçãos e de mais luzes em nossa consciência. Nunca nos detenhamos no ontem, pois, por mais maravilhoso que tenha sido, a eternidade nos aguarda e nos conclama a novos investimentos, pois somos eternos.

Coloquemos em nossa tela mental aspirações crísticas, conscientes de que, com mais Deus em nossa vida, estaremos contribuindo com a nossa cota de luz para iluminar e evangelizar consciências. A humanidade evangelizada deixará de gerar notícias trágicas e mórbidas e, consequentemente, os espíritos terrenos serão mais felizes e terão suas mentes povoadas por paisagens mais motivadoras para quem almeja entrar em sintonia com a vibração do Cristo-Pai.

Empenhemo-nos no salutar sentido crístico de tornar o planeta Terra um mundo regenerado e a caminho de seu progresso espiritual.

Na Terra ou no infinito não existe profilaxia[9] superior à mensagem evangélica do Nazareno Mestre, contida em *A Arca do Desconhecido*, quando vivenciada.

Com a aquisição pessoal de nossa serenidade espiritual,

---

9 Utilização de procedimentos e recursos para prevenir e evitar doenças, como, por exemplo, medidas de higiene, atividades físicas, cuidado com a alimentação, vacinação etc.

exaltando o lado positivo da vida, não precisaremos reencarnar com sofrimentos estigmatizados[10].

Pensemos luminosamente no magnificente universo estelar, a fim de gerarmos aura diáfana[11] à nossa volta com as cores das almas que se emocionam com a beleza da Criação em todo o seu esplendor.

Concebamos, para a eternidade, que a felicidade tão almejada pelos espíritos normais é conquistada, em qualquer parte do universo, por esforço pessoal. Dessa forma, não estaremos alimentando fantasias nem aguardando que alguém nos faça felizes.

Assim, de maneira natural e segura, as escolas terrenas em Aquário serão transformadas em educandários para a alma, enquanto encarnada, aprender a arte sagrada de interpretar a vida.

Pergunta: - *Na Terra, as escolas, de modo geral, preparam os jovens tão somente para a vida existencial, de modo que a essencial fica em último plano. Com o Cristianismo Renovado inserido na rotina da alma terrena, essa atitude mudará?*

Resposta: - Não existe nada errado na obra de Deus. O que nos falta é compreender os infinitos mecanismos existentes na Lei da Evolução, para nos conscientizar quanto à finalidade sagrada das reencarnações nos educandários materiais.

Não sendo possível ensinar a experiência que ainda não se viveu, as nossas análises, até o momento, referem-se aos educadores e educandos de uma escola primária. Com a Escola Terra promovida à sua condição de educandário de nível secundário, tanto professores quanto alunos investirão, conscientemente, na essência, mas sem abandonar a imanência.

Assim, na mesma proporção que a pessoa se saturar do **ter** da existencialidade, se motivará para a vivência consciente do **ser** da essencialidade.

Com a evolução espiritual, o indivíduo, gradual e harmonicamente, perderá o vínculo com o plano material sem negligenciá-lo. Ele passa a usar os recursos do mundo concreto para de-

---
10 Rotulados negativamene, condenados, criticados, que receberam marcas de ferro em brasa no corpo.
11 Que permite a passagem da luz; transparente, límpido.

senvolver as suas múltiplas aptidões e, finalmente, evangelizar-se. Graduado ao nível da evangelização, o espírito não mais oscilará na trajetória evolutiva. Aos poucos, ele se distanciará das luzes periféricas ensejadas pelo intelecto e se aprofundará nos conhecimentos transcendentes, para trazer à tona as luzes profundas dos sentimentos crísticos. A tendência natural é entrar na pulsação ascensional mesmo estando no restrito plano material. Nesse novo estado vibracional, surge na alma o impulso crístico que a leva a sentir-se atraída pelo empuxo divino rumo ao nível angélico que está intrínseco em si desde a sua gênese.

* * *

É inquestionável que os novos rumos do Cristianismo dependem dos cristãos em ação. Assim, continuemos cantando hinos de júbilo, de alegria, de louvor à vida, com a emoção de quem se coloca a serviço do Cristo, tendo Jesus como estimulador sagrado de nossas vidas e de nossas aspirações crísticas.

Nesses exercícios que estamos fazendo, visando a trazer à tona o nosso Deus interior e, em melhores condições, renovarmos o Cristianismo, projetemo-nos para determinados ambientes que a nossa mente é capaz de idealizar.

Imaginemo-nos, por exemplo, em um jardim, em meio a imaculados lírios, na dimensão dos espíritos plenificados, onde receberemos a unção do Cristo por meio das luminosas e abençoadas mãos de Silvestre, o porta-voz das Sagradas Fileiras.

Com o magnetismo do Cristo inundando nossa alma, acompanhemos a expansão de nosso Eu Crístico. Atentemos para a luminosidade de nossos corpos sutis. Olhemos com júbilo as labaredas de luzes com as cores do arco-íris produzidas pelo nosso Deus interior.

Afirmemos, convictamente, com toda a nossa energia-força:
– Eu sou Deus!... Eu sou luz!... Eu sou portador dos atributos da Divindade Suprema!

Sem temores, na condição de espíritos cósmicos, eternos e imortais, deixemos que a nossa luz brilhe para a glória do Cristo, o criador da Terra.

Declamemos poemas de gratidão ao Nazareno Mestre, por

nos oportunizar com a sacra tarefa de sermos porta-vozes do Cristianismo Renovado.

Agradeçamos a Silvestre pelo empenho de trazer as orientações dos Céus para a Terra, para que sejam implantados os Adventos Crísticos na consciência da humanidade terrena... Que ele nos ampare e continue perfumando a nossa caminhada com a essência do lírio que exala de seu coração.

* * *

Silvestre, na condição atual de espírito ascensionado, está integralmente empenhado em renovar o Cristianismo. Junto com ele, estão os espíritos que também fizeram parte do Catolicismo nesses últimos 2000 anos de Cristianismo e que, atualmente mais evoluídos, se conscientizaram de que tiveram atitudes infantis em épocas recuadas.

Silvestre, junto com milhões de espíritos evoluídos e ascensionados, conta também com aqueles que optaram por outras religiões de todas as épocas, além dos que fizeram as suas trajetórias evolutivas abraçando outros pilares.

Atualmente, Silvestre procura nos esclarecer quanto ao sentido sagrado de celebrarmos a dádiva da vida no plano temporário da existencialidade, sobre a dedicação que devemos ter na busca consciente de conhecimentos libertadores para galgarmos os planos luminosos da eterna essencialidade.

Ele nos induz a auscultarmos o nosso universo íntimo e assim, progressivamente, ouvirmos a ensurdecedora voz sem voz do Plano Divino.

Aguça os nossos crísticos sentimentos, visando a trazer ao consciente os atributos divinos de que somos potencialmente portadores.

Incentiva-nos a que, por esforço pessoal, melhoremos a nossa vida moral, para que tenhamos atitudes éticas que expressem crísticas relações com os nossos semelhantes.

Empenha-se em nos ensinar a importância de melhorarmos a nossa relação com o Criador.

Esclarece-nos que em Peixes fomos oportunizados a desenvolver nobres sentimentos, despertando as nossas potencialidades afetivas, para, em Aquário, vivenciarmos de maneira naturalíssima as sublimes emoções advindas do coração.

Assegura-nos que, nos primeiros instantes sob a regência de Aquário, a criatura terráquea deve empenhar-se com total dedicação a trazer ao consciente os crísticos sentimentos desenvolvidos em Peixes. Para tal, necessário é ouvir a voz do coração, demonstrando que já assimilou a lição que ensina o autoamor, a fim de amar-se verdadeiramente, para ter condições de amar outrem.

Silvestre, por ter abraçado o pilar religioso, abdicou das elucubrações e assim se apresenta na proposta dos Adventos Crísticos para exaltar a mensagem cristalina e pura do Evangelho de Jesus, contida em *A Arca do Desconhecido*.

* * *

Cada um, silenciosamente, exalte a sua riqueza moral, encantando-se com a vida e celebrando a sua vida com o Autor da Vida – Deus.
Observe se você fornece ao seu semelhante mais próximo vitalidade emocional para o seu autoencontro...
Se já admira tudo que for belo e harmônico...
Se o seu magnetismo preenche o vazio existencial das criaturas desprovidas da eterna fé e que estão à sua volta...
Se, com o seu grau de renovação íntima, você tem condições reais para auxiliar na renovação do Cristianismo...
Se você já se ama a ponto de amar de maneira incondicional os seus semelhantes...
Se você está curado o suficiente, a ponto de ter condições de auxiliar na cura dos mais carentes de Deus.

* * *

Adventos Crísticos – Dentro dos quatro pilares da sociedade, existem aqueles que têm vocação missionária para desempenhar as tarefas que lhes compete sem temores, pois estão convictos de que somente aos fortes e capazes Deus confia a direção dos homens; aos fracos e incapazes, Ele compreende e ampara.

A Proposta Adventista nos solicita que não economizemos

a nossa capacidade de imaginar as maravilhas que nos aguardam na escala do tempo.

Assim, afirmemos convictamente:

- Quando o Advento do Cristo em sua solidez de verdade universal estiver implantado na minha alma, eu e ele seremos um só, assim como a água e a esponja.
- Por ser intrínseco às Leis da Evolução os espíritos evoluírem para ascenderem e transcenderem, vou me dedicar ao meu trabalho interior, esculpindo um novo homem adequado à Era do Mentalismo.
- Por reconhecer que não existe acaso na Obra de Deus, vou dinamizar a minha vida mental para superar os obstáculos, tendo em vista que necessito de um polimento para me tornar um homem integral.

Seguindo a trajetória dos Adventos Crísticos, observemos se, por processo natural, estamos nos anelando aos tesouros celestes e, como consequência, nos desatrelando, sem negligência, dos tesouros terrestres... Avaliemos, também, se o impulso da vontade de conquistar o universo parte com maior profusão do cérebro ou do coração, tendo em vista que, normalmente, o cérebro dos menos evoluídos é ávido pelas conquistas externas, enquanto os mais evoluídos se dedicam às aquisições internas e eternas pelas vias do coração.

4. Mentalismo crístico

Pergunta: - *A Terra consumiu 2.160 anos percorrendo o signo de Peixes - Era do Amor. Atualmente, adentrando Aquário - Era do Mentalismo, para o humano terreno, em que mudará na condução da vida, caminhando nesse novo espaço do zodíaco?*

Resposta: - Em cada signo predomina uma característica para as criaturas desenvolverem as suas potencialidades. O espírito terreno percorrendo Peixes, por exemplo, foi oportunizado a trabalhar o sentimento crístico. Em Aquário, o exercício primordial será desenvolver a sua força mental. O agravante para o momento atual é que a Terra em Peixes fechou mais um ciclo de 25.920 anos ao percorrer as 12 casas zodiacais [2.160 x 12 = 25.920]. Em cada fim de ciclo há uma seleção natural para separar os alunos reprovados naquele ciclo a serem exilados para outros mundos, para outras moradas do Pai. Por estarmos vivendo uma fase seletiva para *separar o joio do trigo*, oremos e vigiemos, pois o momento o requer. É uma fase de transição planetária que solicita que todos nós criemos mentalmente um ponto focal luminoso a alcançar.

Evidentemente, permanecerão encarnados e reencarnando na Terra somente os espíritos fortes e capazes; os fracos e incapazes serão compreendidos e amparados pelo Cristo-Pai e encaminhados para mundos compatíveis com as suas tacanhas aspirações.

Por não termos dúvida de que Deus é a perfeição absoluta, deduzimos que, para exercitar a força mental na Escola Terra de agora em diante, o aluno deve ter desenvolvido nobres sentimentos em Peixes, o que é lógico, considerando que é perigoso despertar a força mental da alma antes de vivenciar sentimentos nobres... Antes de estar evangelizada.

As mudanças positivas e acionadoras do Eu Crístico durante os próximos 2.160 anos terrenos serão notórias em todos os aspectos, considerando que os espíritos mais acanhados para com os Haveres dos Céus deixarão a Terra.

Essa fase de seleção final que estamos vivendo não se trata de castigo celeste nem terrestre. É processo natural, já que o nosso atual educandário está sendo promovido à categoria de escola secundária, conforme classificação da pedagogia sideral elaborada pelos prepostos de Deus.

Durante o tempo da Era do Mentalismo, o foco primordial para os encarnados na Terra será o aflorar de sua força interior, da incomensurável força do espírito eterno e imortal – a centelha de Deus em seu universo íntimo.

Pergunta: - Com o desenvolvimento da força mental, o espírito não corre o risco de ficar muito cerebral e abdicar da emoção pelo divino?

Resposta: - Falamos que, por causa da seleção natural do *juízo final*, durante a fase de transição planetária que estamos passando, os que permanecerem na Terra serão os aprovados em Peixes, o signo do Amor, aqueles que desenvolveram crísticos sentimentos. Tal risco não ocorrerá, pois, para os que ficarem aqui; a razão estará em equilíbrio com o sentimento.

Pergunta: - Quais as características comportamentais das pessoas que formam os quatro pilares da sociedade, quando, por evolução da consciência, concebem que o espírito é eterno e imortal?

Resposta: - Os adeptos das doutrinas espiritualistas, de modo geral, têm essas informações, mas nem todos conseguem transformá-las em vivenciamento, tendo conduta de acordo com os conhecimentos adquiridos.

Assim, podemos analisar mais algumas constantes universais.

Para o espírito, é processo natural, em função da evolução, o desapego a tudo que for transitório, pois pertencente ao plano material... A tudo que servir apenas como ferramenta de trabalho para evoluir e ascender. As criaturas, embora eternamente gratas ao que possuem, não se vinculam emocionalmente a nada do plano material, pois têm plena certeza de que onde estiver o seu tesouro, ali estará o seu coração.

Evidentemente, a idiossincrasia dessas pessoas já estará atendendo melhor à lição evangélica contida em Mateus (5:5, 7, 9):

> "Bem-aventurados os mansos, porque eles herdarão a terra; [...] Bem-aventurados os misericordiosos, porque eles alcançarão misericórdia; [...] Bem-aventurados os pacificadores, porque eles serão chamados filhos de Deus".

Por valorizarem mais o conteúdo do ser humano do que o seu continente, a vida relacional de tais criaturas é mais agradável, mais plena de vida e de emoções superiores.

Em nosso mundo, quantas pessoas, embora conhecendo a Lei da Reencarnação, ainda ostentam supremacia no que se refere a cor da pele, status social, localidade geográfica, idioma natal, condição econômico-financeira etc., mesmo sabendo que em um átimo[1] poderão ser solicitadas a comparecer ao outro lado da vida, deixando todas as suas quinquilharias na Terra?

O comportamento externo nem sempre revela o que acontece com o homem interno, considerando que o espírito, na fase da astúcia, pode camuflar-se de cordeiro, quando ainda é um lobo agindo às escondidas na calada da noite existencial. É aconselhável observar a sua maneira de reagir aos acontecimentos circunstanciais.

Pergunta: - Se o espírito encarnado tivesse acesso à sua história reencarnatória, não lhe seria de bom proveito? Isso não o estimularia para o eterno amanhã, sem deter-se em erros de vidas pretéritas?

Resposta: - As humanidades planetárias são formadas por espíritos de vários níveis evolutivos. Na Terra, por enquanto,

---

1 Momento, instante.

se a maioria tiver acesso às suas vivências, poderá travar o seu impulso evolutivo ou, até mesmo, encaracolar-se com os acontecimentos do passado, por falta de harmonia interior e equilíbrio para se ver em situações fora dos princípios ético-morais ensinados pelos representantes do Cristo-Pai.

Após a limpeza energético-espiritual pela qual a Terra está passando, as novas gerações serão formadas por espíritos mais conscientes quanto à vida eterna. Assim, será comum as pessoas terem conhecimento sobre suas vidas anteriores.

O espírito, quando um pouco mais evoluído, ao conhecer o seu passado, sente vontade de investir em conhecimentos transcendentes e transformá-los em vivência, seguindo princípios superiores que libertam a alma de seu cativeiro psíquico. Quanto mais ele dilata a consciência, mais descobre o quanto precisa estudar para se esclarecer e, também, evoluir para ascender e transcender.

Na Terra, existem aqueles que conhecem seu passado; embora sejam minoria, preferem silenciar. Outros não revelam à sociedade o seu passado para não assumirem posturas ético-morais compatíveis com a evolução que possuem. Estes não têm dúvida de que a quem mais é dado, mais é cobrado. Dessa forma, covardemente, silenciam para evitar cobranças externas. Diante da Lei da Evolução, quem não se torna operante na obra de Deus é catalogado por lesa-evolução. Portanto, o silêncio-omissão não é a melhor opção.

À medida que o espírito evolui, deixa de infringir os Estatutos da Vida e, consequentemente, tem vidas mais proveitosas. Chegará a determinado grau evolutivo em que ele, mesmo encarnado, ficará consciente em sua memória subjetiva, ou seja, ele ficará consciente dos registros que, para os menos evoluídos, estão na região do inconsciente. Nesse estágio, olha para trás, vê a sua história de erros e acertos e, se lhe aprover, poderá relatá-la com naturalidade e segurança.

Pergunta:- Por estarmos na Era do Mentalismo, se a criatura conhecer o seu passado malfadado, não poderá revoltar-se com ela própria e fazer uso de sua força mental de maneira inadequada? Também, devido às encarnações pomposas em vidas anteriores, não poderá brotar-lhe a vaidade e sua irmã gêmea, a soberba?

Resposta: - Se a revelação foi feita por espírito desencarnado e lúcido, ela só ocorreu porque o revelador sentiu que a pessoa a quem ele está relatando os seus encarnes tem estrutura emocional para receber tais notícias.

O mais comum, quando se trata de comunicação mediúnica, é falar do passado para estimular o presente, quase sempre revelando os pontos em que aquele espírito não foi bem-sucedido, para ele se empenhar em mais estudos, buscando melhor compreender as Leis do Criador.

Pode acontecer de a pessoa se revoltar, pois somos portadores de livre-arbítrio. Porém, o máximo que conseguirá será retardar a sua evolução, considerando que sem autoenfrentamento não se vence o passado. Virar as costas para o passado após revelações feitas por espíritos superiores é negligência, já que tais revelações visam a alavancar a sua evolução. Chegaremos a determinado grau evolutivo em que teremos de enfrentar a nossa história, tanto luminosa quanto sombria.

Caso o espírito ainda esteja em um grau evolutivo a ponto de envaidecer-se ou sentir-se superior aos seus semelhantes devido à fama, aos títulos ou às honorificações de vidas anteriores, a espiritualidade superior evitará tais revelações. Isso porque, considerando que o espírito não retroage na evolução, o seu passado, o mais luminoso que possa ter sido, já está ultrapassado, pois a evolução é progressiva e eterna.

Alguém ficar inflado pela vaidade ou pela soberba por saber que em outras vidas foi famoso, é realmente atitude infantil, própria de quem não tem olhos para ver o eterno amanhã e imaginar a humildade dos espíritos evoluídos e, mais ainda, a grandeza dos ascensionados

Quem estiver envaidecido em função de seu passado e quiser saber o seu estágio evolutivo atualmente, será suficiente apresentar à sociedade a sua magnífica obra realizada no agora, uma vez que pelo fruto conhece-se a árvore que o gerou.

Pergunta: - Pela Lei da Evolução, os espíritos verdadeiramente conscientes do eterno vir a ser não são vaidosos

nem soberbos. *No entanto, existem aqueles que se envaidecem com as suas histórias de outras vidas. Como fazermos uma autoavaliação quanto aos nossos apegos ao passado ou até mesmo ao presente, devido aos quais damos vazão à vaidade ou à soberba?*

Resposta: - Quando se trata de evolução espiritual, é necessário fazer as nossas avaliações seguindo as constantes universais, para deixar claro que não existem privilégios celestes nem terrestres. Quem decretou e sansionou as Leis da Evolução foi o Supremo Legislador – Deus.

Pela logicidade da Lei do Criador, é de bom alvitre não nos apegarmos a nada: nem à Terra nem ao Céu, pois sabemos que tudo do plano físico é relativo e dura um diminuto tempo. O Céu, embora seja dinâmico, também obedece ao eterno transformismo evolutivo-ascensional.

Nós, espíritos semianalfabetos espiritualmente, frequentamos cursos preparatórios nos mundos materiais para treinar o desapego, a fim de nos tornarmos cidadãos cósmicos. Pela lógica, as Leis da Evolução não permitem que um espírito se torne cósmico enquanto estiver preso a bens materiais ou a mundos de qualquer latitude ou longitude do universo.

Daqui a mais uns instantes, os indivíduos terrenos reconhecerão o seu real grau evolutivo quando comparado às grandes potestades celestiais. Então, poderão olhar para trás, conhecer as suas histórias e se motivar para o eterno amanhã sem titubear. Quando o espírito atinge tal graduação, torna-se mais motivado para seguir a estrada da eternidade que o aguarda do que para ficar vivendo nostálgicas e infrutíferas recordações do passado.

Os espíritos superiores não criticam nem julgam porque, além de conhecerem a Lei da Evolução, sabendo que a natureza não dá saltos, conseguem alcançar o grau de consciência de seus irmãos menores. Se a criatura que estiver sendo considerada vaidosa ou soberba for inexperiente de Deus, devemos considerar normais suas atitudes, pelo menos temporariamente, cabendo aos mais evoluídos exercitarem a misericórdia convivendo com os infantes[2].

---
2 Relativo à infância; infantil.

* * *

Ressaltamos que a Era do Mentalismo não significa frieza intelectual, mas equilíbrio entre razão e sentimento.

Nessa fase da evolução do espírito, a razão já não consegue obstruir-lhe a percepção dos clarões que surgem no horizonte em forma de convite, para ele, fazendo uso da lúcida vontade de adquirir conhecimentos transcendentes, sentir que tem liberdade, mas que precisará trabalhar com dedicação para alcançar a sua libertação íntima.

Embora possa parecer que há incompatibilidade entre razão e sentimento, quando o ser humano atinge a frequência mental das últimas nuances da cor amarela, por volta de 580 trilhões de vibrações por segundo, a vaidade intelectiva vai perdendo fôlego, surgindo a sinergia[3] através da qual ele, sem hesitar, abre espaço emocional para receber novíssimas informações e conhecimentos de diferentes vertentes e, carinhosamente, abrigá-los no coração.

O espírito do pilar científico, da razão questionadora e analítica, também caminha em direção à sua maturidade afetiva, para, dali a poucos instantes, emocionar-se com suas próprias criações.

* * *

É tendência natural querer que as pessoas modifiquem suas atitudes e já consumimos milênios com tal conduta. Na Era do Mentalismo, em vez de esperar que nossos semelhantes mudem, mudemos nós. Almejemos vivenciar o que assimilamos enquanto percorríamos Peixes.

Antes de avançar em nossas reflexões, autoavaliemo-nos:

- Estamos despertando o nosso Cristo interno? Para tal, vejamos se está chegando à nossa memória objetiva alguma cota extra de afeto, ternura, compaixão, tolerância.

---

[3] Ato ou esforço coordenado de vários órgãos na realização de uma função. Associação simultânea de vários fatores que contribuem para uma ação coordenada. Ação simultânea, em comum. No livro, tem o sentido de a criatura não ficar restrita ao que lhe é palpável, mas abrir espaço emocional para conviver com o imponderável.

- O sentimento crístico está aflorando em nosso consciente? É notório quando isso acontece, pois passamos a exteriorizar mais amor pelo Criador e pelas criaturas.
- Como pretendemos exercitar a superconsciência, futura e infinita, na condição de quem concebe a mensagem contida no Evangelho do Nazareno Mestre, verifiquemos se estamos presos ao ontem, pois, em Aquário, precisaremos colocar na pauta de nossas vidas as virtudes que desenvolvemos em Peixes. Por conseguinte, não fiquemos atrelados ao passado, pois a eternidade nos aguarda firmes e resolutos.

Os ensinamentos evangélicos, quando transformados em vivência crística, produzem saltos quânticos, libertam a consciência e conduzem a alma a empenhar-se para a conquista da plenitude do amor. À medida que nos evangelizamos, descobrimos a nossa identidade na sagrada condição de espírito cósmico e imortal.

Na Era de Peixes, consumimos 2.160 anos terrenos despertando de nosso âmago afeto, ternura, harmonia íntima, habilidades emocionais, mansuetude, amor de amplitude universal, para, em Aquário, vivenciarmos a mensagem evangélica do Nazareno Mestre sem estressantes elucubrações. Simplesmente, coloquemos o coração à frente das ações, convictos de que a razão irá segui-lo, jubilosa e festiva.

* * *

Adventos Crísticos – Em Aquário, após a seleção natural que *separará o joio do trigo*, o ser humano terá excelsos ímpetos, procurando o equilíbrio entre a inteligência e o coração.

Ele vai trabalhar-se divinamente, no sentido de exercitar a misericórdia do ver, ouvir e falar, para despertar o seu Eu Crístico, a sua força superior; para trazer ao consciente as suas potencialidades latentes.

Na Era do Mentalismo, a sociedade, convivendo com a sutileza da mediunidade inspirativa, se sentirá magnificamente motivada para desapegar-se dos amuletos usados pelas religiões, pois, com a visão extrassensorial vislumbrando as dimensões do êxtase divino, almejará integrar-se às correntes de pensamentos compostas pelos espíritos mais plenos, mais harmonizados com as Leis da Criação.

Com a nova realidade psíquica do milênio em curso, a criatura facilmente se convencerá de que a mediunidade é uma constante universal para espíritos encarnados e desencarnados. Com essa nova concepção e a solidez de uma realidade experimental, o indivíduo sentir-se-á impotente para negar o óbvio, por tratar-se de uma verdade universal em função da evolução dos espíritos e dos mundos.

A proposta dos Adventos Crísticos vai nos preparar, a fim de não perdermos tempo relutando diante de uma realidade psicológica tão natural quanto o perfume que exala do imaculado lírio.

Indubitavelmente, a pessoa mais consciente quanto à vida depois da vida, sabedora de que a morte não interrompe a vida, entrega-se ao Cristotropismo e, cristicamente emocionada, passa a investir em sua ascensão espiritual, para, em condições inequívocas, expressar o amor.

* * *

Somente quem tem experimentado determinadas sensações e emoções possui a palavra suficientemente vibrante para exprimir o inefável (Pìetro Ubaldi em Ascese Mística).

5. Exercitar a superconsciência

Pergunta: - *No planejamento para implantação dos Adventos Crísticos, para renovar o Cristianismo, existe algum item que conduza o ser humano a exercitar a sua superconsciência ou ele continuará, melancolicamente, olhando para trás e contemplando os momentos tristes de sua história e da história da humanidade?*

Resposta: - Por ser processo natural a ampliação da consciência, quanto mais o espírito desperta os atributos divinos em si, mais compreende as suas fraquezas e se distancia, vibratória e emocionalmente, do passado, embora não possa negá-lo nem apagá-lo, uma vez que os registros do pretérito inicialmente ficam guardados no subconsciente e, com o passar do tempo, no inconsciente profundo. Com a evolução, a pessoa vai se sentindo cada vez mais motivada para trafegar rumo ao futuro, atraída pelo magnetismo do Cristo planetário. Com tal atitude, os nós psíquicos bloqueadores gerados no passado vão afrouxando e ela se sente mais livre e mais leve. Surge-lhe, então, a vontade de projetar-se para o luminoso futuro, o que lhe propicia exercitar a superconsciência, pois passa a imaginar as maravilhas que há nas dimensões habitadas pelos espíritos plenificados.

Pergunta: - *Porventura, não é importante olhar para trás e conhecer as nossas trágicas histórias, a fim de nos empenharmos em corrigi-las?*

Resposta: - Após o término do exílio apocalíptico pelo qual a sociedade terrena está passando, os espíritos que continuarem reencarnando neste abençoado orbe já não se dedicarão a tais feitos, ou seja, não mais rememorarão os trágicos momentos da ignorância espiritual da humanidade. Quando se remeterem ao passado, a preocupação será trazer ao presente os registros positivos que impulsionam para a eternidade. Voltar ao passado é trazer para o presente as energias daquela época, sejam elas positivas ou negativas. Quando esse passado é sombrio, nem todos têm equilíbrio para enfrentá-lo.

Uma vez que a essência do que consta no Sermão da Montanha sintetiza a cósmica mensagem do Pedagogo Sideral a Serviço de Deus na Terra – Jesus de Nazaré, observemos o que Ele falou do Reino dos Céus... Do Reino do Amanhã... Do Reino que aguça a alma humana a exercitar a sua superconsciência vislumbrando o eterno vir a ser. Assim, projetemo-nos rumo ao futuro, conscientes do eterno transformismo para aquisição de mais conhecimentos libertadores, mais verdades, mais sabedoria e mais Deus.

Com o incessante evoluir, brevemente a tecnologia e a ciência entregarão à sociedade aparelhos de filmagens para trazerem ao plano material o que acontece com quem estiver nos planos espirituais. A partir de então, não mais teremos dúvida quanto à vida após a vida. Dessa forma, o homem-espécie não terá como negar que a vida continua e que ele é o que pensa, o que aspira, o que ama.

Analisemos outras constantes universais:

> • O indivíduo, sabendo experimentalmente que ele é o que pensa, passa a admitir que pensar em um futuro belo e maravilhoso é sabedoria, é saúde para a alma e para o corpo. Assim, ele se motiva para novas aquisições iluminativas e começa a ter cuidado com o que pensa, fala e ouve, além de empenhar-se em evangelizar as suas ações.
> • O ser humano, ao conhecer por meio da tecnologia as magníficas e luminosas formas de pensamentos existentes nas dimensões espirituais superiores, olhará para frente e se desarmará, de modo a ser atraído pelo Divino Tropismo do Cristo-Pai.
> • O Cristo-criatura, dominando maior e progressiva área da cosmicidade do Cristo-Criador, elabora paisagens mentais coloridas e de fantástica beleza... Mergulha em divinos de-

vaneios, projeta-se para o Alto, ouve as melodias do universo estelar e sente-se um cidadão cósmico vislumbrando o eternamente novo. Este é um processo natural para quem já concebe que a evolução espiritual é eterna.

Pergunta: - *Nos exercícios da superconsciência, quais os mecanismos que facultam à voz humana penetrar mais profundamente nos campos energéticos superiores, a ponto de repercutir positivamente na mente dos ouvintes encarnados e desencarnados?*

Resposta: - Não há distância espacial entre a criatura e o Criador. Com a evolução espiritual, a nossa frequência mental aumenta infinitamente e penetra em campos energéticos progressivamente mais sutis e universais.

Aquele que é mais experiente de Deus tem discursos sintéticos e objetivos. Sua voz, por transportar o magnetismo da convicção, recebe um fator multiplicador de frequência[1] fornecido pela natureza ambiental e pelos espíritos superiores integrados à mesma crística causa.

As pessoas espiritualmente mais evoluídas não levam em seus campos áuricos as paisagens dantescas do ontem, pois, conscientes do futuro sobranceiro, projetam-se para frente, desenhando na tela mental magníficas belezas edênicas existentes nas dimensões dos espíritos plenos.

Sem a parafernália mental das figuras grotescas produzidas por espíritos de pouca evolução, por aqueles que formam as sociedades planetárias subprimárias, a comunicação da pessoa passa a ser uma combinação entre o que pensa e o que fala. Logicamente, por ser a velocidade do pensamento superior à do som, a mensagem transmitida consegue tocar no âmago dos ouvintes, causando-lhes agradáveis emoções antes de o som ser ouvido. Mas tem um agravante: quem ouve aquele que fala de maneira muito lenta e sem energia pode, em pouco tempo de discurso, desconectar-se vibratoriamente do foco emissor da ideia, por faltar magnetismo aglutinador entre o expositor melancólico e o ouvinte. O expositor

---
1 Entre os integrantes das Sagradas Fileiras, Nicodemos, aquele que procurou Jesus à noite, disfarçado e às escondidas, é o responsável por adicionar à voz do expositor convicto um fator multiplicador de frequência, a fim de melhorar a propagação da onda sonora na consciência dos ouvintes.

deve ter dinamismo para manter bem acesa a Chama Crística de seu espectador, a fim de que ele se mantenha atento.

A evolução espiritual é acompanhada da honestidade e ser honesto consiste em colocar o seu *talento* integralmente a serviço da Vida – Deus. Assim, para se obter sucesso no sentido sagrado de despertar as consciências quando estiver falando, é preciso que a mensagem e o mensageiro formem uma unidade. Para tal, o expositor deve interiorizar a essência da mensagem antes de transmiti-la.

O universo à volta do expositor tem ação positiva a seu favor quando ele adquire a misericórdia do falar. Ele passa, simultaneamente, a ser emissor e receptor de sons e emissor mental de imagens recebidas da assembleia dos participantes dos dois planos. Dessa integração advêm os benefícios para os que formam a plateia de ouvintes.

Disse o Nazareno Mestre: – Vós sois luzes!... O semblante dos indivíduos que têm essa certeza é mais agradável e, por não se deterem no lado escuro da personalidade humana, ao fazerem uso do dom sagrado de falar, eles são verdadeiros acionadores psíquicos a acender os Cristos internos daqueles que os ouvem...

O portador da palavra deve estar integralmente consciente de seu Deus interior, pois disse o Sublime Mestre: – Vós sois deuses!... Ele deve saber que a onda mental da alma evangelizada consegue penetrar em dimensões energéticas da vida cósmica com mais facilidade e, assim, recambiar energias benfazejas para a ambiência onde estiver fazendo uso do verbo.

Para exercitar a nossa eterna superconsciência, a ponto de nossa crística voz penetrar profundamente nos campos energéticos superiores e repercutir brilhantemente na mente de encarnados e desencarnados, é necessário sermos portadores da convicção de que com o nosso Cristo interno somos capazes de acionar o Cristo interno de nossos ouvintes.

Pergunta: - No plano astral, as cores também dependem das frequências?

Resposta: - No livro Missionários da luz, André Luiz afirma que o pensamento ainda é matéria. Uma vez que o pensamento é "matéria", os sete subplanos do plano astral, por exemplo, têm cores, luzes, perfumes, sons etc. em diferentes graus, de acordo com cada faixa identificada por suas frequências dimensionais, além das diferentes gravidades. Daí a denominação de astral inferior, ou mais perto do plano físico, e astral superior, mais próximo do plano mental. O mesmo acontece com os demais planos e subplanos.

Entre o primeiro e o último subplano do plano mental, por exemplo, as cores vão ficando progressivamente sutilizadas em função do aumento das frequências. Assim também é a propagação das ondas mentais, de acordo com Anne Besant e Charles Leadbeater no livro Formas de pensamento.

Os videntes encontram dificuldade para descrever com exatidão o panorama das dimensões extrafísicas vistas por eles. Isso porque as cores, por exemplo, são mais "vivas" em razão da propagação da onda que identifica o grau de "liberdade" de cada cor nos planos espirituais, com diferentes índices de refração[2]. As cores, no plano físico, são a "materialização" dessas mesmas cores advindas dos planos extrafísicos. Não nos esqueçamos de que toda a Criação no plano material é relativa ou, mais precisamente, é a projeção dos planos mais "reais" ou espirituais.

Sobre o tema, Ramatís, no livro A vida no planeta Marte e os discos voadores, afirma que "o simples vermelho, no astral, junto à crosta do vosso mundo, pode apresentar 277 tons entre o escuro intenso e o outro extremo claro, quase apagado!".

Pergunta: - Em que aspectos esses conceitos científicos sobre os planos auxiliarão na conduta do espírito quando ele estiver encarnado?

Resposta: - Esses conceitos são de domínio comum para os espiritualistas de todas as épocas. De agora em diante, com os novos rumos do Cristianismo, haverá a globalização, considerando que, após o exílio total dos não credenciados para a Era do Mentalismo, não haverá na Terra um só espírito ignorando

---

[2] Mudança da direção de uma onda que se propaga em determinado meio ao passar obliquamente para outro meio no qual a velocidade de propagação é alterada. A refração ocorre em diferentes tipos de onda, embora seja mais comumente associada à luz.

as duas leis fundamentais da Criação – Reencarnação e Causa e Efeito.

A maior fobia do espírito terreno é a morte. Muitos param de viver com medo de morrer por não saberem se vão para o Céu, purgatório ou inferno, conforme afirmam as religiões terrenas desprovidas de doutrinas.

Segundo Anne Besant e Leadbeater, no livro citado, o medo é caracterizado por cores escuras e nodosas. Assim, quem desencarna com auras pesadas de energias densas não poderá ir, pelo menos de imediato, para o Céu, ficando chumbado no astral inferior.

Milhões de espíritos que formam as massas humanas das religiões terrenas, ao chegarem do outro lado da vida, sofrem fortíssimos impactos emotivos por várias causas, principalmente devido ao estado deplorável de seus perispíritos, pois, embora tenham frequentado religiões, não se graduaram à religiosidade.

Quão diferente é quando o espírito adquire e vivencia os conhecimentos libertadores... Atinge a frequência que identifica o azul-celeste – a cor da religiosidade – e desencarna com semblante primaveril, convicto de que a vida é eterna e ele é imortal, já que a morte não interrompe a vida.

Evidentemente, quem se alimenta de pensamentos nobres e luminosos, com as cores da vida, é bem diferente daquele que sente medo da morte e não procura se esclarecer para desencarnar saudável e elegantemente.

Pergunta:- Quer dizer que para exercitar a superconsciência será necessário projetar-se para o futuro e vislumbrar as mais paradisíacas paisagens de que a nossa alma for capaz?

Resposta: - Estamos procurando conduzir o nosso evento seguindo o princípio lógico da ciência cósmica, sem pieguismo nem conceitos hiperbólicos. Por essa razão, estamos chamando de constantes universais, pois o legislador absoluto, perfeito e equânime foi e é Deus.

Por evolução, a partir do momento em que o espírito concebe a eternidade, passa a desvincular-se, emocionalmente, de tudo que possa prendê-lo ao passado e se sente motivado para:

- Abrir mão das conquistas materiais e passageiras e empenhar-se luminosamente na aquisição dos valores eternos.
- Conhecer as leis que regem a vida nos planos espirituais, para não desencarnar sem a aura resplandecente simbolizada pela túnica nupcial evangélica.
- Eliminar pensamentos e sentimentos de ódio, culpa, ciúme, cólera, inveja, vingança etc., para, ao chegar à erraticidade, não ser invadido por seu inferno íntimo, em meio às labaredas da ignorância, tombado por sentimento de culpa.[3]

Pergunta: Com os novos rumos do Cristianismo, o que o espírito terá de trabalhar para passar pela tempestade, despertar em si a sua Força Superior e alcançar a bonança?

Resposta: As cores áuricas identificam os estados de alma em que vivemos ou estamos temporariamente. Alcançar a bonança é entrar na frequência do Cristo-Amor. Assim, esforcemo-nos para a nossa mente produzir efeitos luminosos com a cor rosa, do afeto, do amor, ou com a branca, da pureza iniciática, que propiciam a ação magnética e natural do universo a nosso favor.

Uma vez que não temos dúvida de que o tempo urge e essa aurora tende a desvanecer, pois estamos na fase de transição planetária, aspiremos ao que houver de mais crístico em nossa concepção e trabalhemos no sentido divino de substituir conceitos ultrapassados e divulgar o eternamente novo – o Evangelho do Sublime Sintetizador Cósmico a Serviço de Deus na Terra, Jesus de Nazaré.

* * *

Sem considerar as nossas reencarnações nas **muitas moradas do Pai,** somente na Terra consumimos milênios, eras e ciclos planetários desenvolvendo as potencialidades da razão, embora não se possa negar que uma minoria também desenvolveu o sentimento crístico.

Somos convictos da essência de Deus em nós. Sabemos que, quanto mais o espírito evolui, mais aumenta a sua sensibilidade

---

3 Evidentemente que tais advertências devem servir apenas para quem ainda pretende, nesta fase de transição planetária, graduar-se em um nível de evolução espiritual compatível para frequentar um curso secundário. Após o expurgo espiritual, na Terra não ficarão espíritos de conduta primária.

para identificar o Criador na Criação. Deduzimos, então, que, durante o percurso de Aquário, teremos melhores condições para colocar os nossos nobres sentimentos a serviço da vida, em nome do Autor da Vida, Deus.

Desenvolver a superconsciência não significa adquirir maior capacidade para dominar o mundo externo, mas ampliar a percepção e dilatar o tempo emocional ao sentir-se atraído pelo tropismo divino, mergulhando em seu mundo íntimo para fazer aflorar o seu Cristo interno.

Por ser o coração a via para a ascese do espírito, exercitemos o autoamor para, ouvindo a voz do coração, termos reais condições para imantar, com o som da sacralidade, os nossos ouvintes, quando, usando a linguagem dos sentimentos crísticos, estivermos falando sobre o Cristianismo Renovado.

Não nos esqueçamos de que somos o que amamos. Então, continuemos investindo no autoamor, aprendendo a falar com o coração e, convictamente, sentindo o universo conspirando positivamente a nosso favor para a libertação de nossos bloqueios psicológicos.

* * *

Adventos Crísticos – Faz parte do planejamento sideral voltado para a Terra implantar os Adventos Crísticos neste especial e abrangente momento histórico de nosso mundo, em que as máquinas da morte inibem as almas humanas de se alimentarem com a sagrada seiva da vida, a fé.

O ser humano sem fé e sem esperança é uma criatura sem vida, sem estímulo às aquisições do eternamente novo... Sem motivação para aspirar à sua integração, por ressonância, às dimensões dos espíritos plenificados.

Assim, trabalhemos, no sentido de despertar em nosso âmago:

- Expressões dinâmicas de afabilidade, fraternidade, solidariedade e, sobretudo, compreensão para conviver com as diferenças, a fim de que o nosso magnetismo influencie positivamente os nossos semelhantes para conseguirmos a renovação moral para a sociedade terrena, advindo, como consequência, renovação social, de forma a vivermos eticamente irmanados.

- Mais luzes, mais verdades, mais músicas, mais cores, mais vida e mais Deus, considerando que o momento apocalíptico em crescente ebulição planetária, embora purificadora e renovadora, solicita que nos fortaleçamos através do orar e vigiar.
- Aumento da sensibilidade, para que melhor identifiquemos o sagrado em toda a Criação e ampliemos a nossa consciência, uma vez que somos portadores da onipotência de Deus.

Imaginemos uma angelical voz a nos dizer:

Desperta, filho de Deus! Desperta, filho do Inequívolo Absoluto! Desperta de teu sono milenar! Olha para o horizonte e vê o nascer do Sol pleno de bênçãos! Percebe os novos clarões com as cores da esperança brotando de tua alma. Permite o teu incêncio interior com o fogo sagrado do teu Cristo Interno! Admite que é chegado o momento histórico de implantares em tua consciência a proposta dos Adventos Crísticos.

* * *

Nunca a vontade de Deus esteve, na Terra, tão luminosamente presente e tão ativamente criadora. (Pietro Ubaldi em Ascese mística).

6. Faculdades mediúnicas

Pergunta: - *Com os novos rumos do Cristianismo implantados na consciência terrena, como será vista a mediunidade, considerando que a grande maioria da sociedade desconhece o fenômeno?*

Resposta: - O curso primário terreno terminou em 2012. Desde 2013, início do curso secundário para a humanidade, os médiuns que estão encarnando já não são portadores da mediunidade ostensiva de prova[1], pois a comunicação interplanos está cada vez mais sutil, porque mais psíquica.

Durante a fase de transição entre a mediunidade sensória e a psíquica, alguns médiuns que encarnarem com a "nova mediunidade", devido ao condicionamento mental de vidas anteriores, poderão ainda ter manifestações fenomênicas por causa dos reflexos condicionados do espírito, facilitando a prática do animismo[2] inconsciente. Com o passar do tempo, os médiuns sensórios vão desencarnando e as mentes dos novos medianeiros serão reeducadas. Tal processo é lento, para que seja seguro e definitivo. Por isso, a substituição não será abrupta. A mediunidade das próximas gerações será paulatinamente mais suave.

A sociedade, conscientizada de que a mediunidade psíquica é fenômeno natural em função da evolução do espírito, dedicar-se-á a estudar o fenômeno sem as fobias causadas pelo que era considerado sobrenatural.

---
[1] A chegada e a saída do espírito comunicante já não produzirão ruídos, tendo em vista que o médium mais esclarecido interferirá menos com o seu animismo. O médium estará consciente de que o importante é o conteúdo da mensagem transmitida através dele e não os ruídos que ele produzir.
[2] Aconselhamos um estudo criterioso sobre o animismo no livro *Mediunismo*, de Ramatís, Editora do Conhecimento.

Pergunta: - *Com a mediunidade psíquica, haverá necessidade do chamado "desenvolvimento mediúnico"?*

Resposta: -Milhões de espíritos que, através dos séculos e milênios, encarnaram nos quatro pilares da sociedade, comprometidos ou compromissados com a mediunidade, não se dedicaram nem se dedicam a essa causa crística por falta de esclarecimento. Eles rejeitaram, e continuam rejeitando, os compromissos que assumiram quando ainda estavam nos planos espirituais. Entre outras causas da rejeição, as manifestações excêntricas[3] contribuem significativamente.

Na Era do Mentalismo, vamos continuar com a educação mediúnica com o objetivo de educar a mente para fazer a conexão com os espíritos superiores dos planos luminosos. Evidentemente, com os espíritos do baixo astral exilados para o planeta higienizador, as comunicações serão sutilizadas e, consequentemente, mais motivadoras para se desenvolver as aptidões mediúnicas. Naturalmente, as ligações interplanos ocorrerão entre espíritos mais conscientes, os quais não precisam de encenações corpóreas que desarmonizem o médium nem chamem a atenção da plateia. Tais espíritos comunicantes deter-se-ão no teor de sua mensagem.

Como no universo criado tudo evolui, a mediunidade também evolui. Assim, paulatinamente, a comunicação entre encarnados e desencarnados tornar-se-á tão natural quanto o nascer e o por do Sol.

Pergunta: - *Quer dizer que, com a mediunidade psíquica, deixará de haver a "mediunidade de incorporação"?*

Resposta: - Estamos comentando sobre o que vai acontecer com o passar do tempo. É bom lembrar que não se trata de visão pessoal nem acontecimento restrito à Terra, mas constante universal.

Deixará de existir a mediunidade passiva em que o espírito do médium é "deslocado" vibratoriamente de seu corpo carnal para o espírito comunicante atuar mais fisicamente, conforme ainda acontece, embora em menor escala.

---

3 Que desviam ou afastam do centro; que não têm o mesmo centro. No livro, tem o sentido de deslocar do corpo o espírito do médium para a comunicação do desencarnado.

Com a mediunidade psíquica, o espírito do médium é ativo e coparticipante da mensagem. Ele tem responsabilidade e faz parte da orientação passada por meio dele. Daí a necessidade de o indivíduo estudar, para ser capaz de discernir a comunicação mediúnica da anímica.

No caso dos espíritos "índigos", as crianças já nascem com abertura para as comunicações interplanos, sem necessidade de passar pela "educação da mediunidade". São portadores de mentes mais educadas, mais disciplinadas, mais velozes em suas frequências cerebrais, facilitando as sinapses.

As maravilhas que estão acontecendo com os "índigos" e com os "cristais", na sequência da evolução da sociedade terrena, serão comuns a todas as pessoas.

Com os médiuns mais esclarecidos, mesmo por meio da "incorporação", os espíritos comunicantes demonstrarão alegria, suavidade, júbilo, bom humor etc., o que é natural aos evoluídos e ascensionados. Os mal-humorados, encarnados e desencarnados, deixarão a Terra. Assim, os médiuns já não interferirão tanto nas comunicações mediúnicas dadas por espíritos evoluídos, a ponto de colocarem no tom da voz o timbre do além-túmulo. Aquele sem vida, sem magnetismo, sem a alegria que leve os encarnados a compreenderem que, quanto mais se evolui, mais alegre se torna e mais motivador é o tom da voz.

Os medianeiros serão mais lúcidos quanto ao mecanismo da fenomenologia mediúnica e, então, deixarão de ser médiuns inconscientes, incorporando espíritos sem conhecer sua procedência, e passarão a ser médiuns conscientes, incorporados aos espíritos de acordo com o esforço pessoal de evangelizar-se, além da capacidade de elevar a frequência mental. Conhecendo o poder fabuloso da mente humana, não ficarão aguardando que os espíritos "desçam" ao seu plano, mas procurarão acelerar a sua mente para, aumentando a sua frequência, entrar nos campos dos espíritos superiores.

Os médiuns, em ambientes saudáveis e de cores suaves, em meio a campos energéticos evolando pensamentos de fraternidade, benquerença, afeto, irmanação e carinho, com música suave de teor crístico etc., sentem-se muito mais seguros, pois são amparados pelos próprios companheiros encarnados na sustentação da corrente protetora para o êxito das comunicações espirituais.

Já é possível deduzir os efeitos psicológicos de motivação íntima que as comunicações mediúnicas, principalmente as psicofônicas[4], produzirão na consciência dos ouvintes. A voz, com a vibração da sacralidade e o magnetismo da convicção, produz efeitos salutares capazes de regurgitar o que há de mais crístico, de mais divino, mais belo, colorido e perfumado na criatura humana.

Pergunta: - A beleza ambiental faculta ao médium melhores condições para a comunicação mediúnica com os espíritos superiores?

Resposta: - Evidentemente! Somando à beleza moral do medianeiro a beleza ambiental, a resultante será a elevação de frequência da mente de todos os participantes, principalmente a do médium, que terá melhores condições para penetrar em campos energéticos mais luminosos. Aliás, desde a gênese do espírito em sua condição monádica, ele é portador da vontade de descobrir o belo. E, o que é mais magnífico, ele, ao descobrir que a beleza está intrínseca a si mesmo, desarma-se e é naturalmente atraído pela beleza externa... Ele sofre o divino tropismo motivador, pois é constante universal todos os espíritos buscarem e se emocionarem com a beleza motivadora da ascese.

Sendo da natureza humana, pois está inserido na alma desde a sua gênese, evoluir para trazer ao consciente os atributos divinos latentes em seu âmago, os espíritos, de qualquer dimensão, tendem a adquirir a beleza, expandir sua crística percepção e tornarem-se luminescentes.

Para exercitar a nossa sensibilidade psíquica, imaginemos:

- Estarmos em um templo cuja construção arquitetônica foi divinamente inspirada pelos arquitetos das mansões celestiais.
- Chafarizes à volta do templo jorrando cristalinas águas com as cores dos sete raios da Criação em movimentos sincronizados... As energias da natureza sendo divinamente

---

[4] Comunicação de espíritos através da voz do médium.

manipuladas pelos elementais, para auxiliar na manutenção dos campos energéticos do ambiente na frequência da sacralidade.

• Contornando o templo, lindos e coloridos jardins que inspiram a seus frequentadores interagirem com a beleza poética da mãe natureza... Músicas suaves e de procedência divina ecoando em seu interior.

• Os médiuns, alegres e festivos, aspirando a um contato consciente com o Cristo-Criador da Terra e Alimento Sagrado das Vidas de nosso mundo.

• A ambiência aromatizada com essências edênicas, produzindo atmosfera tênue, causando sensação de leveza, como se a gravidade diminuísse a densidade de tudo e de todos, e os participantes se sentindo em um plano paradisíaco.

• Uma comunicação mediúnica em atmosfera e psicosfera em ambiente energeticamente bem preparado, o Céu e a Terra se unem sem se fundirem, beneficiando a todos, encarnados e desencarnados. Os mais acanhados espíritos, com o divino tropismo causado pela presença das superconsciências, abandonarão suas senzalas psíquicas e se motivarão para se evangelizarem.

Já é possível vislumbrarmos como serão os ambientes onde os médiuns terrenos, em futuro próximo, estarão exercitando a sensibilidade psicomediúnica.

Com o passar do tempo, os indivíduos, médiuns conscientes, criarão o salutar hábito de pensar luminosamente, ver em tudo e no todo a presença do Criador, falar sobre a beleza poética que expresse o lado positivo e crístico da vida, e ouvir as melodias da Criação na acústica de seus corações.

Pergunta: - Por que determinados médiuns só entram em contato com espíritos de pouca evolução, cujas mensagens tratam de assuntos corriqueiros?

Resposta: - Na Era do Mentalismo, a mediunidade inconsciente, aquela em que o médium tem "incorporação total", estará em extinção na Terra. O momento evolutivo da sociedade requer que o medianeiro estude os mecanismos da mediunidade e se prepare, emocional e evangelicamente, para obter melhores resultados no intercâmbio plano Terra/plano Luz.

Além de depender da condição pessoal do médium, outros fatores diminuem consideravelmente a frequência dos ambientes dedicados à comunicação com os espíritos superiores, tais como:

- Sessões mediúnicas abertas com palavras tristes, melancólicas, sem vida e sem as energias da motivação íntima.
- Pedidos aos desencarnados feitos com voz de lamúria, de autopiedade, de melancolia.
- Súplicas pela saúde das pessoas pronunciadas em tom de velório.
- Diretores de grupos espiritualistas sem magnetismo para libertar consciências sofredoras que desencarnaram, ignorando as leis fundamentais da vida além da vida.
- Dirigentes de centros espíritas conflitando entre o homem velho e o homem novo, conforme solicitado pelo Evangelho. Eles querem se tornar expressivos, verdadeiros expoentes para representar as potestades celestiais, mas a sua biologia sufoca a sua ideologia e eles se dasarmonizam.
- Embora muitos queiram curar as dores de seus semelhantes, falta-lhes adquirir a misericórdia do ver, ouvir e falar.
- Líderes de grupos religiosos subindo ao púlpito para pregar sobre a honestidade, mas portando a capa mimética da astúcia e do disfarce.

Continuemos a pedir auxílio aos bons espíritos, a suplicar aos Céus bênçãos para nós e para os nossos semelhantes, mas coloquemos a energia da convicção de que a morte não interrompe a vida. Dessa forma, aumentaremos a frequência de nossa alma e entraremos em contato, por ressonância, com espíritos das dimensões luminosas.

Por não conseguirmos enganar os espíritos superiores, vamos investir maciçamente em nossa evangelização, a fim de termos melhores condições para entrarmos em sintonia com os espíritos superiores.

Como contraponto aos itens anteriores, imaginemos que estamos em um ambiente reservado ao ofício da fé, onde um sacerdote (não importa de qual religião) inicie um discurso como este:

- Uma vez que somos o que pensamos, procuremos trazer ao consciente o nosso Cristo interno.

- Exercitemos a nossa superconsciência plasmando a beleza da Criação, olhando com os olhos da imaginação para o universo criado... Falemos do Deus totalidade para regurgitar de nosso universo íntimo o Deus individualidade que somos.
- Projetados para os planos dos desencarnados luminosos, contemplemos um concerto musical sendo realizado no plano divino, o plano dos anjos, o plano da pureza iniciática.
- Desenhemos em nossa tela mental uma orquestra formada pelos anjos representantes dos Sete Raios da Criação... Ouçamos as suaves e melodiosas vozes femininas das devis. No fundo do salão, contornando a orquestra, finíssima decoração de beleza edênica... A crística ambiência exalando perfume de procedência lirial... À frente da orquestra, o Maestro Jesus, segurando e movimentando uma batuta de cor dourada, inicia o concerto.
- Todos empenhados em fazer a conexão Cristos-criaturas ao Cristo-Criador. Sentindo as ondas das notas musicais evolando no angelical ambiente e se expandindo pelo planeta... Toda a Terra embebida em uma esfera de energias com tal sacralidade... O maestro dessa sagrada orquestra, ligado diretamente ao Cristo, Senhor Nosso e Irmão Maior, fazendo a ponte entre a Terra e o Céu!
- Imaginemos os botões das roseiras em torno do nosso templo se abrindo para exalar mais perfume, à medida que os raios do Sol os beijam com suavidade... Olhemos para os agradáveis semblantes das pessoas ao serem banhadas pelos raios de luzes do Cristo-Criador... A sagrada ambiência iluminada pela profusão de luzes dos Cristos-criaturas... A energia-luz que brota de seus festivos corações.

Agora, sim! O ambiente e as mentes dos encarnados encontram-se preparados para entrar mediunicamente em colóquio consciente com a divindade.

* * *

Independentemente dos rótulos das religiões, todos somos portadores de faculdades mediúnicas, sendo que existem pessoas com maior ou menor abertura para as comunicações interplanos.

Por ser aquisição meritória, o espírito leva para o outro lado da vida a sua mediunidade psíquica. Portanto, o dom sagrado de comunicar-se com consciências desencarnadas não morre junto com o corpo biológico. Assim, os espíritos continuam desenvolvendo as suas potencialidades mediúnicas, estando no plano material ou fluídico, pois a vida continua e tanto a evolução espiritual quanto a mediunidade, por serem eternas, não têm ponto final.

Para que a alma humana aumente a sua frequência e, consequentemente, a sensibilidade para captar dos planos sutis as inspirações das divinas consciências, é necessário abdicar dos vícios materiais e mentais... Não poluir a tela mental com paisagens desprovidas da policrômica beleza... Vislumbrar a eternidade para não ficar tombado por sentimento de culpa... Evitar permanecer angustiado, magoado ou ressentido por longo tempo... Enfim, evangelizar-se, pois o Sublime Anjo – Jesus de Nazaré, do alto da cruz disse: – Pai!... Perdoai-lhes, porque eles não sabem o que fazem!...

* * *

Adventos Crísticos – Uma vez que na obra de Deus não existe acaso, os Adventos Crísticos primam pela veracidade, analisando, pela lógica e não pela crença, cada item proposto pelos espíritos superiores integrantes das Sagradas Fileiras.

Os Adventos Crísticos não são um evento aleatório acontecendo atualmente, mas a consolidação de um planejamento sideral voltado para a Terra. Portanto, estava programado pela espiritualidade superior apresentar à humanidade o convite do Cristianismo Renovado exatamente nesta fase de transição planetária... Fase em que a sociedade está concluindo seu curso primário de provas e expiações e sendo promovida ao curso secundário de regeneração e progresso.

Existe um momento psicológico adequado para a criatura assimilar melhor e mais rapidamente os ensinamentos de libertação íntima. Daí o momento apocalíptico que estamos vivendo ser primoroso, considerando que estamos mais sensíveis para responder melhor e com mais flexibilidade ao empuxo divino.

Por ser a dor a maior força-energia a impulsionar o nosso crescimento espiritual, o instante de *juízo final* que estamos vivendo contribuirá magnificamente, devido aos fenômenos naturais com os quais vamos conviver e que envolverão todo o planeta. E, por serem fenômenos ensejados pela natureza, aceitaremos com maior facilidade, pois sabemos que Deus é a infinita bondade, mas, também, a infinita justiça.

Por sermos eternos e imortais, mesmo com as dores e os sofrimentos, encontraremos alento em nosso próprio mundo íntimo, tendo em vista que a história da sociedade terrena registrou inquestionáveis comprovações quanto à vida não ter ponto final.

Com o espírito em eterna aquisição de novos ensinamentos libertadores, podemos deduzir pela logicidade da Lei da Evolução, considerando o nosso atual nível espiritual, como serão os nossos próximos passos rumo à eternidade.

7. Sublimes emoções

Pergunta: - As religiões, de modo geral, tiraram da maioria de seus representantes a alegria de viver. Como será a vida dos responsáveis pelo pilar religioso quando o Cristianismo Renovado fizer parte do dia a dia do espírito terreno?
Resposta: - A conduta do ser humano é de conformidade com a sua evolução espiritual. A melancólica vida que os religiosos sem religiosidade tiveram foi em função da ignorância de cada época quanto à realidade da vida mental e à sacralidade da vida emocional quando embasadas em princípios ético-morais.

Com o advento da kirliangrafia[1], a presença inconteste das crianças "índigo" e "cristal" e tantas outras maravilhas, podemos avaliar as cores das auras dos religiosos reprimidos... Também aqueles enclausurados que obedecem às determinações de seus pais ou outros mandatários. Certamente, eram e

---

[1] "Kirliangrafia" ou, mais modernamente, bioeletrografia, é o método de fotografia descoberto pelo padre Landell de Moura em 1904. Sob a designação de "O Perianto", ele descrevia minuciosamente os efeitos eletroluminescentes do que muitos acreditam ser a aura humana. Ele não pôde seguir adiante em sua pesquisa, parando-a em 1912, por questões doutrinárias da Igreja Católica, já que a técnica poderia revelar o que ele chamava de perianto, termo semelhante a perispírito, usado pelos espíritas. O processo da fotografia Kirlian é nomeado após Seymon Kirlian, um eletricista e reinventor amador de Krasnodar, Rússia, que foi pioneira no processo no início dos anos 1940. A fotografia Kirlian é o fenômeno de descarga corona, que ocorre quando um objeto aterrado eletricamente descarrega faíscas entre ele e um eletrodo gerando o campo elétrico. Quando essas faíscas são capturadas no filme, elas dão a aparência de coronas de luz. As descargas podem ser afetadas por temperatura, umidade, pressão ou outros fatores ambientais. Nos círculos paranormais, esse método é visto como "visualizar a aura de um objeto" e é utilizado como uma técnica de diagnóstico de algumas terapias alternativas.
Fonte: <http://desmistificacao.blogspot.com.br/2010/07/fotografia-kirlian.html#ixzz47t89andR>.

são portadores de cores enegrecidas, pois viviam e vivem sem o magnetismo que expressa júbilo, êxtase, alegria e harmonia íntima, próprios dos que se sentem livres.

Eis a questão: Como representar a divindade sem júbilo, sem alegria, sem o êxtase pelo divino? É incoerência de nossa parte.

É proposto pelos Adventos Crísticos que os encarnados:

- Valorizem e vivam as emoções humanas, seguindo princípios ético-morais evangélicos sem acanhamento, autopunição nem atrelamentos a conceitos infantis de épocas remotas e mortas.
- Sintam o garbo de serem porta-vozes dos Céus, a fim de terem magnetismo para conduzir seus semelhantes mais próximos às sublimes emoções, valorizando eternamente a oportunidade da reencarnação e emocionando-se também com os haveres da Terra.
- Sejam portadores do otimismo, da esperança e da motivação, propiciando que suas auras se tornem refulgentes para magnetizar com as cores da vida plena os ambientes onde estiverem atuando.

Uma vez que as religiões tiraram de boa parte de seus representantes a alegria e as necessárias emoções humanas, vamos divulgar o Cristianismo Renovado com entusiasmo, na condição de porta-vozes das potestades celestes, almejando colocar vida na vida dos que abraçarem o pilar religioso e, também, os demais pilares.

Pergunta: - Segundo as Sagradas Fileiras, "as emoções humanas são tão importantes quanto o ar que se respira e a água que se bebe". A partir de quando, na escala da evolução, o espírito encarnado começa a emocionar-se com os tesouros celestes?

Resposta: - Não há como padronizar, considerando que a emoção é crescente e eterna. Isabel da Hungria, por exemplo, devido ao seu grau de evolução espiritual, rejeitou a coroa de ouro na condição de princesa, alegando: – Como eu poderia usar uma coroa tão preciosa diante de um rei (Jesus) coroado de espinhos? Isabel, por ter nomeado o Nazareno Mestre o seu modelo, já não se motivava nem se emocionava com os tesouros perecíveis. Ela aspirava a valores transcendentes e eternos.

Podemos deduzir mais uma constante universal: à medida que o ser humano se vincula aos tesouros celestes, desliga-se emocionalmente dos tesouros terrestres. O mais importante é que não depende simplesmente de querer, é preciso ter evolução espiritual para tal, a fim de não abdicar dos tesouros terrestres com lágrimas nos olhos e sofrimento no coração. Assim também é a emoção pelos valores que transcendem à vida existencial.

Milhões de pessoas abandonam as causas espiritualizantes por falta de conhecimentos para estruturar bases sólidas. Não é possível improvisar quando as Leis da Evolução exigem conhecimentos transcendentes para a alma libertar-se dos tesouros que o ladrão rouba e a ferrugem consome. Isso porque, onde estiver o nosso tesouro, lá estará o nosso coração.

Pergunta: - Por que os ditos religiosos não demonstram emoção quando estão falando sobre o sagrado? Por que, em muitos casos, a pregação chega a deprimir os ouvintes?

Resposta: - É do conhecimento de todos que o universo é regido por leis sábias. Todos nós já fomos informados de que a natureza não improvisa evolução, sentimento, emoção etc., considerando que as aquisições ético-morais são por esforço pessoal. Assim, a partir do momento evolutivo em que o espírito começa a despontar o sentimento religioso até atingir a plenitude da religiosidade, quando passa a portar na aura a cor azul-celeste, terá de percorrer imensa trajetória no vaivém reencarnatório, aumentando progressivamente a sua frequência mental.

Partindo da logicidade da Lei da Evolução, não é suficiente querer ser um religioso, mas preencher os quesitos exigidos pelas leis científicas que regem a vibração da cor azul, segundo Ramatís no livro *A vida no planeta Marte e os discos voadores*.

Em *A Grande Síntese*, Pietro Ubaldi nos esclarece sobre as cores do espectro solar:

Segue-se depois a região que vai dos 400 aos 750 trilhões

de vibrações por segundo, em que está a luz, do vermelho ao violeta, em todas as cores do espectro solar e, mais exatamente: Vermelho (raio menos refratário), média de 450 trilhões de vibrações por segundo; Laranja, 500; Amarelo, 540; Verde, 580; Azul, 620; Anil, 660; Violeta (o mais refratário), 700. Eis as sete notas desta nova oitava ótica e, quando vossos olhos percebem vossa harmonia de cores, não podem ultrapassar uma oitava de vibrações. Além destas, há outras "notas", invisíveis a vós: os raios infravermelhos, "notas" graves demais para vossa retina; as radiações ultravioletas, "notas" agudas demais, regiões dinâmicas limítrofes ao espectro visível. As primeiras são sensíveis apenas como radiações caloríficas (escuras), as segundas, por sua ação química e actínica[2] (fotografáveis, mas escuras para os olhos). Apenas num breve trecho inexplorado, aquém das notas mais baixas do infravermelho, estão as notas mais agudas das radiações eletromagnéticas hertzianas[3]. Se continuardes do lado oposto, além do ultravioleta, o exame do espectro químico (extenso muito mais vezes do que o espectro visível), atravessareis uma região ignorada dos vossos sentidos e chegareis, por volta dos 228 quatrilhões, a uma zona em que as vibrações alcançam dois quintilhões de vibrações por segundo.

A aura do ser humano que tem o azul como cor fundamental identifica a sua religiosidade. Assim, observemos a "distância vibracional" a ser percorrida pelo espírito em evolução entre o início do azul, com 620 trilhões de vibrações por segundo, até chegar ao final de sua faixa, antes do anil (índigo), que começa com 660 trilhões de vibrações por segundo. (No percurso da cor azul, a frequência mental a ser aumentada é de 40 trilhões de vibrações por segundo.) Justifica-se, dessa forma, a pessoa ter inclinações para seguir o pilar religioso, mas não se emocionar com os valores eternos do espírito imortal. Trata-se de espírito que, na busca religiosa, ainda é infante.

Pergunta: - A orientação de Pietro Ubaldi serve também

---
2 Diz-se das radiações que exercem ação química sobre certas substâncias.
3 Diz respeito às ondas eletromagnéticas, derivado do nome do físico alemão Heinrich Hertz (1857-1894), que provou a sua existência. Hertz: unidade de frequência no sistema internacional de unidades (SI), equivalente à frequência de um fenômeno periódico cujo período tem a duração de um segundo.

para a manifestação do amor incondicional?

Resposta: - Somos portadores, em latência, dos divinos atributos da Divindade Suprema – Deus, cabendo a cada um despertá-los por esforço pessoal.

Fazendo correlações com a cor rosa, que revela afeto, amor, fica cientificamente esclarecido que não é possível alguém expressar amor pleno, amor incondicional, se estiver, por evolução espiritual, na frequência que identifica o início da vibração dessa cor[4]. O indivíduo exterioriza o amor, à medida que aumenta a frequência de sua Chama Crística. Entretanto, para vivenciar plenamente o amor incondicional, terá de ter alcançado a frequência fronteiriça à vibração da próxima cor, ou seja, ter aumentado a sua frequência em quarenta trilhões de vibrações por segundo.

Por não existir acaso na Criação, não é por acaso que existem os representantes dos Céus mal-humorados na Terra... Pessoas querendo guiar almas para o Reino da Essência, quando ainda não são portadoras da motivação íntima para a sua autocondução no plano da imanência... Não conseguem alegrar-se com a vida... Não conseguem sorrir para a vida... Não possuem magnetismo acionador de consciências. São pessoas que têm lânguida vontade de se tornarem intermediárias entre os Céus e a Terra, mas falta-lhes evolução espiritual compatível para ter energia aglutinadora e ser portadoras de auras com a cor azul-celeste.

* * *

Por ser o nosso sagrado propósito despertar os atributos divinos de que somos portadores, durante as reflexões que estamos fazendo quanto aos novos rumos do Cristianismo:

> • Não economizemos nossa capacidade de imaginar os belos panoramas das dimensões habitadas pelos anjos... As sublimes emoções que sentem as consciências angelicais... Os perfumes dos jardins edênicos... As sacras melodias dos anjos da música... A divinal policromia nas esferas em que

---

[4] Os clarividentes conseguem identificar a realidade íntima dos seres humanos observando a cor fundamental de suas auras.

o amor é a crística argamassa para as criações mentais... Assim, sutilmente, estaremos trazendo ao consciente a imaculada essência de Deus que somos – nosso Cristo interno.

• Tenhamos em mente que, ao entrar em ressonância com o Cristo-Criador, as realizações do Cristo-criatura tornam-se infinitas para os olhos humanos, sendo capaz de produzir magníficas proezas manipulando as energias da natureza em benefício de seus semelhantes... Produzir verdadeiros "milagres" só decifrados pelos cientistas de abrangência cósmica... É o Cristo-Criador que, por intermédio do Cristo-criatura, transforma pântanos em jardins de lírios imaculados e perfumados com a essência de Deus-Vida.

• Exercitemos nossa capacidade de trazer ao consciente o nosso Deus Imanente, visando a nos emocionar com a magnífica obra do Deus Transcendente. Com os divinos atributos da Divindade Suprema em ação consciente, libertaremos os nossos crísticos sentimentos e assumiremos a nossa identidade na condição de espíritos cósmicos, eternos e imortais.

Com as nossas elucubrações, podemos deduzir que sentiremos sublimes emoções durante os próximos passos no caminho da eterna evolução, quando a nossa atenção estará voltada para o trabalho das virtudes potencialmente existentes em nosso âmago.

Em função da nova visão quanto ao sentido sagrado da vida, daremos um polimento em nossa sensibilidade, para que entremos na frequência do Cristo-Amor.

O atual estágio evolutivo solicita que vivamos em harmonia íntima, considerando que consumimos 2.160 anos terrenos atravessando o signo de Peixes, trabalhando no polimento de nossos sentimentos crísticos para, atualmente, colocá-los em ação.

Por ser constante universal, será exigido, pela Lei da Evolução, vivenciamento evangélico dos qualificados que permanecerão na Terra na Era do Mentalismo, de forma que fraternidade, solidariedade, compreensão, honestidade, afeto, ternura, mansuetude, benevolência, parcimônia, misericórdia, o ato sagrado de amar a Deus sobre todas as coisas e ao próximo como a si mesmo sejam tão naturais quanto o perfume que exala do sândalo quando cortado pelo machado da incompreensão humana.

* * *

Adventos Crísticos – O trabalho pessoal de conscientização quanto ao sentido sagrado de vivermos fraternalmente é lento e exige paciência, perseverança e, sobretudo, conhecimento das Leis do Criador.

Os Adventos do Cristo-Pai vão sinalizando sutilmente quanto aos nossos ajustes diante da Lei da Evolução, para que não cheguemos do outro lado da vida:

- Decepcionados com nossas atitudes, devido a, por interesses quaisquer, termos abraçado as fantasias religiosas como escudos para tirarmos proveito na condição de astutos e, assim, enganarmos os desprovidos do conhecimento libertador.
- Angustiados por termos negligenciado as oportunidades apresentadas pela vida para o nosso autoencontro. Estejamos certos de que, na busca consciente da autoiluminação, a vida exige movimento do dínamo interno e eterno de nossa alma, para ela, por esforço pessoal e instransferível, descobrir que é luz e que deve acelerar a sua usina íntima e tornar-se luminescente.
- Arrastando-nos, carregando o peso da culpa por termos fechado os nossos ouvidos para não atender ao crístico chamado de Jesus nos falando na condição de Porta-Voz do Cristo:

Quem sou eu? Perguntai-me.
Sou o calor do sol matinal que vela o desabotoar da florzinha que ninguém vê; sou o equilíbrio que, na variação alternadora dos elementos, a todos garante a vida. Sou o pranto da alma quebrantada, em que desabrocha a primeira visão do divino. Sou o equilíbrio que, nas mudanças dos acontecimentos morais, a todos promete salvação. Sou o rei do mundo físico de vossa ciência; sou o rei do mundo moral que não vedes.
Sou o sorriso da criança e a carícia materna; sou o gemido daquele que corre implorando salvação; sou o calor do primeiro raio de sol da primavera que traz a vida e sou o vendaval que traz a morte; sou a beleza evanescente do momento que foge; sou a eterna harmonia do universo.

> Sou amor, sou força, sou ideia, sou espírito que tudo vivifica e está sempre presente. Sou a lei que governa o organismo do universo com maravilhoso equilíbrio. Sou a força irresistível que impulsiona todos os seres para a ascensão. Sou o cântico imenso que a criação entoa ao Criador. Tudo sou e tudo compreendo, até o mal, porquanto o envolvo e o limito aos fins do bem. Meu dedo escreve, na eternidade e no infinito, a história de miríades de mundos e de vidas, traçando o caminho ascensional dos seres que para mim se voltam, seres que atraio com meu amor e que recolherei na minha luz.[5]

Nessa mensagem, recebida por Pietro Ubaldi e contida no livro *Grandes mensagens*, percebe-se claramente que há momentos em que Jesus fala e outros em que o Cristo fala, mediunicamene, através de Jesus.

Por mais que nos esforcemos, a nossa evolução espiritual ainda não nos permite imaginar as sublimes emoções vividas pelo Nazareno Mestre quando, a partir do batismo no rio Jordão, conectou-Se por ressonância ao Cristo-Pai.

---

5 Extraído do livro *O Evangelho e a lei de Deus*, do mesmo autor.

8. Providência Divina

Pergunta: - Na Terra, as religiões induziram seus adeptos a pedir auxílio aos Céus para as suas necessidades, o que é natural. Mas, de modo geral, não lhes ensinaram como funcionam as Leis do Criador. Com o Cristianismo Renovado, em que mudará esse item na vida humana?

Resposta: - Consta em Mateus (6:33): *"Buscai em primeiro lugar o reino de Deus e a sua justiça e todas as coisas vos serão dadas em acréscimo"*. Se essa orientação evangélica já fizesse parte consciente da sociedade terrena, nós nos dedicaríamos com crística emoção ao desenvolvimento de nossas forças latentes e, consequentemente, não precisaríamos viver suplicando tanto aos Céus o que nos cabe conquistar com o suor do nosso rosto trabalhando na Terra.

A Terra levará 2.160 anos para percorrer Aquário e o ser humano seguirá desenvolvendo as suas forças mentais através das sucessivas reencarnações. Logicamente, as suas faculdades psíquicas serão gradualmente mais desenvolvidas.

A mediunidade psíquica, por depender mais especificamente da mente, levará a pessoa a mudanças substanciais em suas relações com a divindade. Em consequência, aumentará sua sensibilidade psíquica e terá melhores condições para interpretar as leis da Divina Providência.

Devido ao uso mais acentuado da mente e melhor direcionamento na condução evangélica da vida, a percepção extrassensorial tende, naturalmente, a aumentar, abrindo as faculdades latentes da alma.

Com a evolução espiritual, as distâncias entre as criaturas

vão gradativamente diminuindo, chegando ao ponto em que todos se unirão em benefício de todos. Nesse estágio evolutivo, a compreensão para com as necessidades alheias passa a ser maior, fazendo com que a consciência vá se dilatando, de forma que as necessidades pessoais vão se reduzindo até deixarem de existir as extravagâncias, os excessos, ficando como aspiração para as criaturas apenas o fundamental para uma vida digna.

A fraternidade conduz o espírito à solidariedade e à compreensão. Compreendendo a razão suprema da vida enquanto encarnado, a salutar preocupação das criaturas é irmanar-se e, em conjunto, sintonizar-se com a Mente Divina para proverem as necessidades gerais do grupo ao qual pertencem, ou da sociedade como um todo, se tiverem condições e fizer parte de seu programa reencarnatório.

A pessoa espiritualmente mais evoluída dinamiza a sua força mental e o que era considerado imponderável aos seus sentidos passa a ser acontecimento corriqueiro. Em síntese, as necessidades puramente humanas diminuem à proporção que as criaturas descobrem mais Deus em si.

O pensamento, associado à vontade do espírito consciente quanto às suas potencialidades mentais, produz magnífica luminosidade e faculta à criatura-criadora sintonizar-se com o Alto, com o Criador Supremo. Com esses crísticos colóquios vão surgindo a motivação íntima, para trazer ao consciente a essência de Deus, e o empenho, para aquisições do que transcende à forma material.

Na sequência da evolução espiritual, a necessidade de as pessoas obterem coisas pedindo ajuda às potestades celestiais vai se transformando na cristicidade de adquirirem a hipersensibilidade psíquica e aumentarem suas energias mentais para, em melhores condições, se colocarem a serviço de Deus, trabalhando na *Vinha do Senhor* – a humanidade terrena.

Os espíritos integrantes das Sagradas Fileiras e responsáveis pela renovação do Cristianismo esperam que todos os líderes dos quatro pilares da sociedade ensinem como funcionam as Leis do Criador e não apenas os que ficam à frente das religiões. Todos devem continuar pedindo ajuda aos Céus, mas conhecendo a legislação divina, a fim de não se sentirem frustrados quando não alcançarem os objetivos nem se considerarem preteridos por Deus.

Pergunta:- Existem pessoas com excelentes demonstrações de devoção, fé e amor a Deus, mas totalmente desarmonizadas em suas relações humanas. A Providência Divina pode ajudar tais criaturas a despertarem seus Cristos internos para se tornarem mais amáveis e sociáveis?

Resposta: - A devoção ao Deus externo ainda é comum na Terra, mas não deveriam acontecer tais demonstrações infrutíferas, pois a fase de nossa infância espiritual já passou, considerando que estamos na Era do Mentalismo. Tenhamos sempre em mente que não existe fé sem obra.

Quando a pessoa se diz capaz de amar incondicionalmente a Deus, caso seja verdadeira a sua afirmativa, ela é, naturalmente, operante em benefício do próximo, pois o amor que temos pelo nosso Criador é o mesmo que despertamos em nós para amar tanto o Criador quanto as criaturas. Assim, diante da Lei da Evolução, a conduta humana citada no questionamento não existe, pois ninguém consegue amar o desconhecido.

Amando-se a Deus sobre todas as coisas, simultaneamente se ama ao próximo como a si mesmo. Por causa dessa sincronia, não é possível amar os Céus e odiar a Terra... Amar o Criador e odiar as criaturas.

É da Lei de Deus que, à medida que se desperta o Cristo-criatura, ama-se o Cristo-Criador e, consequentemente, as demais criaturas.

Com o amor que nutrimos por nossos semelhantes, aqueles que estão no mesmo plano da existência, demonstramos o amor que já temos pelo nosso Criador na dimensão da essencialidade, pois determina a lei que primeiro se ama ao Criador, a fim de se ter condições para amar as criaturas.

A alma, quanto mais abrangente for o seu contato vibracional com a consciência do Cristo-Pai, sente alargarem-se seus horizontes em todos os sentidos, entrando em dimensões cujas frequências identificam o puro amor. Quem ama o Supremo Criador sobre todas as coisas consegue, sem qualquer esforço, amar a seus semelhantes.

Reflitamos e avaliemos se estamos mais motivados e empenhados para alcançar o Céu ou conquistar a Terra.

A Providência Divina sempre nos ajudará, desde que primeiramente façamos a nossa parte. Por ter sido a Consciência Suprema, Deus, quem deu ao homem o livre-arbítrio, se este fizer o que lhe compete, os Céus o ajudarão. Mas, se arbitrar por permanecer de braços cruzados, aguardando que caiam das mansões celestiais as dádivas, tal ajuda não virá, pois, por ser Deus a Perfeição Absoluta, sem empenho pessoal não há mérito... Sem Amor não há salvação.

Realmente, existem pessoas com excelentes discursos de devoção e amor a Deus, mas desarmonizadas em suas relações humanas. Os espíritos superiores, em nome da Providência Divina, estão sempre dedicados à causa crística, no sentido de trazermos à memória objetiva os atributos divinos de que somos portadores, sem, no entanto, interferir em nosso livre-arbítrio. Assim, façamos a nossa parte, na certeza de que os Céus nos ajudarão a nos tornarmos pessoas amáveis e sociáveis.

Pergunta: - Se a humanidade conhecesse plenamente a Lei da Reencarnação, seriam mais proveitosas as existências humanas? Será que, em cada vida, as pessoas dedicar-se-iam mais ao ser do que ao ter?

Resposta: - Os espíritos, à medida que evoluem, mesmo quando encarnados, intuitivamente passam a ter acesso ao seu passado, à sua história.

É uma dádiva quando os mais esclarecidos e mais equilibrados olham para trás e reconhecem os caminhos percorridos com enganos e acertos... Avaliam as maravilhas realizadas, os erros cometidos, as oportunidades negligenciadas, o empenho na busca do conhecimento libertador, suas lutas, suas guerras internas e externas, a caridade praticada ou a falta dela, o zelo pelas vidas ou os suicídios cometidos a curto e longo prazos, sua infância espiritual adorando deuses de pau e pedra etc.

É comum aos mais lúcidos, após reconhecerem amorosamente suas histórias, voltarem-se para o Alto pedindo ao Supremo Criador novas oportunidades reencarnatórias para entrar no prumo e seguir o rumo focando a eternidade. Evidentemente, estamos nos referindo ao espírito encarnado, cuja evolução lhe permita conhecer o seu passado sem atrelar-se a ele, para não ser tombado por sentimento de culpa ou remorso.

Pergunta: - Não é perigoso as pessoas conhecerem as suas trágicas vidas? Saberem, por exemplo, que os seus "algozes" estão encarnados na condição de seus familiares?

Resposta: - Durante um período de nossa evolução, o esquecimento das vidas anteriores é uma bênção. No entanto, por ser constante universal, todos os espíritos, em função da evolução, passam a conhecer suas vidas pretéritas. Atualmente, a grande maioria dos terráqueos não tem condições de saber nem da última, muito menos das mais recuadas reencarnações. Isso porque, espiritualmente, ninguém retroage, pois a evolução espiritual não tem ponto final. Consequentemente, nas vidas anteriores fomos menos lúcidos, menos evoluídos.

Mesmo sem conhecimento de nossas vidas passadas, sabendo que a evolução espiritual é progressiva e eterna, através de nossas atuais inclinações, nosso temperamento, nossas idiossincrasias etc., poderemos fazer uma autoavaliação e chegar a brilhantes conclusões, considerando que o espírito, quando encarnado, não perde integralmente o contato com as vidas pretéritas. Desencarnado, poderá ter uma visão mais dilatada de sua história, mas vai depender do grau de sua evolução.

Após o fim da limpeza espiritual-energética pela qual a Terra está passando, as leis da Reencarnação e de Causa e Efeito farão parte da grade escolar da sociedade planetária. Os benefícios serão incomensuráveis e, entre tantas outras maravilhas, aos poucos os espíritos, mesmo corporificados, conhecerão suas histórias.

Pergunta: - É comum as pessoas, principalmente as que seguem alguma religião, pedirem ao Céu lenitivo para suas dores, cura para suas doenças etc. Por que nem sempre são ouvidas?

Resposta: - Todas são ouvidas, porque Deus é onipresente, mas nem todos os seres humanos já adquiriram mérito para receber as dádivas da Providência Divina conforme desejam.

Vejamos por quais motivos nem todos obtêm as benesses

dos Céus amparados pelos emissários de Deus:

- Muitos encaram sofrimentos, dores e doenças como dádivas, pois, se as dificuldades fossem sanadas, eles poderiam onerar mais ainda o carma negativo. Daí a dificuldade já ser a própria bênção.
- Quantos querem ficar bons das doenças, mas não têm coragem para abandonar os vícios? Quantos desejam ficar livres de seu mal, mas não abrem mão de sua maldade?
- Quantos almejam riqueza material, envaidecidos e soberbos, para continuar oprimindo seus semelhantes?
- Quantos só conseguem acordar e dar sentido sagrado à vida após substanciais perdas, dores, sofrimentos ou doenças?
- Quantos só começam a valorizar a saúde e a vida depois que ficam doentes e sentem a encarnação ameaçada?
- Quantos cegos, surdos e mudos estão no exercício do ver, ouvir e falar com misericórdia, como recursos educativos implícitos na legislação divina?
- Quantos suplicam paz para si, mas vivem em eterna guerra íntima e, também, com o mundo à sua volta?

Como não existe acaso na obra do Criador, a nossa dificuldade é compreender o funcionamento das leis do Supremo Legislador – Deus. Assim, carreguemos a nossa cruz elegantemente, pois, se reclamarmos, ela se tornará mais pesada.

* * *

Por sabermos que o Cristo Criador da Terra, em Sua condição individual, não poderá ser visto, ou seja, formatado em uma figura humana, o nosso crístico propósito é atingir uma frequência tal que consigamos senti-Lo. Mas, sendo Cristo sinônimo de Amor, só pelas vias internas de nosso coração conseguiremos senti-Lo. Assim, quanto mais amarmos, mais sentiremos o Cristo-Amor Se propagando em ondas de amor pelo nosso mundo íntimo.

Nestas reflexões, cada indivíduo deve empenhar-se para, compreendendo as leis de Reencarnação e de Ação e Reação, passar a ter atitudes compatíveis com os ensinamentos balizares contidos no Evangelho – a síntese das leis de Deus.

Na Era do Mentalimo, as nossas súplicas aos Céus assumirão novas conotações, de forma que:

- Cada pessoa entenda que paz, esperança, harmonia íntima, misericórdia, felicidade etc. são conquistas da alma e que somente ela poderá adquiri-las. Portanto, os Céus não poderão realizar o que nos compete, mesmo ouvindo nossos incessantes pedidos.

- Os ensinamentos do Cristianismo Renovado nos conscientizarão de que, em vez de ficarmos sinalizando para Deus as nossas eternas necessidades existenciais, devemos pedir a Ele força-energia para recebermos com placidez os efeitos de causas pretéritas e, simultaneamente, novas oportunidades reencarnatórias para aprendermos a não infringir os Estatutos da Vida.

- Nos momentos de nossas súplicas ao Criador, já não estaremos reproduzindo em nossa tela mental os dolorosos quadros de nossas dificuldades, aqueles que sufocam a alma e diminuem a sua frequência. Estaremos, sim, contemplando o bailado cósmico do universo criado, imaginando os bilhões de bilhões de espíritos luminosos celebrando a vida nas muitas moradas do Pai, conscientes de que o Reino dos Céus está latente em todas as criaturas de Deus.

Na sacrossanta e inquestionável realidade de Filhos Pródigos, herdeiros do universo estelar, pretendemos, ainda no atual encarne, encontrar em nosso mundo íntimo um fator multiplicador de frequência para melhorar o nosso sentimento na condição sagrada de conquista eterna do espírito imortal que somos. Portanto, não nos permitamos a desmotivação diante dos óbices naturais, pois estes fazem parte da rotina cósmica. Tenhamos em mente que somos espíritos em evolução rumo à ascensão.

Por sabermos que somente aos fortes e capazes Deus solicita a direção dos homens, pois aos fracos e incapazes Ele compreende e ampara, sejamos fortes e norteemos nossos semelhantes – ovelhas do Cristo – para o redil do Senhor... Com placidez, aceitemos os desafios da existência, convictos de que a esperança nunca abandona a vida, segundo Tagore. Dessa forma, não permitiremos que o sentimento de culpa cause a morte psicológica de nossa alma, pois somos imortais e eternos.

* * *

Adventos Crísticos – Com a sutileza do sândalo que perfuma até mesmo o machado que o corta, a Proposta Adventista, fazendo uso do ensurdecedor silêncio contido na crística mensagem evangélica do Silencioso Anjo – Jesus de Nazaré, vai nos acordando com estridentes ruídos reveladores das verdades eternas, para darmos sentido sagrado à vida.

Diante dos acontecimentos mundiais previstos para os nossos próximos instantes, o bom senso nos leva à reflexão quanto à premente necessidade de unirmos solidariamente todas as nossas forças-energias em benefício do conjunto planetário, principalmente procurando amparar os desprovidos da eterna fé.

Por ser Deus a perfeição absoluta, em Suas leis estão intrínsecas as reações compatíveis com as ações. Por conseguinte, Ele não mudará o percurso dos acontecimentos, considerando que Ele, por ser perfeito, respeita as nossas escolhas, já que Ele próprio nos outorgou o livre-arbítrio.

Uma vez que o Criador não vai parar a história do planeta Terra, temos de nos preparar, pelas vias da razão e do sentimento, de maneira sólida, convicta, para enfrentar os próximos embates com elegância, o que só será possível se vencermos nossas milenares fobias quanto à morte.

Não alimentemos a vã ilusão de que, em situação emergencial de fim dos tempos, a Providência Divina vá modificar o percurso das reações geradas pelas ações de uma sociedade planetária. Isso porque a semeadura é livre, mas a colheita é obrigatória.

Trabalhemos no sentido de dilatar a nossa percepção transcendente, a fim de não ficarmos indiferentes a um momento tão delicado e que envolve toda a humanidade. Dilatemos a nossa visão interior para, com olhos altruísticos, vermos com maior abrangência as necessidades de nossos companheiros de jornada reencarnatória. Abramos o coração e deixemos fluir ondas de afabilidade, carinho e amor pelas demais criaturas.

Estejamos atentos ao que o momento do nosso mundo solicita de todos nós: fraternidade, solidariedade e compreensão, seguindo os princípios ético-morais ensinados e vividos pelo Sublime Pedagogo – Jesus, o Galileu.

9. O homem é o que ele pensa

Pergunta: - *Em que consiste o conceito espiritualista que diz:* - *O homem é o que ele pensa?*

Resposta: - Os conhecimentos apresentados às sociedades planetárias pelos orientadores espirituais são de acordo com o grau evolutivo de cada mundo. Os novos e progressivos ensinamentos são trazidos do Céu para a Terra à medida que o espírito terráqueo assimila os anteriores e os coloca na prática da vida, o que é didaticamente inquestionável, senão causaria desequilíbrio na sociedade.

Quando a espiritualidade superior traz novos conceitos desse nível e a ciência consegue provar tais orientações, não sejamos recalcitrantes, pois os físicos quânticos já provaram que o homem é o que ele pensa.

Deduzimos, pelo menos teoricamente, as diferenças energéticas causadas positivamente pela mente humana, quando:

- Uma pessoa convicta de que é portadora dos atributos divinos está falando, por exemplo, sobre o Nazareno Mestre e Seu Evangelho. Conhecedores da Lei da Ressonância, podemos imaginar as emanações advindas dos planos luminosos em benefício do expositor e dos integrantes de sua assembleia de ouvintes encarnados e, principalmente, desencarnados... Os eflúvios celestiais que chegam à ambiência.
- Por exemplo, três grupos de espíritos encarnados orando e sintonizados com os desencarnados das mansões habitadas pelos anjos, sendo um grupo em benefício de um país, outro de um continente e o terceiro clamando bênçãos para o planeta e sua humanidade. Quantas benesses os integrantes

dos grupos receberão como reação à ação crística! Quantas maravilhas na mesma proporção de seus propósitos, considerando a reação de quem ora por um país, por um continente ou para a coletividade planetária! Pensar positivamente, falar sobre o lado luminoso da vida, das pessoas, do mundo é sabedoria. E, quanto mais abrangente for a nossa crística área de ação mental, maior e melhor será a reação que receberemos para aumentar a estatura de nossos espíritos. Não tenhamos dúvida de que quem ora aos Céus suplicando bênçãos tão somente para si ainda é infante em termos evolutivo-espirituais.

• Em devaneios crísticos, a alma viaja pela imensidão do cosmo ouvindo a sinfonia da vida em todo o seu esplendor. E, ao sentir as emanações do Cristo cósmico, concluirá: "Eu sou o que penso".

Por não haver palavra no vocabulário terreno que descreva plenamente esses estados sublimes quando se está em colóquio com a divindade, cabe a cada criatura, silenciosamente, exercitar o aflorar de suas potencialidades e saborear tais momentos de bem-estar e júbilo.

Pergunta: - Em todas as épocas, o ser humano fez uso da oração, suplicando lenitivo aos Céus. Qual o poder miraculoso da oração?

Resposta: - Quando, por evolução espiritual, estivermos graduados a ponto de o nosso falar ser a própria oração[1], estaremos em qualquer ambiente ou situação amparados pelas forças-energias da natureza. Na verdade, não é a natureza que age a nosso favor. Somos nós que entramos em contato vibracional com os campos energéticos mantenedores da Criação, tendo em vista que essas forças-energias preexistem à nossa oração. Evidentemente, por ser o homem o que ele pensa, a natureza, por manifestar permanentemente a essência vital, "responde" aos nossos pensamentos e às nossas ações. Pela Lei dos Afins, nós polarizamos e atraímos tais energias benfazejas. É assim que o universo conspira de maneira positiva a nosso favor.

Em nosso atual estágio evolutivo, quando nos reunimos

---

[1] A palavra orar advém do latim e quer dizer "abrir a boca".

em grupo para orar, com todos os participantes tendo o mesmo foco, os campos energéticos nos ambientes das orações são magnificamente alterados, propiciando colóquios entre as mentes dos orantes e os planos sutis habitados pelos benfeitores celestes. É uma dádiva poder orar! É divinal ter o aparelho fonador em condições para verbalizar crísticos sentimentos! É magnífico poder falar com Deus, seja Ele representado por seres humanos, espíritos desencarnados ou demais seres de toda a Criação.

Pergunta: - Como funciona esse automatismo da Criação para proteger melhor o ser humano, se todos os seres vivos são criados por Deus?
Resposta: - Ilustremos tais conceitos. Quando se afirma que o universo conspira, positiva ou negativamente, de acordo com os nossos pensamentos[2] e propósitos, não é o universo que "corre" para atender às nossas súplicas, mas somos nós que, pela Lei dos Afins, polarizamos o éter cósmico a favor ou contra nós. É sempre bom lembrar a onipresença de Deus-Energia, de Deus-Lei, de Deus-Vida.

Somos convictos de que, em potencial, somos anjos. Portanto, oremos plasmando mentalmente as mais deslumbrantes paisagens, imaginando as mansões celestiais povoadas pelos anjos do Senhor. Aos poucos, vamos criando hábitos salutares e nos mantendo em frequências gradativamente mais elevadas, advindo, como consequência natural, a "proteção".

Pelas Leis do Criador, *não existe proteção superior à honestidade*, pois, quem estiver honestamente a serviço da vida, estará, naturalmente, protegido pelo autor da vida – Deus.

Pergunta: - Seguindo a linha de raciocínio de que o homem é o que ele pensa, se ele pensar luminosamente conseguirá curar-se de seus males físicos?
Resposta: - Tenhamos sempre em mente que não se consegue burlar a Lei de Deus. É preferível mantermos as nossas reflexões apoiadas nas constantes universais para que não haja

---

[2] A mônada, quando na condição evolutiva de ser humano, já pensa, tem livre-arbítrio e responsabilidade em suas ações, enquanto os seres dos reinos menores não possuem o dom sagrado de discernir.

falhas nas orientações, as quais podem levar as pessoas à decepção se não obtiverem a cura ou outro benefício desejado.

As "curas paliativas", procedentes de fora do ser humano, são recursos da Lei do Criador para oportunizar o infrator a, parcialmente refeito, refletir melhor quanto ao sentido da vida na condição de encarnado e dar novo rumo à existência. Sem mudança de valores, as doenças retornam e podem até receber nomes diferentes, mas foram geradas pelas mesmas energias armazenadas no perispírito.

A bondade de Deus poderá oportunizar todos nós com curas parciais, mas a cura definitiva será sempre por esforço pessoal, já que assim funciona a justiça divina.[3] Logicamente, somente a autocura é definitiva, pois se a cura plena advier de fora não será por mérito do doente. Logicamente, a qualquer momento, a doença poderá aflorar novamente, nesta vida ou nas próximas.

Pensar focando o lado sublime da vida é o nosso exercício crístico até criarmos o sagrado hábito natural de nos mantermos em frequências mentais superiores, a ponto de não contrairmos débitos diante dos Estatutos da Vida.

Pela Lei de Causa e Efeito, se pensarmos positivamente, gerando, por exemplo, (+10) unidades-luz e, quase que simultaneamente, pensarmos negativamente, gerando (-17) unidades-sombra, a resultante será (-7) unidades-sombra. Ainda é muito comum essa conduta do espírito terreno: ele se deleita reproduzindo quadros e emoções negativas. Sente-se eufórico voltando no tempo e reproduzindo, mental e verbalmente, suas tristes, melancólicas e antivitais histórias. Em outros instantes, achando que a sua história não é suficiente, entra em êxtase revendo o lado sombrio que compôs a história da humanidade. Pela Lei do Mérito, não acontecerá a cura definitiva enquanto a alma continuar enfatizando o lado negativo da vida.

Pergunta: - O caráter extremamente abstrato do pensamento faz com que tenhamos grandes dificuldades para conceber o seu inquestionável poder e pouco o usamos nos mo-

---

[3] Aconselhamos um estudo reflexivo do livro *Pérolas de esperança*, do mesmo autor. É excelente material para autocura, autodescobrimento, autoperdão, autoiluminação etc.

mentos mais necessários. Quais as paisagens que devemos manter em nossas mentes, a ponto de sentirmos no corpo físico que um bom pensamento polariza energias positivas e motivadoras para as nossas vidas?

Resposta: - Os milênios passaram e ainda existem "tomés" encarnados, querendo ver para crer.

Para um indivíduo sentir que a natureza está agindo a seu favor, é preciso que tenha nobreza de propósito e certeza de que ele é um Cristo-criatura querendo sentir o Cristo-Criador – o alimento sagrado da vida terrena.

Pensemos:

- Naqueles sagrados momentos em que Jesus subia à colina para falar sobre o Reino dos Céus, de imediato a mente de Seus ouvintes aumentava a frequência, só em imaginarem o que seria o Reino de Deus.
- Na corte celestial formada pelos anjos na sustentação energética da corrente protetora à volta d'Ele, o Mestre-Luz, na condição abrangente e crística de antena humana captando do cosmo as mais puras energias para impregnar divinamente o planeta e sua humanidade.
- Nos arcanjos movimentando as energias dos sete raios da Criação, cada qual com a sua peculiaridade, mas todos empenhados na mesma divinal causa – a implantação de uma nova ordem moral para a sociedade planetária.
- Nos "deuses" da terra, do ar, da água e do fogo sincronizados para recompor os corpos doentes.
- Em Jesus, nosso Amado Mestre, sintonizado, por ressonância, com o Cristo-Pai e ouvindo a sinfônica orquestra da mãe natureza pintalgada com as cores da vida.
- Na alegria e no júbilo das pessoas saltitando ao se verem curadas de suas chagas. Cegos voltando a contemplar a beleza da Criação. Também os cegos de nascença passando a ver a magnificente obra do Cristo terráqueo. Os que se tornaram surdos e que foram curados. Os surdos de nascença que passaram a ouvir os sons da Criação. Membros atrofiados, retorcidos e sem movimentos sendo refeitos de maneira "mágica".
- Ali, à volta do Sublime Anjo – Jesus de Nazaré, a mais requintada orquestra formada pelos anjos da música tocando as melodias dos anjos. Na verdade, não temos palavras

que descrevam exatamente o que acontecia nos ambientes em que o Meigo Jesus falava... A abrangência de Sua esfera áurica que envolvia as assembleias de Seus ouvintes.

Vamos dar vida à nossa criação mental, pois só em imaginar o que aconteceu em torno do Sublime Anjo Planetário, o Nazareno Mestre, o nosso organismo agradece: "Se os teus olhos forem puros, todo o teu corpo será iluminado" (Lucas, 11:34).

* * *

Por ser o homem o que ele pensa e por querermos melhorar a nossa sensibilidade no sagrado propósito de dilatar a capacidade de sentir o Cristo-Pai, imaginemos:

- A nossa galáxia, a Via Láctea, que é constituída por 250 bilhões de estrelas coloridas com infinitas nuances, em movimentos sincronizados rodopiando na imensidão do cosmo.
- O nosso Cristo interno sofrer o divino tropismo causado pelos Cristos do universo estelar da Via Láctea... A nossa essência espiritual sendo atraída pelos 250 bilhões de Cristos estelares de nossa galáxia.
- O Cristo-criatura dilatando a sua percepção e contemplando a magnífica obra açambarcada pelo Cristo Galáctico da Via Láctea.

Após esses crísticos devaneios, nunca mais seremos como antes... Se criarmos o salutar hábito de, em pensamento, nos projetarmos para o eterno e crístico futuro, o nosso Cristo interno vai se metamorfosear em mais luzes e nós adquiriremos a certeza de que somos oniscientes, onipresentes e onipotentes... Somos portadores dos divinos atributos de Deus.

É motivador conceber que os mesmos atributos divinos existentes nos Cristos planetários, solares, constelatórios, estelares, galácticos, hemisféricos, cósmicos existem também em nós. Sendo Deus equânime e perfeito, cabe a cada um despertar o seu Cristo-Deus.

Na condição de *Filhos Pródigos,* comecemos a nossa **reversão**, retornando conscientemente ao Deus-Pai, de onde "saímos" *simples e ignorantes* para adquirir experiências, evoluir e ascender, convictos de que somos herdeiros do universo.

* * *

Adventos Crísticos – Sem muito esforço, pois segue a lógica da Lei do Criador, o Cristianismo Renovado vai delineando os nossos passos na estrada da evolução e ascensão espiritual.

Paulatinamente, estamos trazendo à memória objetiva as informações que estavam latentes em nossa memória subjetiva. Os espíritos mais experientes na rota reencarnatória e que aproveitaram sensatamente as oportunidades elucidativas que lhes foram apresentadas durante a vida corpórea... Aqueles sagrados ensinamentos que impulsionam as pessoas a sair de suas prisões psicológicas e de seus interesses egoicos para se dedicarem a alargar a visão interior.

Tais criaturas, almejando dar vazão ao altruísmo:

Procuram conhecer a realidade da vida enquanto existência e as perfeitas Leis da Criação, para não titubearem quando surgirem dificuldades e desafios naturais para os alunos que estiverem compulsoriamente encarnados nas escolas planetárias.

- Sabedoras da perfeição de Deus, não perdem tempo tentando justificar a inoperância... Sabem, também, que as justificativas não anulam as reações de nossas ações nem impedem que as forças da vida se sobreponham à nossa insensatez.
- Reconhecem que a vida, por ser um grande desafio, apresenta fortíssimas lutas sem adversários externos. É o homem-lobo lutando com o homem-cordeiro... É o joio lutando com o trigo... É a besta lutando com o anjo.

Por ser constante universal, apesar da ferrenha luta para não nos entregarmos suavemente ao Cristotropismo, certo é que, hoje, amanhã ou na eternidade, todas as Cristo-criaturas estarão de mãos dadas ao Cristo-Criador.

Uma vez que o Criador é onipresente, não existe força de qualquer grandeza capaz de anular o impulso natural de o espírito tornar-se um filho pródigo e realizar a sua **reversão**, ou seja, retornar conscientemente à sua origem – Deus.

10. Viver o presente

Pergunta: - *Embora a sociedade atual saiba que o presente está atrelado ao passado e que o futuro depende do agora, por que, de modo geral, as pessoas não conseguem viver plenamente o presente?*

Resposta: - Um fator importantíssimo para quem pretende viver melhor é esclarecer-se quanto à vida após o desencarne. A principal causa que leva as criaturas a não se harmonizarem com o presente está vinculada aos fortíssimos traumas trazidos de outras vidas.

Por meio de sutil canal de comunicação entre o inconsciente e o consciente, o espírito, enquanto encarnado, sente lampejos do que está gravado em seu subconsciente ou no inconsciente profundo, mas, por causa de sua pouca evolução, não tem claramente os registros, na memória objetiva, de suas vidas anteriores e, por isso, não tem recursos para descrever a sua história com objetividade e precisão.

A triste e desmotivadora história dos tempos idos apresenta:

- Pessoas concebendo que, após a morte, iriam para o inferno eterno, conforme a teologia pregada em cada época, em nome de um Deus de bondade e justiça.
- Punições satânicas, de forma que os faltosos seriam queimados em fornalhas ardentes, em meio a diabólicos espíritos do além-túmulo.
- Castigos santificados até à morte, em nome do Deus-Amor.

Foram muitos os traumas milenares gravados através das sucessivas vidas. Com tais registros na alma, mesmo de maneira inconsciente, o passado se torna tão presente que grande percentual da sociedade não consegue viver plenamente o agora e, muito menos, encontrar energia-força para vislumbrar um futuro dadivoso e se projetar rumo à eternidade.

Pergunta: - Será que as duras provas que tivemos em outras vidas nos tiram a alegria de viver atualmente?

Resposta: - Evidentemente, pois, na condição de espíritos primários, continuamos praticando as mesmas ações de vidas pretéritas, que reativam os tristes registros das vidas anteriores, os quais, subjetivamente, inibem a alegria de viver e nos levam a dores e sofrimentos. Observemos que muitos espíritos encarnados, desde a infância, demonstram desarmonia íntima, semblante carregado, mau humor etc.

Atualmente, com a Terra promovida à condição de escola secundária e, simultaneamente, sendo momento de prova final para aqueles da derradeira oportunidade, na condição de alunos do curso primário, é bom relembrar que estamos entre duas fortíssimas forças, a crística e a crítica, cabendo a cada um fazer a sua escolha. Naturalmente, os seres humanos de conduta infantil, que estão sendo reprovados[1] no curso primário, serão exilados para outros mundos.

Com a Terra sem os espíritos deprimidos devido ao medo da morte, sem os viciados, os debochados para com as leis do Imponderável, os corruptíveis e os corruptores, a sociedade terrena:

> • Gradualmente, terá ações mais compatíveis com as lições evangélicas de Jesus. Consequentemente, as reações serão positivas e motivadoras e, assim, a dor consumirá a dor. Ou seja, a dor-reação vai, aos poucos, nos disciplinando durante as sucessivas reencarnações até atingirmos evolução espiritual em que as nossas ações não contrariem as Leis do Criador.
> • Compreenderá a divinal tarefa que desempenha a dor na

---

[1] Desde 1950, segundo Ramatís, os espíritos que vêm desencarnando na Terra sem as qualidades evolutivas para a Era do Mentalismo já não reencarnariam neste planeta, pelo menos durante os próximos 6.666 anos terrenos. Esse assunto é detalhado no livro *O fim dos tempos e os discos voadores*, do mesmo autor, Editora do Conhecimento.

economia da vida universal... Com a evolução espiritual, surge no ser humano a sagrada gratidão, pois ele passa a saber que o sofrimento e a dor criam bases sólidas com raízes profundas fincadas na eternidade experimental, a fim de que traga a sua Força Superior a lume e desenvolva suas faculdades criadoras.

• Abraçará o trabalho como dádiva a despertar suas forças latentes, estruturar-se para desempenhar funções progressivamente relevantes na engrenagem da Criação e alavancar o crescimento interior do espírito eterno e imortal, pois entenderá que, na escola secundária terrena do milênio em curso, o trabalho é constante universal, pois, quanto mais se evolui, mais se trabalha na Vinha do Senhor.

As nossas lamentações, reproduzindo acontecimentos trágicos do passado, não irão desfazer a nossa história para vivermos melhor no presente e nos qualificarmos para um futuro luminoso. Portanto, é preferível investir no agora, para adquirirmos méritos e, nas próximas vidas, sermos mais operantes na obra do Cristo-Pai – o planeta Terra e sua humanidade.

Pergunta: - Será que a nossa falta de motivação para expressar alegria de viver, simpatia, bom humor etc., não é por causa da ignorância que temos quanto à vida na dimensão dos desencarnados?

Resposta: - Os espíritos insipientes[2] deixarão a Terra, pois negligenciaram as oportunidades ensejadas pelas sucessivas vidas; também os incipientes[3], por falta de experiência e sem condição evolutiva para aproveitarem adequadamente os novos ensinamentos que serão lecionados em um educandário de nível secundário – nosso atual orbe.

Avaliemos mais algumas constantes universais:

• Os líderes das doutrinas espiritualistas esclarecerão a sociedade, de maneira clara e objetiva, quanto à logicidade da vida nos planos espirituais. Evidentemente, sem espíritos

---
2 Não sapiente; ignorante.
3 Que inicia, que está no começo; principiante.

fóbicos encarnados, a humanidade tornar-se-á esplendorosamente mais alegre, mais expressiva.
• Na mesma proporção que a criatura reconhece que é um ser imortal, as suas faculdades criadoras aumentam o campo de percepção. É a sabedoria divina latente na consciência individual do espírito rumo à sua ventura universal e eterna, pois o reino de Deus está no homem.
• Em Aquário, a inércia contemplativa será substituída pela dinâmica construtiva, imperativo comum a todas as criaturas de Deus do reino humano que continuarem frequentando a Escola Terra.
• A natureza, fazendo uso da didática evangélica, sutilmente vai operando maravilhas na alma humana e, sem que ela note, estará sempre atendendo ao empuxo divino rumo à sua ascensão. Isso porque de Deus viemos e a Ele voltaremos compulsoriamente, nem que dure um tempo chamado eternidade.

Estejamos certos de que a motivação íntima para expressar harmonia, alegria, simpatia, bom humor, bem viver etc. surgirá de nosso interior à medida que trouxermos ao nosso consciente a capacidade realizadora de nosso Cristo interno.

Pergunta: - Uma vez que o foco é viver o presente, na história do Cristianismo constam líderes do Catolicismo isolados da convivência social e do trabalho profissional. Essa conduta pode causar traumas à alma, fazendo com que nas próximas vidas sejam apáticas, deprimidas e sem estímulos para a conquista de novos e eternos ensinamentos libertadores?

Resposta: - Por já termos conhecimento de que a evolução espiritual é eterna, por que ficarmos presos à conduta de nossa infância? Vivamos o presente, estudando tudo que for inerente às duas realidades da vida: material e espiritual. É sempre bom ter em mente que o Céu se conquista na Terra e que o indivíduo deve trabalhar-se para evoluir e ascender e, ao mesmo tempo, trabalhar para prover suas necessidades existenciais *com o suor de seu rosto*.

Observemos com olhos da logicidade:

• Não há possibilidade de o espírito adquirir mérito a ponto de ter condições para adentrar os pórticos celestiais, se, na vida existencial, ficar só rezando enquanto almeja o Céu, ou só trabalhando para suprir suas necessidades na Terra. As Leis da Evolução exigem equilíbrio entre a razão e o sentimento, pois o Nazareno Mestre disse que era preciso orar e vigiar.

• O trabalho realizado pela razão fortifica a alma para graduar-se à emoção com segurança, harmonia e equilíbrio. Em sua condição sagrada de força criadora, o trabalho é alavanca a impulsionar a alma ao autopolimento com o objetivo divino de diplomar-se aos planos dos bem-aventurados.

• A oração, sem a ação transformadora ensejada pelo conhecimento transcendente que liberta a consciência, não qualifica o espírito para ele, com o seu Eu Crístico, alegremente sintonizar-se com a frequência do Cristo-Pai e tornar-se mais operante durante a encarnação.

• Percebe-se, assim, que a conduta de quem se dedica somente à Terra ou somente ao Céu não é saudável, pois, ao retornar ao outro lado da vida e constatar as oportunidades negligenciadas, o espírito poderá entrar em processos traumatizantes, os quais têm possibilidade de afetar sua conduta nas próximas vidas. Procuremos, sem delongas, vivenciar as emoções humanas seguindo os princípios ético-morais ensinados pelos espíritos superiores, pois travar as emoções é fugir da vida. É do conhecimento de todos que, quanto mais o espírito evolui, mais se emociona com o Criador, com a Criação e com as criaturas.

* * *

Quem tem dificuldades para viver o presente, que busque idealizar o que o aguarda na eternidade, considerando que tudo evolui no universo físico e metafísico... Imagine como será a sua esplendorosa capacidade de identificar Deus na Criação e muito além... De ver em todas as vidas a presença do Autor da Vida... Sentir o Criador manifestado nos elementos ar, água, terra e fogo, em tudo, em todos e no Todo.

Por sermos portadores dos atributos da Divindade Suprema – Deus, na condição de espíritos cósmicos e imortais, projetemo-nos para o eterno amanhã. Imaginemos aumentar a nossa capacidade realizadora, à medida que evoluímos por meio das reencarnações... Que descubramos mais Deus em nós... Que despertemos a nossa Chama Crística.

É magnífico idealizar um futuro esplendoroso rumo à eternidade... Reconhecermos que somos coparticipantes da obra de Deus-Pai... Sabermos que somos capazes e que é tarefa nossa, na condição de encarnados, criar, com a nossa mente, um luminoso cinturão energético em torno da Terra, visando a que as criaturas mais fracas se sintam protegidas nesta fase especial de transição planetária.

Doravante, não nos permitamos viver com o semblante do ontem, pois o passado, por mais maravilhoso que tenha sido, é menor do que o agora, considerando que a evolução não tem fim e a eternidade nos aguarda. Portanto, viver o presente é inteligência de quem pretende avançar na evolução rumo à ascensão.

Fazem parte da humanidade terráquea bilhões de espíritos que foram exilados para este orbe, trazendo de outros mundos experiências luminosas ou sombrias. Por estarmos encarnados em um momento crístico e crítico de transição, em que a Escola Terra deixa de ser de *provas e expiações* e passa a ser de *regeneração e progresso*, vivamos ética e moralmente o agora, pois quem não tem presente, não terá futuro.

Na condição de espíritos cósmicos caminhando rumo à eternidade, lancemos nosso olhar para o infinito e não permitamos que o passado nos prenda a épocas mortas.

Viver alegre e festivamente o presente é ter certeza da imortalidade e da eternidade.

* * *

Adventos Crísticos – Tendo em vista que a evolução é eterna, o nosso passado, em qualquer época, foi menor que o presente. Por ser inconteste tal assertiva, esforçemo-nos para nos desvincular emocionalmente do passado, mas com gratidão. No entanto, é importantíssimo insistir em novo investimento, considerando que o ontem, por mais malbaratado que possa ter sido, faz parte de nossas experiências, enquanto o futuro, para os menos evoluídos, tem "sinônimo" de utopia.

Para exercitar a nossa superconsciência:

- Desenhemos um futuro dadivoso e nos projetemos para lá... Vislumbremos uma sociedade evangelizada em que todos tenham o Céu como meta a ser alcançada... Todos conscientes de que a vida é contínua, pois a morte não interrompe a vida.

- Nessa projeção, idealizemos o funcionamento do universo com bilhões de bilhões de corpos celestes em movimentos harmônicos nos convidando para, em um passeio, singrarmos os espaços siderais em busca da conscientização de que somos seres cósmicos, eternos e imortais.

- Aproveitando a magnífica colaboração que o pilar científico tem ofertado à sociedade, dilatando progressivamente a nossa visão quanto ao universo criado, dinamizemos a nossa vida mental, para dilatarmos também a nossa visão transcendente.

Viver o presente é a palavra de ordem e nos projetarmos para a eternidade é dilatar a nossa consciência. Mas, não repudiemos o nosso passado, pois Deus, por ser perfeito, até em nossos desencontros encontra meios para nos disciplinar. O nosso passado foi útil para nos graduarmos ao presente, considerando que na natureza nada se cria, nada se perde, pois tudo se transforma. Aí está a inquestionável perfeição de Deus, pois em Suas Leis constam as reações criadoras, até mesmo quando cometemos erros, comprovando que a tendência natural do espírito é abdicar da ignorância.

11. O cristianismo e os quatro pilares da sociedade

Pergunta: - Quando se fala em Cristianismo, acredita-se, de imediato, que se está referindo ao pilar religioso. Como se processará essa fusão dos pilares, de forma que não haja prejuízos intelectuais nem emocionais para aqueles que por afinidade, talento, grau evolutivo espiritual ou quaisquer outras razões fizeram suas escolhas e abraçaram outros pilares?

Resposta: - Não é fusão, mas união sem fusão de todos os integrantes do conjunto planetário. Com a evolução da biologia, os choques de ideologia, paulatinamente, diminuirão até se extinguirem. É lei universal. Daí, a tendência natural de as criaturas se unirem por meio de elos crísticos sem se desvincularem de suas aptidões e aspirações.

As quatro opções de que o espírito humano desfruta – social, artístico, científico e religioso –, para trazer ao consciente suas potencialidades latentes, diante das Leis da Evolução têm os mesmos valores, considerando que o mais importante é a essência espiritual, pois, com a evolução por meio das existências, todos convergirão ao mesmo ponto – Deus. É relevante advertir que, quando nos referimos à religiosidade, não estamos nos restringindo ao pilar religioso, pois o espírito pode chegar a Deus por qualquer vertente que lhe propicie obter conhecimentos libertadores do plano da existencialidade e o integre à divinal dimensão da essencialidade. Não nos esqueçamos de que religião é criação humana e que Deus é o tudo criado e o Todo-Criador... Que religiosidade é a integração consciente da criatura ao Criador, qualquer que seja o seu pilar de atuação, tendo em vista que as vestes externas do religioso não identificam a sua religiosidade.

Durante o curso espiritual terreno, a biologia do ser humano, cada vez mais polida por meio das reencarnações, se distanciará, vibratoriamente, do instinto animal. Como consequência, os homens de diferentes aspirações na busca do mesmo Deus não darão vazão à discórdia, à disputa de valores ou a outros sentimentos menores, pois estarão habitando em corpos biológicos mais sutilizados, evidentemente portando tessituras perispirituais mais rarefeitas.

Sabemos que renovar o Cristianismo é renovar o cristão. A partir do momento em que, por evolução espiritual, as pessoas concebem o Cristo-Pai como Criador da Terra e veem em tudo criado a Sua manifestação, procuram se unir às demais criaturas de Deus, mas sem fundirem-se, pois sabem que as frequências mentais que identificam suas inclinações naturais são diferentes.

Pergunta: - Quer dizer que o "amai-vos uns aos outros", conforme aconselhamento do Nazareno Mestre, depende, também, da evolução biológica das sociedades planetárias?

Resposta: - Naturalmente! Pietro Ubaldi, no livro Problemas do futuro, afirma que "o maior problema da humanidade terrena é o de biologia social".

Por ser "o amor a expansão do egoísmo", segundo Pietro Ubaldi, no livro A grande síntese, façamos algumas deduções:

• A mônada recém-chegada por evolução ao reino hominal é, naturalmente, portadora de ego inexperiente, o que é lógico, considerando que teve poucas reencarnações nesse reino. Dessa forma, fica caracterizada a sua condição egoica de amar tão somente a si mesma. Com as reencarnações, o ego da pessoa vai se dilatando e ela vai amando alguém que lhe proporcione algum tipo de prazer, pois é intrínseco à alma buscar o prazer de existir, utilizando-se dos mais variados meios e, com o tempo, graduar-se à plenitude do amor.

• Em um momento evolutivo mais avançado, essa mônada-pessoa, com o egoísmo mais dilatado, exteriorizará amor por um número de criaturas cada vez maior, atingindo as coletividades nacionais, continentais, planetárias, universais.

• Conclui-se, pela logicidade da Criação, que o amor é a expansão do egoísmo.

Amar ao próximo como a si mesmo obedece a diferentes escalas expansionistas do egoísmo. A mônada, com pouca experiência no reino hominal, logicamente a sua biologia atenderá com mais vigor à força da ancestralidade do animal que fora do que ao empuxo divino rumo à eternidade para "acordar" o anjo nela existente.

Pergunta: - Em que estágio evolutivo a criatura conseguirá praticar esta assertiva do Nazareno Mestre:"Amai-vos como eu vos amei"?

Resposta: - O amor é inerente a todas as criaturas. No entanto, a maneira e a intensidade de exteriorizá-lo variam em função do grau de consciência que cada espírito já tem do Cristo-Amor latente em sua essência.

O Divino Mestre já tinha despertado o Seu Cristo interno integralmente... Ele já havia trazido ao consciente os atributos divinos existentes em Si. Mas, é sempre bom lembrar, a evolução é infinita. Assim, o "amai-vos como eu vos amei" será sempre relativo ao nível do Cristo-Amor que cada espírito reconheceu em seu universo íntimo.

Ao observar as Leis da Criação, conclui-se que não é o pilar da sociedade que identifica a graduação espiritual de seus participantes, mas a capacidade de amar de cada indivíduo. Assim, amemos uns aos outros, mas dentro de nossos limites. Inspiremo-nos em nossos superiores, mas sem querer realizar o que a nossa evolução espiritual ainda não tem condição, a fim de não perdermos harmonia psíquica, emocional e, por extensão, orgânica.

Pergunta: - Ao considerarmos as diferenças externas dos integrantes dos quatro pilares da sociedade quando executando as suas tarefas, como é possível identificar aqueles que estão mais harmonizados com a Divindade?

Resposta: - O pilar pelo pilar é secundário, pois o importante é o desempenho da tarefa ser o mais perfeito possível, de acordo com a capacidade e aptidão de cada ser humano. Não nos detenhamos no executor, mas no executado, pois pelo fruto se conhece a árvore.

É importante que o representante do pilar:

- Seja capaz de, no ambiente de sua atuação, fazer imperar fraternidade, paz, harmonia, serenidade, bem-estar, afetividade.
- Com o magnetismo aglutinador e a vibração de seu mundo íntimo, seja um conquistador de almas para, em júbilo, abraçar a causa crística – a divulgação do Cristianismo Renovado, principalmente exemplificando na vivência evangélica.
- Tenha flexibilidade para, de acordo com o momento psicológico de cada situação, nutrir-se da convicção de que está a serviço do Cristo-Pai, tendo Jesus como modelo e guia, já que o principal foco de cada reencarnação do espírito consciente, quanto ao sentido sagrado da vida, é a evolução.

Diante das Leis de Deus, cada criatura, independentemente da intimidade que já possua com a divindade, deve colocar com fidelidade o seu talento em benefício da coletividade... Que o seu magnetismo seja capaz de produzir efeitos especiais nas consciências existentes à sua volta... Que consiga provocar em seus semelhantes a certeza de que o espírito é imortal e a vida é eterna, pois a morte não interrompe a trajetória evolutivo-ascensional do espírito.

Pergunta: - *Tendo em vista a vida mental das pessoas que, por afinidade, livremente desempenham suas tarefas em determinado pilar da sociedade, será que, após a separação do joio do trigo, os choques entre as criaturas dos diferentes pilares vão diminuir, considerando que quem permanecer na Terra terá cores áuricas mais agradáveis?*

Resposta: - É evidente que a vida mental das criaturas, gerando as mais diversificadas cores, modifica positiva ou negativamente qualquer ambiente. No entanto, esses choques não precisam, necessariamente, ser entre as pessoas de diferentes pilares. Há de se considerar a qualidade cromosófica criada pela mente dos indivíduos e não os pilares nos quais atuam.

Quem se emociona com o que faz em um pilar que abraçou por afinidade, tem a sua cor fundamental, gerada por seu mundo íntimo, bem formatada, embora possa mudar de cor de acordo com as alterações da vida mental, voltando à cor básica após cessar a causa da modificação.

Os choques entre as criaturas da sociedade como um todo diminuirão à proporção que estas refinarem suas aspirações no sentido crístico de melhorarem a sintonia com as mansões celestiais identificadas pelas cores que impulsionam a vida mental para o Alto, para Deus.

Vejamos algumas cores fundamentais que formam a aura das pessoas:

- Entre o início do amarelo do intelecto e o início do azul da religiosidade, há uma diferença de oitenta trilhões de vibrações por segundo. Por essa razão, as pessoas, de modo geral, dão vazão à vaidade quando começam a perceber que têm intelecto capaz de realizações, mesmo fortuitas. À medida que adquirem mais conhecimentos que lhes propiciem transcender à objetividade da vida existencial, tais intelectuais perdem a vaidade e abdicam de sua fiel companheira, a soberba.
- A criatura cuja aura é formada pelo azul maldefinido, com contornos irregulares, está apenas começando a sua busca religiosa. Tal pessoa, por meio das reencarnações, quando graduar-se à religiosidade, terá a sua aura bem delineada na cor azul-celeste. A faixa vibracional a ser percorrida durante a trajetória ascensional do azul é de quarenta trilhões de vibrações por segundo – isso justifica as guerras santas travadas pelos homens em nome de seus deuses. Na verdade, são crianças espirituais começando a descobrir a sua relação com o Criador.
- Quão diferente é quando o indivíduo já possui a aura branca, tendo percorrido o espectro das sete cores durante as sucessivas vidas, experienciando o que cada uma delas lhe oportunizou, para, finalmente, exteriorizar as vibrações das irradiações crísticas com as emoções festivas de seu mundo interior – a paz.
- Com a evolução espiritual e a conscientização dos efeitos psicológicos produzidos pelas cores, a pessoa insere em seu universo de ação as cores claras, suaves, sedativas etc. Dessa forma, a alma vai vencendo traumas de vidas pretéritas, quando, abatida, melancólica e depressiva, recolhia-se a seus sombrios escombros mentais, fugindo do sol da vida.

Além dos efeitos terapêuticos ou doentios gerados pelas cores dos ambientes materiais observados por meio de olhos biológicos[1], existem aqueles estruturados mentalmente por cada indivíduo. Evidentemente, viver em ambientes de cores agradáveis e pensar envolvendo as cores da vida plena é medicamentoso, cromoterápico, pois propicia reações químicas ao organismo e produz crísticas emoções nas relações sociais e afetivas.[2]

* * *

Uma vez que o Cristo terráqueo é o centro de convergência de todas as sublimes aspirações dos espíritos dos quatro pilares da sociedade terrena, a Era do Mentalismo é momento sagrado na escala evolutiva para unir os homens aos homens, de forma que ninguém crie resistência e se entregue amorosamente ao divino tropismo causado pelo Cristo-Criador ao Cristo-criatura.

O Cristianismo Renovado:

- Almeja que, em curto tempo, todo o conjunto planetário dos espíritos encarnados e desencarnados comungue com a imortalidade. Com tal conceito transformado em vivência ético-moral, a pessoa se projeta, querendo desvendar o universo criado e descobrir em si o seu Criador, tendo em vista que antes de se descobrirem as partes não se tem condições para identificar em tudo o Todo.
- Consciente de seu Deus interior, o indivíduo viaja pelo espaço infinito com as asas da imaginação, vislumbrando a magnífica obra dos Criadores de Mundos... Sente-se tão cristicamente motivado para a aquisição de mais conhecimentos libertadores e de mais luzes em seu mundo íntimo, que entra em uma frequência mental de êxtase e júbilo. Em tal estado d´alma, ele fica tão divinamente motivado para as aquisições celestes que as terrestres ficam em segundo plano. E não é por negligência. Apenas, quem conhece os tesouros celestes não guerreia para adquirir os tesouros ter-

---

1 Quando se trata de energias benfazejas ou não, as quais nem sempre os olhos registram, devemos considerar também, além do magnetismo animal-humano por causa das toxinas psíquicas geradas pelas criaturas, o terrestre (geomagnetismo), em função do ambiente, uma vez que a química ambiental poderá interferir no aspecto ético-moral do ser espiritual.
2 Aconselhamos a leitura-estudo do capítulo 14, "Cromoterapia com Deus", do livro *A·arte de interpretar a vida*, do mesmo autor, Editora do Conhecimento.

restres. Processo natural porque é constante universal.

O Cristianismo Renovado dará novo sentido à vida do terráqueo, o que o levará a se sentir mais integrado à pulsação da vida cósmica, temporariamente reencarnando na Terra para receber ensinamentos libertadores e exercitar a misericórdia do ver, ouvir e falar para ascender.

* * *

Adventos Crísticos – O Cristianismo Renovado conduz o indivíduo a investir na conquista de novos e sólidos valores, porquanto a evolução espiritual, e também a biológica, atualmente, permite a ele ver, no horizonte, novos clarões adequados para uma humanidade iniciando o seu curso secundário.

Os integrantes dos quatro pilares da sociedade, mais bem informados quanto ao poder sagrado da fraternidade, estarão se empenhando para que haja a evangélica união sem fusão do conjunto planetário, de forma que ninguém precise abandonar seus líderes nem suas motivadoras aspirações – apenas compreender que as aptidões científicas, sociais, artísticas e religiosas devem ser respeitadas, para boa convivência com as diferenças, sem se admoestarem.

Os administradores do planeta, à frente de suas nações, reconhecerão que os problemas financeiros e econômicos, assim como a corrupção e tantas mazelas humanas, são reflexos da ancestralidade biológica. Logicamente, após a varredura apocalíptica, tais espíritos não estarão reencarnando na Terra, advindo mais harmonia para o conjunto planetário. Assim, as pessoas mais evoluídas devem ter paciência, tolerância e, acima de tudo, misericórdia para com aqueles de menor patrimônio espiritual.

Obedecendo à seleção natural de mais um fim de ciclo da Terra, o qual terá como consequência a saída de bilhões de espíritos não qualificados para a Era do Mentalismo, pois dominados pelo instinto animal, o ser humano trabalhará em si o equilíbrio entre a razão e o sentimento, o que trará benefícios ao conjunto social.

* * *

Oremos ao Cristo terráqueo, pedindo a Ele que nos auxilie no despertar da sagrada compreensão quanto ao sentido sagrado da vida, para que possamos viver e conviver em paz, independentemente do pilar que abraçamos, por opção ou afinidade.

12. Em ressonância com o Cristo

Pergunta: - Quais as consequências quando uma pessoa entra em ressonância com o Cristo?
Resposta: - A Física define ressonância por: Transferência de energia de um sistema oscilante para outro quando a frequência do primeiro coincide com uma das frequências próprias do segundo. Partindo desse princípio, entrar em ressonância com o Cristo é vibrar na frequência que identifica o Amor Incondicional e sentir acelerar suas potencialidades por milhões de vezes.

Por sermos portadores da essência de Deus, analisemos mais algumas constantes universais:

• O Cristo interno do homem, ao entrar em ressonância com o Cristo-Pai, sente essa transferência de energias. De acordo com a capacidade individual para absorver e redistribuir tal energia crística, percebe centuplicar, magnificamente, a sua capacidade realizadora.
• Cristo, por ser um estado permanente do amor incondicional em qualquer reduto do cosmo, o homem alcançar integralmente a frequência crística é metamorfosear-se em um naco de amor puro e sentir-se capaz de realizar maravilhas, a exemplo de Jesus, que, no momento de Seu batismo no rio Jordão, entrou em ressonância, de maneira mais abrangente, com o Cristo-Criador da Terra e ficou conectado a Ele durante os Seus três anos de vida pública. O Nazareno Mestre tornou-Se um sagrado canal humano para intermediar a vontade do Cristo-Pai e as necessidades das criaturas.
• Deduz-se que, quanto mais o Cristo-criatura amar, já que Cristo é sinônimo de amor, mais entrará na frequência do Cristo-Criador e conseguirá realizar prodígios crísticos em

benefício de seus semelhantes, a exemplo de Jesus, que, ao receber um toque do Cristo-Amor, despertou a Sua Força Superior.

É evidente que sentir o Cristo é entrar em sintonia com a vida planetária. Por isso, é que o amor é remédio para todos os males. Sendo o coração o ponto de referência para a alma manifestar o seu amor, os males de todas as procedências terminam nele, pois, quanto mais se ama, mais se revitaliza.

Pergunta: - Quando Jesus disse: - Eu e o Pai somos um -, Ele tinha entrado em ressonância com o Cristo-Pai?
Resposta: - Exatamente! A conexão foi tão perfeita que, de modo geral, as pessoas à Sua volta não percebiam que ora agia e falava Jesus, ora agia e falava o Cristo por meio de Seu Crístico Filho – Jesus de Nazaré.

Consta em Mateus (16:16): "Sob a inspiração do próprio Cristo, Simão Pedro respondeu a Jesus: – Tu és o Cristo, o Filho de Deus vivo".

Pergunta: - O que aconteceu mediunicamente com Jesus poderá acontecer também conosco?
Resposta: - Sempre aconteceu, acontece e acontecerá. Quantas pessoas foram e são maravilhosamente inspiradas pelas consciências espirituais de altíssima luminosidade, sem que ninguém notasse ou note a ligação mediúnica? Durante a Era do Mentalismo, a sutileza da mediunidade psíquica assumirá a dianteira da ligação interplanos[1].

É constante universal: quando a intenção é nobre, os Céus descem aos mundos materiais para, por meio dos homens de boa vontade, realizar magníficas obras, com o propósito sagrado de alavancar a espiritualização das humanidades.

Pergunta: - Caso um médium ainda não seja portador da cor básica de sua aura, o azul-celeste, ele poderá entrar em ressonância com espíritos que já são graduados à religiosidade?

---

1 O avatar Sai Baba estava recentemente encarnado, realizando magníficas materializações, curas e ensinando almas a despertarem para a vida eterna. No entanto, poucos perceberam a sua elevadíssima mediunidade psíquica.

Resposta: - As cores áuricas mudam de acordo com o momento ou propósito de cada criatura, dependendo da situação e da intenção; depois, voltam às suas tonalidades fundamentais.

Um intelectual, por exemplo, mesmo que seja extremamente racional, poderá, em determinado momento, observando o sagrado ato de uma mãe amamentando o filho, desarmar-se a ponto de sentir o divino tropismo da Luz do Criador e brotar-lhe do íntimo "saudade de Deus". Sendo o azul a cor do religare, naquele instante ele entrou em contato consciente ou inconscientemente com a frequência da religiosidade, embora logo após o crístico impulso tenha voltado à sua realidade, que é a cor amarela.

Uma pessoa desarmada, contemplando a beleza poética de um beija-flor alimentando-se com o néctar da flor, poderá emocionar-se com a Criação e entrar em contato psíquico-mediúnico com planos energéticos habitados por consciências espirituais estimuladoras do impulso íntimo que causa motivação para a vida. Na verdade, tal criatura entrou em dimensões cujas características são as dos que habitam a faixa da cor verde, mesmo que o verde da arte, da beleza poética, não seja a sua cor básica. Fica evidente, assim, que o homem é o que ele pensa.

Pergunta: - Sabemos que a Terra, como massa planetária, é o "corpo" do Cristo que a criou, conforme anunciado por Ramatís. O que leva as pessoas a refazerem suas energias quando estão em ambientes mais naturais, como florestas, cachoeiras, rios, mares etc.?

Resposta: - A essência do Cristo é a mesma em qualquer ambiente e em qualquer plano, mas nos lugares não contaminados com as formas de pensamento geradas por mentes humanas quando desarmonizadas, os fluxos das energias Criador-criatura são mais fáceis e mais abrangentes. Daí o refazimento energético ser bem natural e mais rápido. O prana, nesses lugares, é mais "puro".

A natureza é pródiga em recursos para captação, decodificação e condensação do magnetismo cósmico. Assim, só em o ser humano respirar nessas ambiências místicas, onde a natureza, na condição de sagrado laboratório, transmuta as energias do cosmo para adaptá-las às múltiplas necessidades dos seres vivos, é suficiente para o seu restabelecimento biopsicoenergético.

Em ambientes mais naturais, os elementais têm relevante atuação no quimismo vital em benefício dos reinos mineral, vegetal, animal e hominal.

O ser humano sempre absorverá magnetismo vital do Cristo planetário, independentemente da localidade em que se encontre, pois Ele é onipresente na Terra, mas os campos energéticos sem perturbação mental dos humanos nem poluição sonora ou química são mais saudáveis.

Pergunta: - Os aromas dos ambientes naturais também são terapêuticos?

Resposta: - Tudo criado em nosso orbe é manifestação do Cristo planetário terráqueo. Portanto, o que advém do Cristo-Criador e é assimilado pelo Cristo-criatura, por transportar a essência da Vida – Deus, é salutar. Assim como os sabores têm excelente participação no sistema endócrino[2] do ser humano, os diversificados odores desempenham papéis importantíssimos nas zonas sensoriais do cérebro, estimulando os homens a fraternalmente se aproximarem dos homens. Da mesma forma, a música e as cores são aglutinadoras de consciências afins.

Pergunta:- Ramatís, em suas obras, exalta a participação do Cristo em nossas vidas e na vida da Terra como um todo. Embora a literatura espiritualista seja riquíssima para ilustrar e afirmar categoricamente a integração do Cristo-Criador ao Cristo-criatura, é possível descrever algum exercício que possa nos auxiliar no despertar de nosso Deus interior?

Resposta: - Comecemos por reproduzir a terminologia sideral quanto à palavra Cristo que, segundo Ramatís, significa Amor Universal. Ao conceber que somos Cristos-criaturas, o

---

2 O sistema endócrino é formado pelo conjunto de glândulas que apresentam como atividade característica a produção de secreções denominadas hormônios, que são disponibilizados na circulação sanguínea pelas glândulas endócrinas, como, por exemplo, pâncreas, suprarrenais, tireoide, ou, diferentemente destas, expelem substâncias para fora através das glândulas exócrinas, como as sudoríparas. Fonte: <https://pt.wikipedia.org/wiki/Sistema_end%C3%B3crino>.

exercício mais simples e objetivo para trazer ao consciente a essência do Cristo Amor é aprender a amar, convictos de que, quanto mais amarmos, mais dilataremos a consciência da fagulha do Cristo que somos e açambarcaremos maior cota de Deus.

Exercitemos trazer à tona a nossa Chama Crística, imaginando:

- O bailado crístico dos 12 Cristos planetários em torno do Cristo solar de nosso sistema.
- A resplandecente aura esférica em torno do Sol criada pelos Cristos planetários à sua volta.
- Os Cristos dos 12 planetas do nosso sistema movimentando os Seus mundos, dentro da esfera-luz do Cristo solar, todos sincronizados entre Si e, ao mesmo tempo, com o Cristo do astro rei.

Uma vez que é nosso sagrado objetivo trazer ao consciente os atributos divinos intrínsecos à nossa alma, pensemos nos Cristos criadores... Pensemos na grandeza-luz dos seres arquiangélicos e multipliquemos a frequência de nosso pensamento por milhões de vezes, para termos vaga noção do grau de consciência já adquirido por esses engenheiros siderais... Vislumbremos o "corpo" do Cristo solar em sua natural desintegração atômica, transformando-se em energia-luz para prover os mundos criados pelos Cristos planetários que descrevem elipses à sua volta em movimentos harmônicos.

Portanto, um excelente exercício para auxiliar no despertar de nosso Cristo interno é nos projetarmos em devaneios luminosos para o eternamente novo, convictos de que assim estaremos dilatando a nossa consciência e exercitando a nossa superconsciência.

Pergunta: - Uma vez que somos Cristos-criaturas, existe algum meio para vermos o Cristo-Criador?

Resposta: - O Cristo é intrínseco à toda criação da Terra. É Ele quem intermedia a essência vital de Deus – o Criador da Vida, para manter vivas as vidas de nosso mundo. Não queiramos, evidentemente, formatar o Cristo em uma figura humana terrena, tendo em vista a diferença de frequência entre uma consciência arquiangélica e nós, alunos de um curso primário espiritual.

Por causa de nossa pouquíssima evolução, um Cristo não pode ser visto na individualidade espiritual, mas apenas sentido como essência espiritual e visto na diversidade de Sua criação. O perfume do imaculado lírio que sentimos advém do Cristo-Essência... O Nazareno Mestre polarizou as energias do Cristo-Vida para curar magnificamente os corpos chagados.

Assim, o Cristo-Criador é visto em Sua criação; sentido por meio da percepção extrassensorial e ouvido por meio das filigranas da alma, cujo som sem som só a nossa essência espiritual identifica. É uma ligação Cristo-criatura / Cristo-Criador, sem intermediários externos de qualquer natureza.

* * *

Cristo é sinônimo de Amor Universal. Assim, nós, Cristos-criaturas, só conseguiremos entrar em ressonância com o Cristo-Criador pela via interna de nosso coração, ou seja, por meio de atitudes e ações que identifiquem amor ao Criador e às criaturas.

Por ser constante universal, todos nós, fagulhas de Deus, em cada ato de amor estamos interagindo com o Cristo – a consciência alimentadora da vida planetária. Ou seja, amar-se é criar alicerce sagrado para quem pretende entrar em sintonia com o Cristo-Amor.[3]

Por não existir no vocabulário terreno palavras que identifiquem integralmente o que significa entrar em ressonância com o Cristo:

• Imaginemos o estado de enlevo, júbilo e êxtase divino em que ficaram as pessoas que já sentiram o Cristo... Que sentiram e identificaram as ondas do puro amor... Do amor incondicional... Do amor universal.
• Por conceber que a essência da mensagem evangélica do Nazareno Mestre é bússola a nortear a moral e a ética da sociedade terrena, procuremos melhorar o nosso sentimen-

---
3 Nossos vícios identificam desamor, ingratidão ao Criador que nos oportunizou nova reencarnação. Daí a necessidade premente de nos evangelizarmos para valorizar a vida, pois nossos vícios são antivitais.

to para, com mais abrangência, interpretar a Sua crística mensagem e sentir o Sublime Mensageiro Celeste – Jesus de Nazaré.

• Jesus, quando encarnado, ao entrar em ressonância com o Cristo, metamorfoseou-Se em mais luz, mais poder criador, mais vida e passou a ser a janela humana por meio da qual o Cristo-Pai Se tornou audível e visível aos sentidos dos encarnados, a ponto de dizer: "Eu e o Pai somos um, porém o Pai é maior do que Eu". A nossa esperança é sentir o Nazareno Mestre, convictos de que estaremos sentindo o Cristo-Pai.

* * *

Adventos Crísticos – A proposta de renovação do Cristianismo está embasada nas Leis da Evolução. Com tal inconteste realidade, evitaremos alimentar em nosso íntimo as fantasias dos religiosos sem religiosidade, de forma que os humanos que formam os quatro pilares da sociedade não abandonem a incessante e eterna busca dos conhecimentos transcendentes, tendo em vista que o desenvolvimento intelectivo deve está em equilíbrio com o progresso moral.

Uma vez que somos Cristos-criaturas, entrar em ressonância com o Cristo-Criador só será possível pelas vias internas do coração, conforme temos falado. Ou seja, uma vez que o Cristo-Criador é onipresente na Terra, todo ato de amor praticado pelo Cristo-criatura, devido à Lei dos Afins, repercute no Cristo-Pai.

Avaliemos, atentos à logicidade das Leis de Deus:

> • Em determinado momento na escala do tempo, por ignorância, na condição de criaturas sencietes[4], nos flagelamos e abraçamos o sofrimento como força impulsionadora de nossa evolução espiritual. Atualmente portadores de visão mais dilatada quanto aos mecanismos das Leis da Ascensão, não comungamos com tais necessidades. Nosso paradigma deve ser conhecer as Leis da Evolução, trabalhar a nossa reforma íntima e aspirar à progressiva e eterna felicidade. Isso porque sofrimento sem compreensão não liberta a alma de seus cativeiros psíquicos.

---

[4] Senciência é a "capacidade de sofrer ou sentir prazer ou felicidade". Não inclui, necessariamente, a autoconsciência.

• Considerando o atual grau evolutivo do espírito terreno, a proposta de Os novos rumos do Cristianismo apoia-se nas constantes universais para não continuarmos estagnados, presos aos ensinamentos de épocas mortas, os quais já não possuem nutrientes que alimentem a esperança nos indivíduos na Era do Mentalismo.

• Chegou o momento de compreendermos como funcionam as leis universais responsáveis por nossa evolução espiritual... De descobrirmos e entrarmos no ritmo que sinalize equilíbrio entre a razão e o sentimento.

Por sabermos que somos partes não apartadas do Criador, deduzimos que não existe um só ato praticado por nós que fique isolado do Todo – Deus. Percebe-se, dessa forma, que evoluir para ascender se dá na mesma proporção de nossa integração às demais criaturas. Isoladamente não sairemos do lugar. Em muitos casos, nem mesmo depois do desencarne abriremos mão de nossa estagnação infrutífera. É o eterno apego a valores sem valor para o espírito, que, intuitivamente, sabe que precisa comungar com o eterno vir a ser, considerando que a evolução não tem ponto final.

* * *

Sublime Anjo, Jesus de Nazaré!...
Ampara-nos em nome do Supremo Pai – o Artífice da Vida, a fim de que consigamos implantar em nossa consciência a sagrada proposta dos Adventos Crísticos!
Que, alimentados pela crística emoção de sermos Seus representantes na Terra, não nos desvinculemos dos propósitos nobres!
Que todos, de todos os quadrantes da Terra, mergulhem conscientemente na esfera-luz de Maria, a Santíssima Mãe da humanidade e Patronesse dos Adventos Crísticos, e sintam-se protegidos pelas energias advindas de Seu Sagrado Coração.

13. Consciências ascensionadas

Pergunta: - Em que situação os espíritos ascensionados se comunicam mediunicamente com os encarnados no intercâmbio plano Luz/plano Terra?

Resposta: - O mais comum nessas ligações interplanos de alto nível é o inverso, ou seja, plano Terra/plano Luz, considerando que os espíritos superiores estão permanentemente atentos às nossas necessidades e aos nossos apelos. Assim, devem partir de nós a vontade e a preparação espiritual e biológica, de forma que estejamos em condições para conectá-los.

Os espíritos evoluídos, principalmente os ascensionados, para uma comunicação clara e objetiva, precisam que os médiuns que irão recepcioná-los tenham o sagrado hábito do silêncio interior, capacidade acentuada para distinguir estímulos sensoriais de procedência dos planos divinos, flexibilidade mental e inclinação natural à abstração, pois os portadores de ideias concretas encontrarão mais dificuldades.

Em muitos casos, os espíritos comunicantes se utilizam da "audição mental" do medianeiro, cabendo a ele decodificar o pensamento do espírito e retransmitir para a dimensão dos encarnados com o seu vocabulário, de acordo com a sua capacidade retransmissora.

De modo geral, por estarem as superconsciências dos planos luminosos acentuadamente acima da frequência da mente dos encarnados comuns, muitos médiuns, mesmo imbuídos de boa vontade, não conseguem captar na íntegra e com clareza a ideia do comunicante, passando uma mensagem que parece sem sentido e sem objetividade. Tenhamos em mente que, na maioria das vezes, a deficiência é do receptor. Existem também orientações espirituais que, de imediato, os encarnados não conseguem decifrar. Mas é proposital, para levar o ser humano à reflexão, de modo que, fazendo uso de outros conceitos, possa encontrar nas entrelinhas a interpretação da mensagem subjetiva existente além da letra. É exercício para melhorar a percepção metafísica e treinar a superconsciência dos encarnados. Como exemplo, temos as profecias.

Pergunta: - Existe algum preparo específico para o médium conseguir recepcionar melhor as comunicações dos espíritos superiores?

Resposta: - Às vezes, o médium não possui preparação escolar, mas traz excelente cabedal de outras vidas. Nesse caso, se já tiver incorporado a humildade como patrimônio sagrado da alma, por meio dele a espiritualidade realizará esplendorosas obras.[1] No entanto, não significa que as criaturas intelectualizadas não possam prodigalizar, deixando também seus crísticos rastros luminosos como contributo à sociedade.

Para melhorar a recepção entre o Céu e a Terra, o médium deve:

- Exercitar eternamente a humildade, se sentindo, verdadeiramente, um intermediário entre as consciências superiores e as necessidades de seus semelhantes.
- Ter em mente que os ensinamentos evangélicos do Nazareno Mestre, quando vivenciados, são remédios sagrados para a alma e para o corpo, sem efeitos colaterais de qualquer natureza. Portanto, evangelizar-se é tarefa sagrada de todas as criaturas.
- Alimentar em seu mundo íntimo expectativas que transcendam à existencialidade, convicto de que lhe vai surgir o impulso crístico para se tornar operante nas causas planetárias, tendo em vista que anjos, arcanjos, querubins, serafins e demais espíritos superiores, que vivem integrados à pulsação cósmica, não se detêm às questões das individualidades humanas e, sim, às necessidades coletivas.

---

[1] Magníficos exemplos: Jesus só fora alfabetizado, segundo Ramatís; Chico Xavier tinha apenas quatro anos de estudo escolar.

O exercício preparatório para o médium ter condições de entrar em ressonância com os espíritos luminosos é:

- Viver transparentemente à Luz do Evangelho.
- Projetar-se transbordante de júbilo espiritual rumo à eternidade, para exercitar a superconsciência e, ao mesmo tempo, ativar suas milenares e crísticas experiências de vidas pretéritas, regurgitando da memória latente a intuição e, também, recebendo as inspirações advindas das consciências que orientam a evolução espiritual da humanidade terrena.
- Por saber que em todo o universo criado existe o ponto e o contraponto (o positivo e o negativo), deter-se no lado positivo e luminoso dos acontecimentos e da vida, tendo a certeza de que o milênio em curso – momento do mentalismo crístico – solicita equilíbrio de todos, principalmente de quem pretende, mediunicamente, fazer a ponte entre as potestades celestes e os encarnados terrestres.

Pela logicidade da Lei do Criador, o preparo mais específico para o médium recepcionar melhor as comunicações dos espíritos superiores é a sua evangelização.

Pergunta: - É possível sinalizar algumas mudanças na conduta humana, à medida que o Cristianismo Renovado for assumindo seus novos rumos?
Resposta: - Quando se trata de evolução espiritual, a natureza não permite saltos abruptos, a fim de que o espírito finque os seus alicerces em rocha firme que resistam aos vendavais existenciais. Também sabemos que, em latência, somos portadores dos atributos divinos.

Os fenômenos da natureza, cada vez mais acentuados, servirão para acelerar a chama crística do espírito eterno e imortal nesta fase de transição planetária. Tais fenômenos levarão o ser humano a sentir "saudade de Deus". Consciente quanto à finalidade sagrada do existir para adquirir conhecimentos transcendentes, evoluir e ascender, ele, jubiloso e entusiasmado com os Haveres dos Céus, se motivará pela causa crística proposta pelo Cristianismo Renovado. E, dessa forma, desencadeará a ideia que se propagará pelo nosso planeta por meio do éter cósmico em ondas de sacralidade evangélica, sustentadas pelas consciências arquiangélicas.

Como o nosso propósito é difundir a divina ideia do Cristo planetário representado pelo Nazareno Mestre, todo o universo interagirá para centuplicar a frequência de propagação dos novos rumos do Cristianismo. O próprio vento, sob os auspícios de Ariel, a divindade do ar, se encarregará de levar a ideia crística aos rincões do nosso orbe em ondas de afabilidade, ternura, carinho, benevolência, mansuetude e amor, pois essa é a vontade do Cristo-Amor presente em toda a Terra.

Pergunta: - *Nessa propagação da divina ideia para "acordar" as potencialidades da alma, visando a que ela abrace a causa crística – divulgar o Cristianismo Renovado – e dê a sua contribuição à sociedade, de que forma as consciências ascensionadas participam e ajudam?*

Resposta: - Os espíritos que habitam as incontáveis dimensões espirituais formam correntes de pensamento, cabendo ao encarnado entrar nos planos energéticos de acordo com a sua capacidade mental para usufruir das benesses advindas desses contatos vibracionais interplanos.

Ressaltamos que, quando o impulso para o colóquio com as consciências ascensionadas parte dos encarnados, facilita substancialmente a ligação, considerando que os espíritos integrados aos planos dos bem-aventurados formam assembleias de luzes policromáticas que se colocam entre a vontade de Deus e as necessidades dos homens.

Por ser inconteste que, quanto mais o espírito ascende, mais se integra à pulsação da Mente Suprema – Deus, podemos deduzir qual é a maneira mais adequada para, por processo natural e meritório, sermos agraciados pelos espíritos superiores.

Imaginemo-nos imersos em uma dimensão cujas ondas de pensamentos identificam vibrações crísticas. Caso a nossa ideia seja transportar energias da essência de nosso imaculado Cristo interno, entraremos, por ressonância, em contato com as formas de pensamento daquele plano luminoso. Naturalmente, a nossa sacra ideia receberá da divinal ambiência um quantum extra de energias que acelerará a sua propagação por meio do éter cósmico polarizado pela mente humana. Uma vez que o homem é o que ele pensa, projetemo-nos para a colorida dimensão em que os arcanjos Miguel, Gabriel, Rafael, Uriel, Jofiel, Samuel e Ezequiel estejam reunidos, levando conosco para esse esplendoroso ambiente cromático a luminosa ideia de divulgarmos o Cristianismo Renovado. Esses arcanjos estão permanentemente ligados ao Cristo-Pai, que é onipresente na Terra. Indubitavelmente, nossas ondas mentais, transportando a sacrossanta e evangélica ideia de fazermos chegar aos quatro cantos do planeta os ensinamentos do Cristianismo Renovado, ao entrarem, por ressonância, na frequência das consciências arquiangélicas, são espontaneamente centuplicadas por milhões de vezes.

Os metafísicos registram as saudáveis mudanças na psicosfera do ambiente de atuação dos seres humanos imbuídos de propósitos superiores e, de maneira subjetiva, a crística ideia faz eco edificante na consciência dos encarnados, os quais refletem essas dádivas para o meio em que estejam executando o seu labor, auxiliando, assim, outros encarnados e, também, os desencarnados inibidos por razões quaisquer, para que despertem quanto aos Haveres dos Céus.

As sublimes ideias são responsáveis pelos magníficos acontecimentos do mundo, embora a maioria das pessoas não registre objetivamente que seus luminosos pensamentos e suas crísticas aspirações contribuem para a formação de campos divinamente iluminados e luminosos em torno da Terra.

Quantas vezes nossa alma, em momentos de hipersensibilidade, "ouve" os cânticos maviosos do universo e, mesmo sem reconhecer a procedência, se motiva para a vida, vivendo alegre e festivamente, seguindo a santificante terapêutica contida no Evangelho do Sublime Peregrino – Jesus de Nazaré?!

Por sermos partes não apartadas do Cristo-Criador da Terra, cada pensamento nosso que carreie energias geradas pela nossa chama crística estará cooperando para que nossos semelhantes de todos os matizes psicológicos, ao entrarem em sintonia com esses campos energéticos na frequência dos espíritos arquiangélicos, sejam beneficiados e se motivem pela causa do Cristo, representado pelo Nazareno Mestre – nosso amado Jesus.

***

Em épocas recuadas, devido à nossa infância espiritual, as consciências ascensionadas não foram concebidas por nós a ponto de fazerem parte de nossas aspirações. A nossa ideia era que elas habitassem as planuras celestes, enquanto nós ficaríamos aqui, com nossos sofrimentos terrestres.

Vencida essa fase infantil, o ser humano, por conhecer melhor as leis de Reencarnação e de Causa e Efeito, já não ficará empolgado para suplicar aos Céus, valendo-se dos espíritos ascensionados, tão somente a aquisição de bens externos, mas terá grande desvelo para trazer de seu universo interno ao seu consciente os atributos de Deus, com auxílio dos espíritos superiores.

Assimilada a proposta do Cristianismo Renovado:

- Surgirá no homem-espécie, de maneira tranquila e natural, a quietude interior. Ele, mais harmonizado com a divindade, irá empenhar-se com segurança e altivez para vivenciar novos patamares ético-morais, convicto de que os Céus são conquistados na Terra. Dessa forma, sem sofrimento nem lamúrias, abdicará da ânsia do ter transitório para enriquecer-se do ser eterno – Deus em si.
- Os espíritos superiores formam correntes de pensamento, sendo que todos são empenhados em uma só causa – o despertar do Cristo interno da criatura humana para a glória do Cristo-Pai. Com o Eu Crístico em ação consciente, surge na vida da pessoa a sagrada alegria de viver para aprender a ser útil aos semelhantes.
- O indivíduo, ao sentir as consciências ascensionadas, nota sua percepção se expandir... Percebe aumentar sua interação com a mãe natureza... E, naturalmente, se torna mais expressivo e atuante na obra de Deus.

É possível notar em nós as alterações psicoemocionais-espirituais e somáticas, com a simples leitura que estamos fazendo, quando vamos delineando os novos rumos do Cristianismo. Portanto, não nos descuidemos. Renovar o Cristianismo é renovar o cristão... É renovar a sua relação com a Divindade Suprema – o Autor da Vida – e com os demais filhos do mesmo Pai-Criador.

Permitam os Céus que as consciências evoluídas, ascensionadas, angélicas, arquiangélicas e as demais que integram as mansões celestiais façam parte de nossas aspirações luminosas!

* * *

Adventos Crísticos – Por ser constante universal a evolução dos planos físico e metafísico, o Cristianismo Renovado propõe novas reflexões aos espíritos que já comungam com o eterno transformismo. Assim, quem vai frequentar o curso secundário na Era do Mentalismo precisará de uma nova teologia.

Os espíritos angelicais e os arquiangélicos, de modo geral, não fizeram parte, como processo natural, da cultura religiosa terrena. Mesmo ignorados, nem por isso deixaram de agir em benefício da humanidade.

Com a mediunidade em crescente divulgação e compreensão no conjunto planetário, independentemente de as religiões aceitarem ou não, tal fenômeno, por ser processo natural devido à evolução espiritual da sociedade, é possível deduzir as maravilhas que os encarnados vivenciarão em seus próximos instantes, com comunicações interplanos muito além das experiências vividas.

Em função da evolução da mediunidade cada vez mais psíquica e menos fenomênica, o médium vai se tornando mais consciente, com a possibilidade de, se estudioso, equilibrado e harmonizado com o seu guia espiritual, haver uma tão perfeita unificação entre os dois que será difícil distinguir o receptor do transmissor.

É bom ressaltarmos que não estamos restringindo a mediunidade ao pilar religioso, tendo em vista que o fenômeno mediúnico engloba os quatros pilares da sociedade.

14. Amor ativo

Pergunta:- Embora o ser humano terreno já esteja sob os auspícios de Aquário para exercitar a sua força mental, por que ainda se cultua tanto o amor contemplativo?

Resposta: - Jesus, o Arauto da Divindade a serviço do Cristo na Terra, foi o mais fidedigno intérprete da Mente Criadora. Entre todos os humanos de todas as épocas foi Ele quem demonstrou maior capacidade de amar, servindo de maneira incondicional e ensinando Seus semelhantes a vivenciarem o amor. Sem titubear, o cristão deve atentar para Suas palavras: "Dei-vos o exemplo, para que, como eu vos fiz, assim façais também vós" (João, 13:15).

As pessoas que têm capacidade para amar, devem:

- Tornar-se operantes, de preferência silenciosamente, ensinando e divulgando a palavra do Cristo-Amor.
- Convidar as demais criaturas a abraçarem a mesma causa e, unidos e movidos pelo mesmo ideal crístico, dirijirem-se para o campo chamado humanidade, para arar a terra com alegria e semear a sacra notícia do Cristianismo Renovado.
- Demonstrar para as demais criaturas de Deus os seus vínculos com o Cristo-Amor. Que as suas vozes transportem o magnetismo da Divina Luz do Nazareno, nosso muito amado Mestre. Por fim, façam com que as pessoas sintam o perfume de suas almas e a musicalidade de seus corações.

Assim, os seres humanos motivados para alcançar a bonança, para entrar em ressonância com o Cristo-Pai, em plena Era de Aquário, era da força mental, não serão contemplativos.

Pergunta: - Se considerarmos o evoluir como a expansão do amor latente em nós, que técnica poderá ser usada para identificar se o nosso amor é operante ou contemplativo?

Resposta: - Tendo em vista que já temos evolução suficiente para assumir a nossa maioridade espiritual, o ideal é cada qual se autoanalisar, refletir sobre o seu cotidiano, sem aguardar reconhecimento externo.

Reflitamos sobre algumas constantes universais, para saber se o nosso amor é verdadeiramente operante ou contemplativo:

- Quanto mais a pessoa aumenta o seu tempo emocional, motivada com aquisição de conhecimentos transcendentes, mais vibra em frequências progressivamente elevadas, razão pela qual vai se libertando do plano material.
- A elevação da frequência tem como consequência a alma vislumbrar mais luz, mais verdade, mais Deus e sentir-se integrada à orquestração divina, na condição de membro operante e importante no concerto harmônico do universo.
- A criatura, ao conceber que é parte inseparável do Criador, não consegue mais cruzar os braços contemplando as obras alheias, pois lhe surge, naturalmente, a força impulsionadora da vida e, jubilosa, ela transforma a sua existência em hino de louvor à vida, tornando-se útil ao Autor da Vida – Deus, dando a sua contribuição à sociedade.
- A partir do estágio evolutivo em que se reconhece o sentido sagrado da vida, surge na alma a irrestrita gratidão. A pessoa passa a agradecer por tudo que fizer parte de sua encarnação em todos os sentidos, até mesmo dores e sofrimentos. Diante das situações mais adversas, por exemplo, ela não perde a vibração de sua harmonia interior, por reconhecer a perfeição das Leis do Supremo Legislador – Deus.
- Sendo a gratidão um sentimento de elevada magnitude da alma, como consequência advêm ao praticante dessa sagrada atitude efeitos salutares ao seu organismo. A gratidão produz elementos químicos de alto significado psicoterapêutico, para se viver com alegria e motivação íntima. Logicamente, ser simpático, festivo, afetuoso, alegre etc. é sabedoria que mantém a saúde psíquica, a qual gera a emocional e a corpórea.
- Somos conhecedores de que a moral cristã é amar a Deus sobre todas as coisas. E, por sabermos que o amor incondi-

cional não tem ponto final na trajetória evolutiva do espírito eterno, a nossa capacidade de amar é progressiva. Assim, por ser eterna a evolução, o espírito, ao graduar-se à plenitude do amor, termina o seu deslocamento obedecendo ao tempo e ao espaço. Ele passa a expandir eternamente a sua consciência, tornando-se, por evolução, onipresente em relação a um corpo celeste, um sistema de corpos, uma constelação, uma galáxia etc., graduando-se, por mérito, a um espírito universal na condição de um Cristo Cósmico que açambarca todas as galáxias. Como a evolução não tem ponto final, os Cristos Cósmicos também continuam evoluindo, pois só Deus é a perfeição absoluta.

• À medida que a moral se expande na consciência do ser humano, a ética assume a dianteira na condução de sua vida relacional, a princípio restrita a pequenos grupos, para expandir-se ao conjunto planetário, galáctico e universal. De onde se percebe que é amando a Deus sobre todas as coisas que se adquire condição para amar ao próximo como a si mesmo.

Fica evidente, assim, que, de maneira lógica, os seres humanos que integram os quatro pilares da sociedade compreenderão quanto à necessidade de colocar a crística mensagem do sublime anjo planetário – Jesus de Nazaré – na pauta da vida.

Pergunta: - Pelo exposto, fica claro que, quanto mais se ama, tem-se mais ação em benefício próprio e aspira-se a servir à coletividade de maneira incondicional. De que forma a pessoa deve trabalhar-se para desenvolver as suas potencialidades latentes?

Resposta: - Na Era de Peixes, o espírito terreno foi oportunizado a desenvolver a sua capacidade de amar, cada qual dentro de seus limites. Logicamente, em Aquário, principalmente nos primeiros séculos, irá consolidando o amor que despertou em si nas vivências crísticas e foi abrindo expectativas para trazer à tona a sua força mental, a sua Força Superior, a força da fagulha de Deus latente nele.

Com os nobres sentimentos mais aflorados, de maneira natural o ser humano viverá melhor consigo e conviverá com as diferenças de forma mais harmônica, mais evangélica.

Somos conhecedores de que:

- Moralmente melhores, nossos sentimentos sofrem saltos quânticos, pois o nosso Deus interior aumenta a sua frequência e entra em ressonância com o Cristo-Pai.
- Por ser o Cristo-criatura portador de todos os atributos divinos, compete-lhe, por esforço pessoal, vivenciar a mensagem evangélica do Nazareno Mestre em plena luz do dia, convicto de que, dessa forma, conseguirá trazer ao consciente as suas potencialidades latentes. Assim, estará despertando o seu Deus interior, sem precisar, necessariamente, dos rituais litúrgicos convencionais.
- Na Terra, durante o período do curso primário da humanidade, a razão se sobrepôs ao sentimento. Atualmente, os espíritos empenhados na formatação meritória da sociedade para o curso secundário estão imbuído de propósitos crísticos, visando a equilibrar o intelecto com o sentimento.

Com a razão e o coração em harmonia:

- Terminam as guerras internas do homem e, consequentemente, as externas... A princípio, torna-se pacífico e passa a trabalhar-se para graduar-se à condição evangélica de pacificador.
- A mensagem crística do Nazareno Mestre desempenha o sagrado papel de trazer à tona as virtudes do ser humano, seja ele da procedência que for, pois o Evangelho é a síntese da Lei de Deus e esta, como se sabe, regula o homem essencial, independentemente de sua condição existencial.
- Às criaturas espiritualmente mais evoluídas cabe a sacra tarefa de iluminar consciências, ensinando-lhes a sagrada arte de viver neste crístico e crítico momento de transição planetária.

A forma mais objetiva em que o ser humano deve trabalhar-se para desenvolver as suas potencialidades latentes é amar. A nossa atual evolução espiritual já nos permite conceber que, quanto mais se ama, tem-se mais ação, visando ao próprio polimento espiritual e aspirando a servir à coletividade de maneira incondicional.

* * *

É evidente que o amor contemplativo não terá nutrientes para alimentar a sociedade na Era do Mentalismo. O momento requer que aremos e adubemos o planeta Terra para um novo plantio adequado aos espíritos na fase de regeneração e progresso. Em seguida, que reguemos a nossa semeadura com a água evangélica de nossa cascata íntima e a aqueçamos com o sol do nosso Eu Crístico, convictos de que o Cristo-Pai faz parte inconteste de nossas ações nobilitantes.

Neste sagrado momento em que o nosso mundo encontra-se atravessando a constelação das Plêiades, ajoelhemo-nos no genuflexório chamado planeta Terra e oremos ao Cristo, Senhor Nosso e Irmão Maior... Invoquemos os espíritos superiores que habitam as luminosas regiões do universo estelar e, silenciosamente, ouçamos as músicas celestiais orquestradas pelo Maestro Divino – Jesus de Nazaré, a fim de termos força-energia para contribuir com a implantação do Cristianismo Renovado na consciência dos humanos terráqueos.

* * *

Pergunta:- É possível caracterizar a postura da sociedade quando ela assumir a sua maioridade espiritual?

Resposta: - A Terra, durante o período de expurgo apocalíptico nesta fase de transição planetária, está recebendo uma cota extra de energias canalizadas pelas superconsciências, visando, sobretudo, a manter a psicosfera em condições sustentáveis, para que o mal não se sobreponha ao bem. Daí a necessidade crística de o homem *orar e vigiar*, evitando que aqueles já classificados para o curso secundário terreno, mas ainda um pouco oscilantes, não titubeiem, pois o momento é divinamente crístico e incontestavelmente crítico. Não vacilar é o nosso mister.

A sociedade, assumindo a maioridade espiritual, sem menosprezar a razão, naturalmente dará mais vazão ao sentimento superior, já que este, até agora, não fez parte da maioria da humanidade. Graduada ao curso secundário, com mais facilidade assimilará os ensinamentos evangélicos lecionados por Jesus, o pedagogo sideral a serviço do Cristo-Pai na Terra.

Vejamos:

- Após o espírito terreno, fazendo uso da inteligência, ter conquistado uma parcela do universo externo nesses milênios vencidos, de agora em diante a sua característica mais notória será a dedicação para melhorar a sua sensibilidade psíquica, regurgitar de seu universo interno os mais crísticos sentimentos e trazer à tona os divinos atributos de Deus, latentes em seu mundo íntimo.
- Além das energias oriundas do cosmo em benefício da humanidade, os encarnados mais lúcidos quanto à necessidade de assumir a maioridade espiritual, juntamente com os desencarnados luminosos, estão esterilizando os campos áuricos da Terra para mantê-la envolta em psicomagnetismo de alto teor.
- Outra característica dos zeladores pela harmonia do conjunto planetário é que, por serem portadores de sentimentos mais elevados, vivem em paz em seu mundo pessoal e, assim, a convivência com os semelhantes é agradável e salutar... Exala deles um magnetismo diferenciado... Esses indivíduos têm uma maneira peculiar de sentir o Autor da Vida e de dar sentido sagrado à vida. Tais atitudes são magnificamente salutares para a vida planetária.

Para a pessoa expressar o amor ativo e criativo, será sempre nas mesmas proporções que ela melhorar os seus sentimentos. Para obter bons resultados, é indispensável adquirir a harmonia interior, a fim de ter condições de ouvir a voz do coração. A voz da razão poderá, pelo conhecimento, conduzir o espírito até à porta do Céu, mas para adentrá-lo, ele precisará falar através do coração.

* * *

É necessário que cada pessoa mais credenciada à luz do evangelho, por meio das ações no dia a dia da vida, mantenha o significado mantrânico da palavra sagrada AMOR, para que ela não perca o seu poder iniciático. Portanto, para que o amor se torne ativo, é indispensável que a criatura se trabalhe para ter condições de operar maravilhas na vida de seus semelhantes.

Por isso, é sagrado ter ação transparente, de forma que demonstremos, à luz do dia, ser portadores de amor ativo. É relevante relembrar que os discursos de conveniência não estão amparados pelas Leis de Deus.

Para exemplificar o nosso amor ativo nas atitudes:

- Devemos banir de nossas aspirações o sentimento de poder para dominar e oprimir nossos semelhantes.
- Evitar a autovalorização em função de nossos feitos. Apenas sejamos operantes, pois exigir o reconhecimento social por causa da obra que realizamos é conduta mental não condizente com a mensagem evangélica do Sublime Peregrino – Jesus de Nazaré.
- O Nazareno Mestre sugeriu que servíssemos com uma mão sem que a outra visse. Assim, não queiramos adjetivar os nossos feitos. Procuremos tão somente colocar, silenciosamente, o nosso amor a serviço da vida.

* * *

Que o Autor do Amor alimente a nossa fé e a nossa esperança, com o sagrado objetivo de transformarmos a essência doutrinária do Evangelho de Jesus – o Anjo do Amor, em vivência sob a luz do Sol!

* * *

Adventos Crísticos – É chegada a hora de os homens se unirem aos homens, pois o momento apocalíptico exige sacrifício de todos. Terminou o tempo de considerar, por ignorância quanto às leis universais, os nossos semelhantes como se fossem inimigos, quando, na verdade, são companheiros de jornadas nas escolas planetárias, vivendo ainda na fase evolutiva de erros e acertos.

Nos instantes conclusivos de mais um *juízo final* na Terra, fim de mais um ciclo planetário, é também momento de *separar o joio do trigo*.

Façamos uma autoavaliação:

• Se descobrirmos que temos rival encarnado, de imediato procuremos nossa reconciliação com ele, atendendo ao que consta em Mateus (5:23-26): "Se estás, portanto, para fazer a tua oferta diante do altar e te lembrares de que teu irmão tem alguma coisa contra ti, deixa lá a tua oferta diante do altar e vai primeiro reconciliar-te com teu irmão; só então vem fazer a tua oferta. Entra em acordo sem demora com o teu adversário, enquanto estás em caminho com ele, para que não suceda que te entregue ao juiz, e o juiz te entregue ao seu ministro e sejas posto em prisão. Em verdade te digo: dali não sairás antes de teres pago o último centavo.

• Observando as leis que regem a evolução espiritual, sabemos que, se houver conflito entre duas criaturas que tenham o mesmo teor energético, é porque, além de pertencerem ao mesmo tipo biológico, têm evolução similar. Sem reconciliação, porque a pouca evolução espiritual alimenta-lhes o orgulho, as duas serão transferidas para outra escola planetária inferior à evolução da sociedade terrena.

• Atentemos para os ensinamentos universais, a fim de responder ao empuxo energético das novas realidades que as Leis da Evolução exigem dos espíritos que pretendem se credenciar para continuar reencarnando na Terra. Para tal, elaboremos ideais a serem alcançados, mas que estes não sejam vinculados a interesses pessoais, tendo em vista que já temos evolução para focar os ideais transcendentes, aqueles que fazem parte das verdades inseridas nas constantes universais.

Nunca queiramos impor as nossas verdades por qualquer meio, muito menos pela força, pois tal atitude demonstra fraqueza. Não nos esqueçamos de que nem Deus impõe. Ele apenas dispõe e aguarda que assimilemos as leis que regem o universo.

15. Vida e saúde na Era do Mentalismo

Pergunta:- Na Era do Mentalismo, em que aspectos a vida mental do ser humano contribuirá para manter a sua saúde psicossomática?

Resposta: - Afirma Ramatís que um sábio só é sábio para a sua época, o que é lógico, pois tudo evolui no universo de Deus. Assim, por estarmos sob a regência de Aquário, era da força da alma, será antivital se não acompanharmos a nova realidade da Terra. Por isso, não é aconselhável cultuarmos os ensinamentos de épocas recuadas sem atualizá-los, pois o eterno amanhã nos conclama a entrar no fluxo da correnteza da vida, obedecendo ao eterno transformismo.

Em função dos novos campos energéticos gerados pela Terra, devido a seu envelhecimento natural e consequente aumento de sua radioatividade, haverá mudanças substanciais na vida mental do ser humano, e ele, alimentado pelo eterno vir a ser, será mais saudável em todos os aspectos.

As aspirações humanas assumirão, naturalmente, novos focos. Isso porque é constante universal: Quem busca em primeiro lugar o Reino dos Céus, vai perdendo vínculo energético com a emoção da posse, do domínio e do poder pertencentes ao Reino da Terra.

Reflexões sobre a saúde do corpo:

> • Além de suas próprias energias, a Terra encontra-se recebendo uma "cota extra" de energias advindas do Cosmo, por estar atravessando a constelação das Plêiades. Simultaneamente, têm chegado ao nosso orbe os espíritos "índigos" da

citada constelação, que, por serem mais conscientes do Deus imanente no homem, darão nova feição à vida terráquea.

• Com a Terra mergulhada nesses novos campos de sublimes energias, as dádivas repercutirão positivamente em todo o conjunto planetário, beneficiando todos os reinos. Com isso, os seres humanos se sentirão altamente impulsionados para aquisições que transcendam a vida existencial.

• A criatura, respirando o Hálito da Vida nesse novo ambiente do cosmo, sentirá crística vontade de ativar com mais intensidade e consequente luminosidade a chama de seu Deus interior, o que lhe propiciará júbilo espiritual e harmonia em seu universo íntimo.

Percebe-se que não é suficiente querer tornar-se um homem integral, a ponto de desfrutar de saúde psicossomático-emocional, em função de conhecimento tão somente intelectivo. É preciso, também, obedecer ao cientificismo cósmico.

A egrégora energética da constelação das Plêiades tem cor predominantemente azul-índigo, razão pela qual o indivíduo terráqueo sofrerá progressiva aceleração em seu mundo pessoal, aumentando a sua frequência mental. Dessa forma, com mais facilidade despertará os atributos da divindade latentes em si e, também, sentir-se-á mais motivado para as aquisições transcendentais que propiciam o religare devido à presença da cor azul em seu universo íntimo, associada ao conhecimento libertador.

Quando se pensa em saúde da alma e do corpo, muitos fatores devem ser considerados, inclusive o cromosófico[1]. Por isso, criar formas de pensamentos com panoramas mentais que expressem beleza edênica é salutar para a alma e para o corpo... Pensar com as cores da vida é fornecer crísticos nutrientes para manter saudável a vida corpórea.

Pergunta: - Como concebermos que até as cores podem interferir positiva ou negativamente na saúde de nosso corpo?

Resposta: - Por causa dos múltiplos graus de evolução espiritual das criaturas, não somente as cores dos ambientes

---

[1] Cromosofia é o estudo das cores e sua influência na psiquê humana, através do uso de roupas e ambientes. Cromosófico: relativo ou pertencente a cromosofia.

interferem como também a musicalidade, as etnias, as mesologias, as condições climáticas, culturais, os pontos cardiais em que se vive no planeta, os diferentes aglomerados metropolitanos, os lugares em que se interage melhor com a natureza ou aqueles inóspitos que dificultam a saúde do corpo biológico. São muitos os fatores que interferem no equilíbrio espiritual e orgânico das sociedades humanas. No entanto, tenhamos em mente que depende também do grau evolutivo das pessoas que formam essas sociedades, pois, assim como o condor se sente "feliz" respirando o ar puro do topo da montanha, o sapo se "extasia" mergulhado no pântano, segundo Ramatís.

As criaturas com suas experiências milenares catalogaram que, enquanto determinados seres vivem festivamente em plena luz do sol, outros se regozijam nas zonas abissais. Assim também são os seres humanos: os mais evoluídos procuram viver em ambientes iluminados e em meio a cores claras e motivadoras; outros preferem lugares cavernosos, funestos, com cores da depressão e do desestímulo à vida.

Pergunta: - Em que aspectos, com o Cristianismo Renovado fazendo parte da emoção terrena, o ser humano passará a ter mais saúde psicoemocional e corpórea, a ponto de não desencarnar tão prematuramente, conforme tem acontecido em todos os tempos?

Resposta: - Por estarmos comentando sobre alguns itens que não são de domínio popular na Terra, precisamos fazer uso da legislação da Criação e encontrar explicações lógicas baseadas no cientificismo cósmico e, dessa forma, evitar elucubrações sem fundamentação nas Leis de Deus.

Ilustremos o nosso entendimento com algumas assertivas baseadas na lógica universal:

• Sendo a morte a causadora das maiores fobias da criatura terrena, de agora em diante a Lei da Reencarnação será do conhecimento de todos. Como consequência, as pessoas viverão alegremente, mesmo quando a decrepitude chegar, pois estarão conscientes de que a morte biológica não estagna a vida, pois o espírito é eterno e imortal.

• A criatura humana, sabendo cientificamente que ela é o

que pensa, naturalmente será cuidadosa em gerar pensamentos luminosos capazes de manter a vitalidade psicossomática e emocional. Também não se empolgará para divulgar as fraquezas alheias nem as histórias deprimentes da sociedade, pois consciente de que só em reproduzir mentalmente as paisagens e os fatos que diminuem a frequência da alma estará polarizando campo energético antivital.

• Faz parte da Criação, desde a gênese da mônada, todas as criaturas normais se motivarem para a busca da beleza. Assim, os alunos terrenos na Era de Aquário, livres das formas de pensamentos dantescos, pois serão absorvidas da psicosfera da Terra pelo planeta higienizador, não se deterão com tanto entusiasmo nas causas que geram desarmonia íntima e campos energéticos de baixo teor.

• A Lei de Causa e Efeito também será de domínio popular, o que significa que o ser humano viverá mais harmonizado com ele mesmo e com seus semelhantes. O crístico benefício é que ele deixará de reclamar, uma das fortes razões dos desencarnes antecipados. Até aqui, a maioria dos que compuseram a humanidade terrena desencarnarnou antes do tempo programado para sua encarnação por reclamar das banalidades comuns a alunos de cursos espirituais. A criatura sabe que Deus é perfeito e que na Sua Criação não há acaso. No entanto, adora reclamar e, com tal atitude, onerar o seu carma negativo, além de perder energias vitais.

• Os orientadores psicológicos, analisando o comportamento e as inclinações das criaturas, durante e, também, após a transição planetária, com muito mais habilidade auxiliarão na reabilitação psicoemocional dos que carecem de ajuste para conduzir a vida com mais harmonia interior. Isso porque, conhecendo a Lei da Reencarnação, pelo efeito saberão chegar à causa geradora do mal-estar caracterizado pelo tipo de encarnação. Os orientadores terapeutas devem observar os atenuantes e os agravantes para um diagnóstico mais adequado à situação.

• Os psicoterapeutas portadores da faculdade mediúnica da clavidência e da psicometria, fazendo a leitura das auras dos indivíduos ou dos objetos, darão excelente contribuição à sociedade; os clarividentes, além da orientação verbal, poderão ajudar ao próximo sem ruídos de qualquer natureza, por meio da cromoterapia mental.

• Os quirólogos, fazendo a leitura das mãos, têm possibilidades de ajudar, silenciosamente, na orientação a seus semelhantes, ou mesmo em um simples aperto de mãos alcançarem o que se passa no universo íntimo das pessoas para auxiliá-las. Eles sabem que Deus pôs o destino do homem em suas próprias mãos.

Em Aquário, a mente dos terráqueos será progressivamente mais ativa e cristicamente dinâmica, propiciando que os chacras desempenhem suas funções com mais equilíbrio e melhores condições para absorção e distribuição do prana.

Com a nova realidade da sociedade terrena, a vida mental do ser humano será mais dinâmica na condução da vida... Ele, com as novas espectativas, motivação íntima e vislumbrando a beleza cromosófica da Criação, produzirá refulgentes cores... Criará paradisíacas paisagens mentais... Vibrará na frequência das dimensões que identificam plenitude.

As doenças geradas pelas condições psicoemocionais das criaturas tendem a ser extintas da vida dos terráqueos, considerando as perspectivas luminosas que impulsionam a alma a comungar com o eterno vir a ser.

Pergunta:- Será que com o Cristianismo assumindo novos rumos, o ser humano vai empolgar-se para viver alegremente, a ponto de melhorar a sua capacidade sensorial e perceber o universo energético à sua volta?

Resposta: - É um item que, com a evolução da consciência, deixará de ser tão somente para os videntes.

Vários fatores contribuirão para melhorar a percepção, sendo que o biológico, o psicológico e o emotivo propiciarão ao ser humano maior acuidade nas visões física e metafísica e, com muito mais abrangência, ele sentirá os campos energéticos dos ambientes. Com a evolução, o espírito, mesmo encarnado, por causa do aumento da frequência de seus chacras, dilata a sua área de ação mental, penetrando em dimensões antes consideradas imponderáveis. Por se tratar de uma constante no universo de Deus, não consideremos como se fosse algum fenômeno excepcional.

Com a melhora espiritual e biológica, a pessoa, além de ver as diversas graduações da mesma cor, verá também aquém do infravermelho e além do ultravioleta, o que é comum às humanidades mais evoluídas de outros mundos. Essa realidade também será uma conquista do espírito terráqueo, independentemente das conquistas fabulosas da ciência e da tecnologia.

Sendo a ascese do espírito um processo natural, por se tratar de constante universal, a criatura, ao transformar em vivência os ensinamentos evangélicos assimilados, é naturalmente alegre e não se dá conta da maneira festiva com que conduz a vida. Ela não só percebe o universo energético à sua volta como é coparticipante dele devido à sua condição harmônica de viver e relacionar-se com as demais criaturas. Na verdade, ela se sente no dever crístico de também contribuir com a Obra do Pai.

Pergunta: - É possível traçar outras influências que teremos durante o percurso da Terra atravessando Aquário e que possam ajudar a manter a nossa saúde?

Resposta: - Durante os próximos 2.160 anos, a Terra estará percorrendo Aquário. Analisemos como será a vida da sociedade após os primeiros quarenta anos da Terra sob os auspícios de Aquário:

- O ser humano, com a vida mental mais acelerada, não se permitirá a depressão, tão comum no conjunto planetário e que causa os mais variados transtornos psicossomáticos e emocional-espirituais.
- A alma, plasmando o eterno evoluir, não se deterá nas causas menores, naquelas que emperram o crescimento interior, acontecimento bem comum aos espíritos primários, aqueles sem força-energia para vencer os obstáculos corriqueiros do plano dos encarnados.
- Os espíritos encarnados na Terra serão afeitos à paz interna e, consequentemente, à externa, o que significa dizer que, sem conflitos íntimos, adotarão a alegria de viver, agradecendo sempre pela oportunidade de exercitarem a irmanação crística.
- Com a nova dinâmica mental, o corpo biológico do homem será mais saudável, considerando a acelerada e harmônica movimentação de seus chacras e plexos. Como resultante, com o ser humano mais evoluído e menos estressado, o tempo reservado para dormir será gradualmente menor.

- As criaturas reconhecerão cientificamente as benesses advindas da água em sua condição de captadora e fixadora de energias do cosmo. Evidentemente, todos os encarnados beberão mais água e não terão envelhecimento precoce, como o é atualmente.

Para manter a saúde na Era do Mentalismo:

- Eliminemos as ideias fixas, principalmente aquelas de épocas remotas, uma vez que já temos evolução para conceber o eterno transformismo dos universos físico e metafísico. Ficar preso a determinada época é querer negar a eterna evolução.
- Não criemos fobias quanto à morte, tendo em vista que tal conduta bloqueia o fluxo vital entre o Criador e a criatura. O corpo biológico vai ficando gradualmente mais vulnerável, devido à menor cota de prana absorvido pelo organismo. Dessa forma, a pessoa fóbica perde paulatinamente o entusiasmo para viver usufruindo das benesses da Criação
- Por questões vitais, é sempre bom lembrar que somos eternos e imortais, filhos do Supremo Artífice da Vida. Assim, estaremos evitando que, em razão do fenecimento natural, nos tornemos murchos, cabisbaixos, acanhados para celebrar a vida com a pujança da convicção de que somos portadores da onisciência, onipresença e onipotência de Deus. Consequentemente, a morte do espírito não existe e a morte biológica não interrompe a vida do espírito eterno.

* * *

Adventos Crísticos – Caso ainda estejamos na fase de disputas de qualquer natureza, podemos nos autodiagnosticar quanto à saúde psicoemocional, considerando que, com a evolução da consciência, os elos atreladores aos tesouros do mundo vão deixando de existir. Consta em Mateus (6:19-21): "Não ajunteis para vós tesouros na terra, onde a ferrugem e as traças corroem, onde os ladrões furtam e roubam. Ajuntai para vós tesouros no céu, onde não os consomem nem as traças nem a ferrugem, e os ladrões não furtam nem roubam. Porque onde está o teu tesouro, lá também está teu coração".

Na Era do Mentalismo, precisaremos:

- Dilatar a nossa visão muito além do plano material, por já concebermos que somos seres cósmicos precisando depurar as doenças de nossa alma para despertar nossas potencialidades crísticas.
- Periodicamente, nos avaliarmos quanto à nossa conduta diante das Leis de Deus. Por não ser possível padronizar a conduta de uma sociedade humana, os Adventos Crísticos apresentam a proposta de renovação cristã em forma de convite e aguardam o retorno das pessoas, principalmente pela exemplificação, considerando que a pregação sem o exemplo vivo torna qualquer proposta inócua diante das expectativas que a sociedade criou para vivenciá-la em Aquário.
- Cada um conscientizar-se quanto à sua tarefa na Proposta Adventista, sabendo que quem tem função vital diante da sociedade nesta nova era que a Terra e sua humanidade estão iniciando não deve se desvincular emocionalmente da causa crística. Relembrando que nós ficamos vinculados às nossas criações. Daí a vital necessidade de alimentarmos a motivação íntima para darmos vazão ao angelical empuxo causado por Jesus – o Avatar do Amor.

Os Adventos Crísticos, em sua condição globalizadora, não se restringem, evidentemente, a cuidar da vida e da saúde das individualidades na Era do Mentalismo, nem se dedicam tão somente às doenças corpóreas, pois o foco principal é a nossa alma... É a centelha de Deus existente em todas as vidas.

* * *

Embora o compromisso inicial para apresentar à sociedade a proposta dos Adventos Crísticos seja do Brasil, coração do mundo, pátria do Evangelho, tenhamos sempre em mente que um evento desse porte configurado por um país é apenas para ter um marco sinalizador na condição de centro de convergência das energias do cosmo para serem expandidas pelo planeta.

Assim, o Brasil deixa de ser tão somente um país delimitado por suas fronteiras abrigando um povo e passa a ser o centro de convergência de milhões de consciências espirituais canalizando energias das mansões celestiais e, também, centro de expansão dessas divinas dádivas para envolver o conjunto planetário.

16. A fraternidade em ação crística

Pergunta: - *Pelo que se observa com relação à conduta atual da sociedade, com suas eternas disputas em todos os sentidos, como admitirmos que na Era do Mentalismo ela será fraternalmente diferente?*

Resposta: - Embora não tenhamos dons proféticos, as constantes universais podem ser percebidas pela logicidade das Leis da Criação. No livro Adventos crísticos, capítulo 37 – Santificação na carne –, expusemos um roteiro iluminativo para o crescimento interior, evolução e ascensão espiritual, seguindo o acróstico FRANCIS:

>...Determina a lei de evolução ascensional transcendente que o primeiro passo rumo à Santificação na Carne acontece quando, de maneira naturalíssima, atinge-se a Fraternidade. É um estado d'alma em que se denota experiência abrangente amealhada no percurso das milenares reencarnações. Por ser aquisição meritória e inata, não pode ser fraternidade artificial nem ser direcionada por forças externas. É acontecimento que faz Renascer no homem o impulso para, conscientemente, religar-se às suas divinas origens.
>Nesse estágio, em razão de ser a criatura filha do Amor Absoluto, brota-lhe a manifestação do Amor em tudo que faz, santificando assim os seus atos, o que a leva vibratoriamente a sentir as manifestações das vidas envolvidas com a Natureza.
>Envolto nesse empuxo divino, sendo a trajetória construída com a argamassa do amor, o espírito atinge um patamar superior de consciência – a Compreensão.
>Ao compreender a razão primordial das existências, a es-

sência espiritual do ser se sobrepõe às convenções e aos preconceitos, abrindo-se para se Irmanar com os filhos de Deus seus irmãos. Irmanado com as fagulhas de Deus dos diferentes reinos, devido a não fazer eco em seu âmago a separatividade, tal atitude faz com que o homem sinta vontade de adquirir não só poder, mas virtudes, o que o faz renunciar ao ter das existências transitórias e vincular-se ao ser da essência eterna.

Vencidos esses seis primeiros degraus, chega-se à Santificação na carne, a exemplo do que aconteceu com Francisco de Assis, o Radioso FRANCIS.

Por assim ser, o homem, quando santifica as suas ações, quando sacraliza a sua vida, santifica-se na carne. Logicamente, ele não consegue, por falta de ressonância com a agressividade, segurar o escudo para se defender, muito menos ainda a espada para atacar.

Observa-se, assim, que o primeiro passo a ser dado pelo ser humano rumo à santificação na carne é a fraternidade.

Pergunta: - Ao olharmos para uma criatura, por meio de quais sinais percebemos se ela já despertou de sua latência a fraternidade?

Resposta: - É aconselhável fazer antes uma avaliação de nosso conteúdo moral, a fim de não julgarmos os nossos semelhantes pela aparência externa nem comportamental. Em muitos casos, quem julga encontra-se em estágio evolutivo inferior ao do julgado, além de ter atitudes antifraternas e antievangélicas simplesmente por julgar.

Uma vez que milhões de espíritos terrenos ainda são exímios camufladores, antes de fazer a nossa análise sobre determinado indivíduo, para que tenhamos elementos concretos, avaliemos a sua e a nossa relação com o Criador, pois, sem amar a Deus sobre todas as coisas, não teremos condições reais para amar nossos semelhantes como a nós mesmos e, fraternalmente, abraçá-los.

Quem pretender se autoanalisar ou avaliar a conduta alheia, é aconselhável utilizar as constantes universais para obter sucesso.

É natural aos espíritos fraternos cantar hinos de louvor à

Vida em ato contrito de gratidão ao Onipotente pela oportunidade da reencarnação. Obviamente, no percurso da existência, tais espíritos, quando encarnados, não se agridem nem à sociedade, considerando que é da Lei da Evolução que, quando a criatura se gradua à fraternidade, é porque já despertou a solidariedade e abdicou dos vícios tão próprios do estágio evolutivo egoístico[1].

Uma vez que os vícios caracterizam a pessoa dando vazão ao egoísmo, segundo Allan Kardec, ela, nesse nível evolutivo, só se preocupa com o seu prazer, evidentemente sem condições altruísticas para conviver fraternalmente com seus semelhantes.

O indivíduo, à medida que desperta em si os atributos da Divindade Suprema, demonstra, em sua vida relacional, maturidade emocional, também perseverança, embasada nos propósitos nobres, focando alcançar um crístico estado de harmonia íntima para ter condições de ouvir a sinfônica musicalidade da Criação.

As ondas mentais das pessoas fraternas são facilmente identificadas, já que elas, por terem o Céu como ideal a ser alcançado, não disputam poder nem domínio na Terra. São criaturas leves e de fácil convivência.

Uma pessoa psicologicamente emancipada demonstra seu eterno e crístico sentimento de gratidão a Deus pela oportunidade sagrada de, estando no casulo corpóreo, exercitar a compreensão quanto ao sentido sagrado da existência, mesmo nos momentos em que a sua vida apresenta os revezes disciplinadores.

É da Lei de Deus que a fraternidade é o primeiro passo para o espírito transitar em sua fase de humanização, visando a graduar-se à santificação. Assim, percebe-se o estágio evolutivo em que cada indivíduo se encontra apenas analisando o que mais o empolga na vida: se as conquistas internas e eternas ou as externas e transitórias, considerando que quanto mais o indivíduo se humaniza, melhor é a sua relação com o Criador e com as criaturas.

Também é possível verificar a nossa graduação evolutiva

---

[1] Sempre que nos referirmos ao egoísmo, tenhamos em mente que é pela expansão dele que o indivíduo se gradua à plenitude do amor. Sendo Lei do Criador, não critiquemos nem julguemos aqueles que consideramos egoístas, pois eles estão a caminho do altruísmo.

sem o beneplácito da sociedade. Inclusive, é mais honesto e há menor possibilidade de erro quando nos avaliamos, tendo em vista que nem sempre as pessoas alcançam o nosso universo íntimo nem a nossa intenção.

Seguindo os princípios evangélicos, em vez de nos preocuparmos com o grau de fraternidade que as demais criaturas possuem, avaliemos as nossas mudanças pessoais, para termos melhores condições de, fraternalmente, abraçar nossos semelhantes como eles são temporariamente. Dessa forma, estaremos exercitando a misericórdia e a boa convivência com as diferenças.

Pergunta: - É de conhecimento geral que a maioria dos espíritos que formam a sociedade terrena é de evolução primária. Mesmo assim, a proposta dos Adventos Crísticos para renovar o Cristianismo conseguirá levar a humanidade à convivência fraternal, tendo em vista sua atual heterogeneidade evolutiva?

Resposta: - Nos cursos primários, devido à pouca evolução espiritual, no ser humano predomina o egocentrismo.

A princípio, ele é possuído pelos bens transitórios. Por falta de acuidade, não consegue ver no horizonte as esplendorosas maravilhas que ele deverá conquistar por esforço pessoal.

Em um segundo momento evolutivo, aproveitando bem as reencarnações, vai despertando em si os atributos de Deus e, naturalmente, direcionando suas aspirações à aquisição dos tesouros celestes, o que o leva, gradualmente, a se desvincular emocionalmente dos tesouros terrestres.

O próximo passo é identificar o Criador nas criaturas humanas e em todas as fagulhas de vida, pois compreende que não existe Deus sem vida nem vida sem Deus.

O homem, a partir do momento que se projeta mentalmente para o futuro, motivado pela esperança de despertar de seu mundo íntimo o Reino dos Céus sinalizado pelo Nazareno Mestre, exercita a superconsciência e dá saltos quânticos devido à elevação de sua frequência mental. De maneira natural, ele passa a vislumbrar o eterno futuro e a desvincular-se emocionalmente do passado.

Desse modo, a criatura, progressivamente, dilata a percepção, o que a leva a identificar no universo à sua volta a beleza da Criação. Ela fica tão magnificamente empenhada em descobrir um novo alvorecer que a frequência do ocaso não a alcança. Nesse estado de júbilo interior, vê-se plasmando o eternamente novo e surgindo de seu íntimo fraternidade, solidariedade e compreensão.

* * *

A fraternidade em ação crística é excelente medicamento para a alma, ensejando vitalidade psicoemocional e corpórea.

Para trazer ao consciente a fraternidade revestida de solidariedade, compreensão e da sagrada gratidão pela oportunidade de mais uma reencarnação, a pessoa deve:

- Dar sentido crístico à vida – futura e eterna –, a fim de que as incessantes recordações dos momentos menos luminosos não soterrem os superiores objetivos psicológicos a serem alcançados.
- Alimentar o espírito da fraternidade, aquele que transporta o magnetismo da boa convivência com as diferenças, razão pela qual a pessoa não sofre com os embates produzidos pelos desprovidos da eterna fé. Isso porque ela já carreia as ondas harmônicas da paciência, da tolerância e vê-se a caminho de graduar-se à bondade.
- Praticar ações cujas reações carreguem um fator multiplicador da frequência do praticante captado do Cristo-Amor e que proporciona autoperdão, autodescobrimento, autoiluminação, autocura.

Os portadores da mansuetude possuem excelente cota de tolerância, o que os caracteriza pela convivência fraternal, além de relacionamentos edificantes. São indivíduos mais comedidos nos pareceres, pois reconhecem que enquanto não adquirirem a misericórdia do ver, ouvir e falar não alcançarão o Reino dos Céus.

A pessoa fraterna, em qualquer ambiência, por ser portadora natural da sagrada gratidão, de seu mundo íntimo exsudam ondas de paz, de benevolência e de saúde emocional... A sua aura tem a energia com a cor rosa da afabilidade, do amor.

Há indivíduos exuberantemente gratos por todas as ocorrências que lhes propiciem crescimento interior, pois reconhecem a perfeição das Leis de Deus, o que os leva a não reclamarem, mesmo diante das adversidades da vida no plano dos corporificados.

Outro fator que auxilia na conquista da saúde psicossomática e emocional para que o homem se torne um ser integral, é ele projetar-se para o futuro e alimentar-se da esperança de que o amor em ação é o Cristo-criatura sintonizado, por ressonância, com o Cristo-Criador.

Por ser da Lei do Criador que *no vislumbre da luz, iluminados somos,* para a pessoa portadora de imaginação fértil, lógica e criativa o estado onírico é excelente para sustentar em si a esperança de realizações nobres... Sonhar em galgar as mansões paradisíacas e encontrar-se em meio aos perfumes exalados dos jardins edênicos, ouvindo as músicas dos anjos e sentindo os anjos da música... É magnificamente salutar projetar-se para o futuro e ver-se dentro de sua própria esfera áurica com as cores que identificam plenitude.

A esperança, além de alimento sagrado para manter a saúde corpórea e psicoemocional, por motivar a vida de quem a possui, é magnífica para transformar as conquistas humanas em vivências crísticas.

Quando o homem-espécie atinge o estado de enlevo por ter concebido que a vida é eterna e que o espírito é imortal, chega ao final de cada existência jubiloso, pois convicto de que após a morte continuará vivo.

* * *

Adventos Crísticos – Pelas Leis da Evolução, a fraternidade é o primeiro passo rumo à ascensão espiritual. É caminho único e universal. Pela lógica, podemos aquilatar o empenho dos espíritos superiores integrantes das Sagradas Fileiras e responsáveis pela implantação dos Adventos do Cristo-Pai, aguçando o que há de mais puro e sagrado no âmago de todas as pessoas, a fim de que não comunguem com a separatividade, considerando que o momento planetário solicita a união de todas as forças-energias em benefício da Terra e de sua humanidade.

Os espíritos que se qualificaram para continuar reencarnando na Terra já possuem, evidentemente, evolução espiritual, maturação biológica e tessitura perispiritual adequadas para interpretar o sentido sagrado da vida e convictos são de que "uma sociedade humana não se estrutura, ou melhor, não se consolida, se a alicerçá-la não estiverem a ética condutora, a moral dignificante, a compreensão desobstruidora, a fraternidade progressiva e a solidariedade consoladora" (Silvestre, em nome das Sagradas Fileiras).

Vislumbremos nossos próximos passos rumo ao eternamento novo. Exercitemos nossa superconciência.

Imaginemo-nos saltitando de estrela em estrela, até chegarmos à estrela de cor verde, onde faremos uma pausa para encher nosso coração de esperança, a fim de que, ao retornarmos à Terra com a alma plena de vida, motivação e entusiasmo, irradiemos bênçãos para nossos semelhantes em nome do Cristo – o Alimento Sagrado de nossas vidas.

Contemplando a imensidão policromática do universo estelar, mergulhemos em nosso mundo íntimo e ouçamos Jesus de Nazaré falando sobre a magnificente Obra do Supremo Criador.

Olhemos para o turbilhão de esferas coloridas no universo de Deus em seus movimentos sincronizados... Nesse ambiente mental de angelical harmonia, ouçamos as músicas dos anjos e cânticos que exaltem a vida e o Supremo Artífice da Vida – Deus.

De maneira suave e tranquila, já que somos o que pensamos, só em nos percebermos nos ambientes que expressem sacralidade, sentimos regurgitar de nosso Cristo interno mais luz, mais vida e mais Deus. Aí está o sentido crístico de autocura.

17. Princípio crístico das relações sociais

Pergunta:- Sendo um dos sagrados objetivos dos Adventos Crísticos levar o ser humano a viver fraternalmente, de que maneira uma sociedade tão heterogênea como a terrena aceitará o que propõe o Cristianismo Renovado?

Resposta: - Quando a espiritualidade superior, coordenadora dos eventos cósmicos voltados para a Terra, anuncia os novos rumos do Cristianismo, na verdade está atendendo ao comando subjetivo das leis imutáveis da Criação, pois tudo criado obedece ao eterno transformismo.

Observemos mais algumas constantes universais:

• Por mais recalcitrante que o espírito seja, ele não terá, em qualquer situação, força-energia para resistir à Lei da Impermanência, pois é gravada na mônada, desde a sua gênese, além do impulso crístico do eterno vir a ser, a vontade de retornar à Causa sem Causa – Deus.

• É incontestável que estamos aumentando a nossa sensibilidade com as reflexões que o Cristianismo Renovado propõe. Assim, pela Lei dos Afins, naturalmente daremos vazão ao tropismo divino. Isso porque quem sofre tal empuxo não racionaliza, simplesmente entrega-se exclamando: "Pai! Em Tuas mãos entrego o meu destino!".

• À medida que a pessoa adquire capacidade mental para penetrar em dimensões progressivamente mais rarefeitas, a intuição surge-lhe silenciosamente e ela passa a ouvir os sons sem som das vozes-pensamentos dos espíritos superiores que formam correntes de pensamentos protetores na psicosfera do planeta.

Conclui-se que a razão analítica não tem recursos para acompanhar a intuição pura, uma vez que esta tem frequência acima dos limites sensoriais e maiores possibilidades para entrar em contato consciente com a Mente Suprema – Deus.

Pergunta: - As pessoas que diante das dificuldades demonstram resignação podem ser consideradas, espiritualmente, mais evoluídas?

Resposta: - Resignação é uma palavra que tem a possibilidade de deixar a alma estática e de braços cruzados, aguardando que caiam dos Céus as benesses celestes, quando ela deveria estar dinamicamente atuando para resolver as suas dificuldades do plano terrestre. Caso nos resignemos diante de nossas dores, doenças, sofrimentos ou dificuldades diversas, continuaremos com elas até aprendermos as lições de que são portadoras. Resignar-se diante dos males sem compreender as suas causas, para combatê-los por meio do esclarecimento, é abdicar da lógica de que todo efeito teve a sua causa.

Ninguém vence o carma negativo simplesmente por aceitar resignadamente os desafios e as provas da vida. É nosso papel, valendo-nos dos conhecimentos libertadores, descobrir, por esforço pessoal, a arte de interpretar o sentido sagrado da vida. Aprendendo a arte sagrada de viver, não nos faltará estímulo íntimo para enfrentar alegremente os óbices corriqueiros da vida nos educandários materiais, considerando que as perdas não compreendidas podem levar a criatura à depressão.

Quando nos dedicamos tão somente às aquisições externas e, mesmo com todo empenho, a vida não flui conforme as nossas aspirações, encontramos dificuldades para agradecer ao Criador a oportunidade da reencarnação e, assim, não despertamos o sublime atributo da gratidão para celebrarmos a dádiva sagrada da vida. Nesse caso, muitos se revoltam com a vida, quando deveriam continuar agradecendo, pois Deus é perfeito.

Pergunta: - Podemos considerar que a boa relação social depende também do grau de compreensão que já se tenha quanto à sacralidade da reencarnação?

Resposta: - Indubitavelmente. Nesse caso, a compreensão

anda de mãos dadas com a gratidão.

Antes de o espírito conhecer as leis da Reencarnação e de Causa e Efeito, ele passa por período muito longo no vaivém reencarnatório, dedicando-se praticamente às mesmas causas. Ele é muito inseguro para atirar-se ao ignoto. E, como a sua ligação consciente com Deus é fortuita, a dedicação primordial em cada vida visa à aquisição de bens externos, deixando o homem interno em segundo plano.

Assim, a boa relação social depende muito do quanto somos capazes de amar a Deus sobre todas as coisas para termos condições reais e crísticas de amar nossos semelhantes. Obviamente, por serem leis universais, nossos discursos, mesmo quando elaborados convenientemente com a capa do disfarce, não conseguem esconder a nossa realidade interior. Fica claro, portanto, que, se não nos amarmos, não teremos condições de amar nossos semelhantes.

Pergunta: - Por que a espiritualidade superior exalta tanto a gratidão, a ponto de anunciar que a nossa saúde psicoemocional e corpórea também está associada à gratidão?

Resposta: - Podemos deduzir a frequência mental de uma pessoa portadora do sentimento sagrado da gratidão... Os seus chacras ficam em movimentos harmônicos para manter a saúde dos corpos energético e biológico, simplesmente porque ela é grata à vida e ao Artífice da Vida.

O Cristianismo Renovado enfatiza todos os mecanismos que possam auxiliar o ser humano a dar sentido sagrado à vida. Com a humanidade em fase de transição planetária, os embates entre as forças contrárias – luz e sombra – são muito acirrados. Daí a crística necessidade de orar e vigiar.

Caso o indivíduo já tenha evolução espiritual a ponto de compreender que orar é abrir a boca, em uma simples conversa demonstrará a sua gratidão ao Autor da Vida pela oportunidade de mais uma vida no plano da existencialidade.

A gratidão é psicoterapêutica... Os seus portadores, aqueles que não dependem de qualquer interferência externa para agradecer, transformam a vida em hinos de gratidão ao Deus-Criador. Tal atitude mantém a vitalidade da alma e, em consequência, a do corpo.

O encarnado, quando portador consciente dessa crística virtude – a gratidão –, consegue renovar as suas energias na simples troca de afetos por meio de palavras, do olhar, do carinhoso e energizante abraço, do aperto ou acenar das mãos.

A gratidão regurgita da alma a alegria de viver para aprender e ensinar as experiências assimiladas... A pessoa se extasia em cada oportunidade de servir ao próximo. Ela sabe que as energias que retornam dessas sublimes ações são benfazejas, pois transportam as ondas de fraternidade, solidariedade e afabilidade.

Na vida relacional, as criaturas, quando gratas ao Artífice da Vida, são mais calorosas e procuram sempre o aperfeiçoamento moral para interagir eticamente com o conjunto social.

É possível deduzir que as doenças da alma, que se refletem no corpo biológico causando transtornos no funcionamento dos chacras responsáveis pela absorção de energias vitais, tendem a ser extirpadas da sociedade terrena. Isso é lógico, tendo em vista que as pessoas, à medida que se esclarecem quanto à vida nos planos dos desencarnados, integram-se à pulsação orgânica do universo como um todo, sentindo-se parte importante na engrenagem harmônica do cosmo. Elas sabem que o Céu se conquista na Terra.

Sem muito esforço, conclui-se que o juiz de cada pessoa é a sua própria consciência, já que as Leis do Criador são perfeitas e universais. Daí ser possível interpretá-las pela lógica, uma vez que são constantes em todo o universo. Analisemo-nos agora e teremos dados satisfatórios para saber o que fomos no passado e o que nos aguarda no amanhã, tendo como parâmetro avaliador a Lei de Ação e Reação, disciplinadora da vida.

* * *

Estamos trabalhando para trazer ao consciente o que somos em essência – um naco de Deus. Na mesma proporção que o nosso Deus interior brota de nosso mundo íntimo, as nossas relações com o universo externo adquirem teor crístico. Evidentemente a criatura, com a sua Chama Crística mais acesa, vê seus semelhantes com os olhos da misericórdia e sente-se à vontade para viver e conviver com as diferenças sem perder a elegância evangélica.

Quando a vida relacional é restrita a um casal que já é portador do sublime sentimento emocional, o ato sexual, por exemplo, com a química gerada pela carícia do toque, do olhar, do afago, da palavra com o tom da ternura etc., evidentemente sem a necessidade da quantidade, pois afeito à qualidade, além de prazeroso é capaz de manter em equilíbrio as energias psicoemocionais e corpóreas, principalmente por meio dos plexos solares do casal e, como resultante, dilatar o tempo emocional. Sejamos gratos a todas as oportunidades que tivermos de desfrutar do prazer ético de viver, sem temores nem autopunição, mas convictos de que na Obra de Deus não há pecado.

O Cristianismo Renovado valoriza a sacralidade da vida sexual do homem-espécie que segue princípios ético-morais evangélicos, considerando que o Nazareno Mestre não incluiu o celibato em Sua sagrada e motivadora mensagem.

Com os novos rumos do Cristianismo, o celibato será naturalmente excluído dos cânones das religiões. Todos os indivíduos devem ser livres para arbitrar quanto às suas coerentes escolhas na vida, de acordo com cada nível evolutivo, pois Deus não impõe. Ele é a eterna bondade para nos perdoar, nos oportunizando sempre para novos investimentos, mas, também, é a eterna justiça para nos disciplinar.

A pessoa portadora da gratidão, com a abrangência que a sagrada palavra expressa, não exige retribuição nem reconhecimento pelo que faz. Simplesmente age e é grata a tudo e a todos.

* * *

Adventos Crísticos – É prioritário o nosso sagrado empenho em adquirir mais conhecimentos transcendentes, visando à nossa reforma íntima, para termos condições de auxiliar na reforma do Cristianismo.

Por sabermos que não existe distância espacial entre nós e Deus... Que todo o universo é interligado por linhas de forças que mantêm o equilíbrio e a harmonia nos planos físico e metafísico, é possível, pela logicidade do cosmo, deduzirmos quanto ao valor sagrado de uma ideia que transporta energias de teor crístico devido à intenção de quem a gerou.

Sendo propósito do Cristianismo Renovado integrar os homens aos homens, para que cada um, por esforço pessoal, comece o seu retorno consciente ao Criador, plasmemos as mais ricas paisagens e imaginemos a sociedade terrena de mãos dadas em futuro próximo, tendo certeza de que o universo, naturalmente, entra em ação crística a nosso favor, pois o homem é que ele aspira a ser.

Quando a ideia é de cunho universalista, a própria natureza da ideia terá o cosmo agindo magnificamente a seu favor, uma vez que ela recebe da Criação impulsos que intensificam as ondas de propagação geradas pelo idealizador. Usemos, então, o cientifismo cósmico, criando mentalmente para a Terra uma civilização evangelizada, aquela em que não se tem dúvida de que o homem é o que ama.

A ideia, gerada pelas individualidades, à medida que recebe a aquiescência de outras criaturas, adquire corpo, robustece-se e atinge a universalidade, deixando de ser uma ideia isolada e passando a ser um princípio crístico das relações envolvendo os quatro pilares de uma sociedade.

Os Adventos Crísticos, incentivando-nos a criar novas e luminosas ideias em benefício da sociedade, vão impregnando positivamente a nossa mente e motivando-nos às aquisições morais para que, por processo natural, consigamos trazer ao consciente os atributos divinos de que somos portadores. À medida que moralmente nos vinculamos aos Céus, nos desvinculamos emocionalmente da posse, da individualidade, o que nos faculta a convivência ética, cujo foco centralizador é globalizador, e as nossas aspirações passam a ser a implantação da justiça social.

18. O homem se vincula à sua criação

Pergunta: - Em Mateus (6:21) consta:"Pois onde estiver o teu tesouro, ali também estará o teu coração". Como interpretar essa passagem bíblica?

Resposta: - Diante de ensinamentos dessa grandeza, não devemos considerar tal vinculação somente focando os aspectos materiais gerados pela razão, mas também os energéticos produzidos pelo sentimento.

Entre tantos ensinamentos que devemos adquirir e colocar na rotina da vida enquanto encarnados, existe o exercício do desapego, que é de suma importância para o espírito. Assim, temos de aproveitar a liberdade, conquistar a independência íntima, considerando que ninguém ascende ao plano da essencialidade divina enquanto apegado a objetos e demais valores sentimentais do plano da existencialidade humana.

Salientemos alguns exercícios do natural desapego que, por ser constante universal, muito nos toca e sensibiliza, pois não depende de nossa vontade objetiva, mas da subjetiva... Daquela que é intrínseca à essência espiritual desde que fomos criados:

- Na condição humana e por impulso natural, o espírito primeiro aprende a se amar para ter condição de amar a outrem. Por meio das sucessivas vidas, ele estará convivendo com outras pessoas, na Terra e em outros mundos, para exercitar a dilatação de sua capacidade de amar novas criaturas e desapegar-se das anteriores sem deixar de amá-las, até adquirir a capacidade de amar incondicionalmente.
- O vaivém dos encarnes e desencarnes, além de outras benesses, tem como aspecto primordial adquirirmos evolução

para compreender que a vida é eterna e o espírito é imortal... Com tal estratégia da Lei do Criador, qualquer que seja o apego a pessoas, bens materiais, torrão pátrio, objetos etc., no final de cada existência teremos de abrir mão de nossos teres e dos sentimentos egoicos. Assim, estaremos exercitando o universalismo na condição de espíritos cósmicos estagiando o desapego na Terra.

• Durante a fase da evolução sem ascensão espiritual, periodicamente o espírito é transladado para diferentes planetas, sistemas solares, constelatórios, galácticos etc., para exercitar o desapego e graduar-se ao amor universal na condição de um viajor singrando os espaços siderais.

Assim, a passagem evangélica que nos adverte quanto à vinculação energética e emocional a tesouros celestes ou terrestres obedece à ciência cósmica, pois onde estiver o nosso tesouro, ali estará o nosso coração.

Pergunta: - Há pessoas que, diante das perdas normais da vida, entram em depressão ou até mesmo em pânico. Como podem se curar?

Resposta: - Desapegar-se é a palavra de ordem para que o indivíduo aprenda a viver e, assim, conviver com as leis naturais da Criação, evitando, ou minimizando, o sofrimento diante das mudanças solicitadas no diminuto percurso de cada existência. E, ao desencarnar, não ficar emocionalmente preso a tesouros materiais de qualquer procedência.

Na Terra, de modo quase que geral, o ser humano só começa a se trabalhar internamente a partir de 49 anos, o que significa que ele consome mais da metade da encarnação dedicando-se à aquisição de valores externos, na avassaladora busca do **ter** em detrimento do **ser**.[1]

Com a sorrateira chegada da decrepitude, se a criatura não tiver estruturado a sua vida com raízes fincadas na solidez da convicção de que a vida é eterna, poderá desarmonizar-se intimamente, advindo a depressão, o pânico e as doenças corpóreas geradas pelo desequilíbrio em seu mundo íntimo

---

[1] No milênio em curso, adquiriremos consciência de que, desde jovem, devemos exercitar o nosso *religare* sem os temores da velhice e da morte.

O encarnado terreno, ao atingir a idade de 7 x 7 anos, a qual nem sempre é acompanhada de bens materiais e de realizações eternas, se, porventura, não estiver dedicado conscientemente ao exercício de sua evangelização, poderá deixar de valorizar o sentido sagrado da vida, porque as suas aspirações não foram realizadas. Observa-se que boa parcela da sociedade não convive bem com o natural envelhecimento, o que é facilmente percebido pelo azedume no falar, a falta de alegria no viver, a ausência do bom humor na convivência social, do terapêutico sorriso, do semblante agradável etc., e assim vai enrijecendo os "músculos da alma" e perdendo os salutares movimentos corpóreos.

A pessoa, pelo menos a partir dos 49 anos de idade, quando começa a descida rumo à rejeitada velhice, deve trabalhar-se no sentido de não se permitir abraçar a rigidez na condução da vida. E, assim, todo o seu organismo funcionará em melhores condições, principalmente o cérebro e o coração; as cordas vocais não perderão com tanta facilidade a elasticidade; a voz terá a entonação de um espírito mais consciente quanto ao sentido sagrado da vida, e não o tom de uma criatura derrotada que perdeu o estímulo para viver, alegando o avanço da idade biológica. Na verdade, ela deve, na condição de um ser imortal, dedicar-se a estudar sobre a vida depois da vida para não desencarnar ignorando que a vida é eterna.

Justifica-se, pela lógica, o porquê da descompensação psicoemocional do ser humano a partir da idade em que sente os reflexos de que está caminhando a passos largos rumo à velhice. Falta-lhe motivação íntima para manter os chacras do cérebro em velocidades adequadas devido à elevada frequência que identifica que naquele corpo biológico tem uma alma cósmica e imortal; também lhe falta irradiar luminosidade no semblante por sentir-se um espírito mais novo, embora mais experiente e mais sábio. Para tal, é necessário transformar as novas experiências reencarnatórias em vivência crística, a fim de mantermos a jovialidade no semblante e na voz.

É notório que a psicologia do mundo valoriza demasiadamente as aquisições externas, por isso, os mais conscientes devem investir em novas e eternas elucidações quanto à erraticidade e, assim, quando chegar ao ocaso de cada existência, vislumbrar no horizonte novas e eternas auroras. Com panorama mental dessa natureza não haverá depressão, pânico nem outras doenças da alma, tão comuns em nossa sociedade.

Pergunta: - Já que nos vinculamos às nossas criações, o que devemos fazer para nos motivarmos para as conquistas celestes e, de maneira natural, nos desvincularmos das terrestres?

Resposta: - Ainda que sejamos espíritos de pouca evolução, não desprezemos as nossas meritórias aquisições do plano material, produto de esforço, dedicação e sagrado trabalho.

A tônica é compreender a transitoriedade das vidas no plano dos encarnados, a fim de não polarizarmos energias atreladoras a esse plano que é relativo e passageiro.

A desvinculação ocorre na mesma proporção de nossa assimilação quanto à vida eterna nas múltiplas dimensões do universo essencial. Portanto, não devemos criar fantasias achando que é tarefa fácil, pois o futuro luminoso que nos aguarda ainda é teórico para a maioria da sociedade terrena. Até aceitamos o que anunciam os espíritos superiores, aqueles que já experienciaram milênios e milênios existenciais na aquisição de novos conhecimentos libertadores e que estão à nossa frente na escala da evolução, mas continuamos atrelados aos bens do plano material.

Se alguém substituir valores abruptamente, poderá ficar sem chão para fincar suas raízes na solidez da convicção advinda do conhecimento transcendente. Sabemos que não se deve retirar nada das criaturas caso não se tenha algo superior para colocar no lugar. Evidentemente, é necessário primeiro conscientizar o ser quanto à relatividade do plano material, para ele, naturalmente e sem lágrimas nem lamúrias, abrir mão do ter.

Pergunta: - Vez que o nosso magnetismo nos prende a tudo que amamos, qual a conduta evangélica mais adequada para caminhar no mundo sem que os valores do plano concreto impeçam nossa trajetória ascensional?
Resposta: - Consta na Lei do Criador que "aquele que tem

poderes na Terra não os tem nos Céus",[2] de onde se deduz que almejar conquistar o Céu é abrir clareiras em nosso universo íntimo, de forma a não nos prender a tesouros terrestres, os quais, embora importantes como ferramentas de trabalho para a nossa evolução, em muitos casos ofuscam nossa visão interior, não nos permitindo vislumbrar os tesouros celestes.

Exercitemos o despertar de nosso Deus interior:

- Para glória do Cristo-Pai, façamos brilhar a luz que existe em nosso íntimo e, amorosamente, iluminar as consciências que estiverem à nossa volta carentes da luz do discernimento.
- Amemos o Artífice da Vida – Deus, para, na mesma proporção, amar a nós mesmos e termos condições de amar nossos semelhantes.
- Na condição de faróis humanos representando o Farol Divino – Jesus de Nazaré, coloquemo-nos sobre um monte e sinalizemos para os que navegam neste oceano sagrado chamado planeta Terra a convicção de que a essência do Evangelho é bússola a orientar a trajetória evolutiva da humanidade, de forma que as forças externas não anulem a força-energia do espírito imortal e eterno que somos.

Todos os exercícios são válidos quando a intenção é nobre. Sem oscilar, qualquer que seja o grau evolutivo, coloquemos sacralidade em nossas aspirações e, assim, teremos o universo agindo magnificamente a nosso favor. Os óbices surgirão, pois fazem parte dos desafios da vida, mas o papel deles é tão somente auxiliar-nos, no sentido de descobrirmos que somos fagulhas de Deus e portadores de Seus divinos atributos... Somos portadores da Força Superior, a força da alma, a essência de Deus em nós.

* * *

Por ser da Lei do Criador que o homem se vincula, inexoravelmente, à sua criação, criemos mentalmente paisagens edênicas... Panoramas ricos de beleza com paradisíacas cores que expressem a vida harmônica na dimensão dos anjos. Dessa forma, estaremos estimulando o nosso Cristo interno e expan-

---

[2] Não fiquemos presos à letra, pois Jesus e milhões de espíritos superiores, desprovidos da vaidade e da soberba, são capazes em qualquer plano.

dindo os divinos atributos de que somos portadores.

Imaginemos:

• O Cristo Cósmico, na condição de um maestro, com uma batuta de cor branca nas mãos conduzindo uma orquestra formada por bilhões de anjos, arcanjos, querubins e serafins.
• Ele, o Cristo Cósmico, vislumbrando toda a Criação no espaço sideral e acompanhando os sons gerados pela orquestra se propagando pelo infinito em ondas de amor.
• Os Cristos de todos os corpos celestes da imensidão do universo sintonizados entre si e ouvindo os sons maviosos procedentes da dimensão do Cristo Cósmico... Em meio ao bailado dos bilhões de bilhões de astros, surge em nossa visão mental a Terra, nosso abençoado habitat... Nela, contemplemos o nosso magnífico Anjo planetário – Jesus de Nazaré, sobre o monte Himalaia, na condição angelical de diamantífera antena, sintonizado com o Cristo terráqueo.
• O Nazareno Mestre, com os braços abertos, conectado ao Cristo-Amor, recebendo pelo Seu chacra coronário uma cota extra de energia vital para a humanidade.
• Gaia, Ariel, Poseidon e Apolo recebendo do Divino Anjo a energia vivificadora para distribuí-la com os elementos da criação terrena – terra, ar, água e fogo... Os espíritos evoluídos e os ascensionados fazendo a conexão entre o Sagrado Coração de Jesus e a humanidade para provê-la com a energia da vida – o AMOR.
• Com essa vibração de amor em forma de onda evolando em torno da Terra, e a humanidade formando uma grande e magnífica corrente protetora, um imenso círculo para, de mãos dadas, em ato de contrição e fé, louvar a vida, agradecendo ao Autor da Vida pela oportunidade de mais uma reencarnação.
• A Terra transformada em um bólido de luz com as sete cores da Criação, singrando os espaços siderais sob a batuta do Amado Mestre Jesus – a Luz do Mundo, Aquele que também é Caminho, também é Verdade e também é Vida. Nossa alma, embebida nesse policrômico panorama, naturalmente estará vinculada à vida planetária – o Cristo Criador da Terra, pois nos vinculamos às nossas criações.

* * *

Adventos Crísticos – Suavemente, a proposta do Cristo, de maneira racional e lógica, pois é baseada nas Leis da Evolução, está nos conduzindo à reflexão quanto ao sentido sagrado das sucessivas reencarnações. Os itens em pauta envolvem assuntos divulgados em todas as épocas de nossas vidas, mas que bom percentual da humanidade ainda não compreendeu nem assimilou, a ponto de inseri-los na vivência.

O Cristianismo Renovado, por ter significado universalista, abrange os quatro pilares da sociedade sem distinção de qualquer natureza, considerando que Jesus pregou a Sua angelical mensagem de maneira globalizadora, pois sabia Ele que, embora a capacidade de assimilação seja pessoal, já que depende do grau evolutivo de cada espírito, todos são portadores dos atributos de Deus.

A assimilação dos ensinamentos que transcendem à vida física depende do somatório das experiências vividas nos campos científico, social, artístico, filosófico etc., mas também da evolução biológica, considerando que a ancestralidade animal dificulta em muito a intuição.

Quando, devido ao grau evolutivo, predomina na criatura a razão, mesmo esta sendo magnificamente útil para as descobertas e conquistas externas, por pertencer ao plano concreto, não atende integralmente às aspirações do espírito eterno. Daí a necessidade de a pessoa esmerar-se para graduar-se ao patamar da fé, no sentido abrangente de fidelidades às Leis do Criador.

Essa assimilação também pode ser avaliada pela capacidade de amar de cada indivíduo, uma vez que amar é a mais expressiva forma de se demonstrar o grau de compreensão que se tem das Leis de Deus... É a mais divina força-energia a impulsionar a criatura ao religare. De onde se conclui que *a fé é a alma da religião*, segundo Joanna de Ângelis.

Como nos vinculamos às nossas criações, continuemos desenvolvendo nossas aptidões crísticas para, na condição de Cristos-criaturas, vincularmo-nos ao Cristo-Criador. Para tal, entremos nos exercícios da abstração, para senti-Lo pelas vias internas do coração através de cada ato de amor sutil e silencioso.

19. Celebrar a vida

Pergunta: - *Com a Terra atravessando a constelação das Plêiades e sob a regência de Aquário, quais benefícios astrológicos a humanidade obterá?*

Resposta: - Por ser perfeita a Obra de Deus, não é por acaso que a humanidade terrena começou o seu curso secundário exatamente em Aquário, Era do Mentalismo, da força do espírito, momento adequado para reconhecermos que somos partes não apartadas de Deus.

Desde a gênese dos mundos, os engenheiros siderais, em seus cálculos, inserem os principais acontecimentos naturais em função da idade de cada corpo celeste criado por eles.

Restringindo os nossos conceitos à Terra, tenhamos em mente que, independentemente do número de espíritos que se gradue em cada ciclo planetário, haverá o exílio dos reprovados, daqueles que não atingirem o nível evolutivo para a nova realidade do orbe.

No percurso de Aquário:

• O espírito que, por mérito, continuar reencarnando na Terra, evidentemente um pouco mais evoluído, emocionalmente mais maduro, portador de propósitos mais elevados, se dedicará à sua consciente ascese. Com tal atitude mental, aspirando aos Céus, já não se dedicará, com tanta avidez, às disputas de poder para dominar seus semelhantes na Terra.

• Com a vida mental focando um ideal crístico, as ondas mentais das criaturas entram em frequências superiores, não permitindo a ocorrência da atração gravitacional pelos fatores atreladores ao universo externo.

- O ser humano terreno, recebendo as magníficas influências energéticas do azul índigo da constelação das Plêiades, entre tantas maravilhas, terá progressiva vontade de conhecer-se como um ser cósmico e eterno. Naturalmente, passará a conceber que o seu religare ao Deus Totalidade se dá na mesma proporção que ele conhece e reconhece o seu Deus individualidade. Sabemos que é conhecendo as partes que se adquire consciência do Todo – via única e universal. Assim, façamos uso da assertiva atribuída ao filósofo Sócrates: Conhece-te a ti mesmo e conhecerás o universo de Deus.

De agora em diante, com a psicologia da humanidade mais motivadora quanto às aquisições internas, a alma eterna será induzida a despertar mais Deus em si. Com a mente humana em nível elevado de frequência e, simultaneamente, atravessando a citada constelação sob a regência de Aquário, as influências astrológicas serão altamente benéficas. Com muito mais abrangência, nós, terráqueos, interagiremos com o cosmo.

Pergunta: - As influências astrológicas podem interferir no universo íntimo das pessoas a ponto de elas abrirem mão do poder e do domínio transitórios, implantarem a paz entre as nações e celebrarem a vida, ao invés de viverem alimentadas pelas insanas guerras da morte?

Resposta: - O crístico fato de a Terra estar recebendo com mais intensidade as emanações do azul índigo advindo da constelação das Plêiades já é suficiente para produzir efeitos especiais em nossa alma e sentirmos "saudade de Deus". Observemos que, mesmo com todos os tropeços da humanidade terrena desalinhada, nunca se aspirou a sentir tanto a Deus conforme está acontecendo. Isso quer dizer que, embora de maneira inconsciente para a maioria da sociedade, na condição de *Filhos Pródigos* estamos fazendo a nossa **reversão**. Fizemos a nossa caminhada quando saímos de Deus simples e ignorantes e, agora, intuitivamente, sentimos vontade de começar o nosso regresso ao Criador.

A nossa evolução espiritual e biológica já nos permite trabalhar com dedicação evangélica em benefício de nossas conquistas internas e eternas, em detrimento das externas e temporárias.

Assim, à medida que vamos despertando mais Deus em nós, vamos também dilatando a nossa consciência, o que nos leva a abrir mão do poder e do domínio e, eticamente, convidar os nossos semelhantes para um energizante e fraternal abraço para, unidos pelo coração, celebrarmos a vida.

Pergunta: - *Quer dizer que as criaturas vão deixar de guerrear?*

Resposta: - A guerra externa termina quando a pessoa adquire a sua paz interna, a sua harmonia íntima.

Com o exílio compulsório de bilhões de espíritos reprovados no curso primário terreno, sem condições de continuar habitando a Terra... Também, considerando que no curso secundário, Era do Mentalismo, os focos dos que aqui permanecerem para aquisição de valores iluminativos será outro, os terráqueos mais evoluídos, pela Lei dos Afins, estarão dedicados a angariar simpatizantes para celebrar a vida e não mais empenhados em guerrear contra seus semelhantes e levá-los à morte.

Após a higienização das energias deletérias que envolvem o nosso orbe e sem os espíritos primários criando as mais dantescas formas de pensamentos, a Escola Terra, em sua nova condição de capacitadora de sentimentos crísticos, será um educandário altamente motivador para auxiliar no despertar do Cristo interno das criaturas.

Com a nova realidade energética da psicosfera da Terra, o ser humano vai conscientizar-se quanto ao autoamor e passará a valorizar cada minuto da vida, expressando alegria, vibrando de gratidão pela oportunidade de estar encarnado, buscando assimilar os ensinamentos superiores que libertam seres.

A guerra íntima, como todos os males da criatura, termina no coração, pois o amor em ação eleva a frequência da alma e ela entra na dimensão da cor rosa, faixa vibracional que só é alcançada plenamente pelos portadores da mansuetude.

As pessoas, mesmo aguerridas, em momentos especiais de enlevo, podem sentir e registrar suaves toques da cor rosa. Mas, por falta de sensibilidade mais abrangente para identificar e emocionar-se com as manifestações de afeto, de ternura, de amor etc., de imediato voltam à sua faixa rotineira. Isso é natural, pois identifica a fase evolutiva das crituras. É uma fase estressante, de muitos conflitos em que deflagram suas guerras íntimas e sem adversário, com lutas acirradas entre a razão e o sentimento. Tais pessoas sabem, pela razão, que precisam mudar de conduta, mas a biologia não responde integralmente aos impulsos crísticos da alma.

Ou seja, não basta ao indivíduo querer parar de guerrear com o universo externo se não tiver adquirido a harmonia causadora da paz interna.

À medida que, naturalmente, o sentimento for se sobrepondo à razão, surge na pessoa o autoamor e, com ele, a felicidade. A pessoa que se ama e é feliz não tem energia para guerrear. E, o que é mais maravilhoso: quem se ama verdadeiramente nunca mais consegue retroagir e ter atitudes de desamor, nem para consigo nem para com a sociedade. Isso porque, para o Cristocriatura amar plenamente é preciso entrar na faixa do Cristo-Criador – a emanação eterna do Amor Universal. Vinculando-se integralmente ao Cristo-Amor, o ser humano sente-se motivado para amar a tudo e a todos e, assim, não é alcançado pela frequência que dá vazão à guerra externa. A sua idiossincrasia já não responde à agressividade.

Pergunta: - Como desenvolver o autoamor para celebrar a vida?

Resposta: - O desenvolvimento dos valores eternos da alma não pode ser padronizado, tendo em vista que as sociedades são compostas por quatro pilares de diferentes aptidões, apesar de todos os seus componentes focarem o ponto final de todas as aspirações – Deus, mesmo que a maioria o faça de maneira inconsciente.

No atual estágio evolutivo, bom percentual da humanidade já começou a direcionar o aprimoramento de seus sentimentos. Tais pessoas, embora em meio a uma sociedade temporariamente desaprumada, estão despertando em si a motivação íntima para celebrar a vida com alegria e sublimes criações mentais. Sabedores de que toda ação gera reação, só em pensar luminosamente já estamos desenvolvendo o autoamor.

Observemos algumas constantes universais. Por evolução:

- Atinge-se determinado grau de consciência em que o espírito, encarnado ou desencarnado, de maneira espontânea, vai tornando-se progressivamente mais alegre, terno, manso e mais afetuoso.
- Ele começa a definir parâmetros para aproveitar, da maneira mais sagrada possível, os ensinamentos de cada existência, almejando retornar à pátria espiritual sempre com mais lucidez.
- O indivíduo, em sua trajetória, vai adquirindo melhor discernimento quanto à sacralidade da vida corpórea e, paulatinamente, se autoamando. Com o seu Eu Crístico em ação criativa, consegue abdicar de seus vícios.

Para uma avaliação quanto ao nosso grau evolutivo, observemos:

- A nossa ligação consciente ao Criador, a qual identificará o grau de afetividade que expressamos no cotidiano, já que quem amar a Deus sobre todas as coisas estará em condições para amar o seu semelhante como a si mesmo de maneira espontânea, pois já terá adquirido sensibilidade para registrar a presença de Deus no universo criado.
- A crística gratidão ao Criador, por nos encontrar matriculados no plano material de uma escola planetária, pois é divinal agradecer por cada existência. Com tal atitude, com facilidade aflorarão os divinos atributos da Divindade Suprema existente em nossa alma.
- O grau de lucidez que possuímos para trafegar no plano material convivendo com as diferenças evolutivas sem perder o prumo, o rumo, o foco, pois queremos sentir o Cristo-Pai. É saudável reconhecermos a sacralidade da autoestima para não nos alimentarmos da autopiedade. As criaturas mais evoluídas dedicam-se em trazer à tona a luz de sua memória subjetiva, de seu Eu Crístico para, com maior discernimento, investir na educação espiritual de seus sentimentos.
- A educação de nossos sentimentos, e, também, a aquisição de autocontrole, a fim de pautarmos a vida por princípios ético-morais evangélicos. Dessa forma, não permitindo que o homem velho iniba os impulsos crísticos do homem novo, aquele que comunga com o eterno vir a ser.
- Se estamos com semblante expressivo e motivador, por ser

da Lei de Deus que quanto mais se ama, mais pleno e mais alegre o indivíduo se torna, pois alegria é amor em ação.
- Se o estado festivo da alma é por estarmos amando ou sendo amados.
- A nossa maturidade psicológica, pois, quando o ser humano adquire autonomia, a ponto de não permitir que o meio externo anule seus sentimentos nobres, torna-se operante e realizador... Dedica-se a adquirir mais ensinamentos quanto à sacralidade da vida, para, com maior discernimento, investir na educação espiritual de seus crísticos anseios, de suas sublimes aspirações.

O indivíduo evangelizado é capaz de se autoconduzir, pois tem autocontrole para exteriorizar desejos, sentimentos e intenções sem abrir mão de seus princípios crísticos.

* * *

Uma crística característica do ser humano mais consciente quanto à oportunidade de cada reencarnação é ele, alegremente, celebrar a vida. Na condição de espírito em evolução, define o que almeja alcançar em cada existência, sempre investindo no novo. Ele se sente tão motivado para conquistar novos e eternos patamares evolutivos, que deixa de se preocupar com seus próprios erros, pois passa a considerá-los normais para quem ainda não atingiu a plenitude da evangelização.

É notório e evidente que os espíritos mais evoluídos se preocupam em acertar o máximo possível, sem se deterem nos insucessos, razão pela qual não ficam presos a seus momentos menos evangélicos.

É uma dádiva celeste para o espírito terrestre quando ele adquire consciência de que Deus nos criou para celebrar a vida.

* * *

Adventos Crísticos – Em nossas reflexões, correlacionemos Deus com Vida, Cristo com Amor e Jesus – o Nazareno Mestre, fazendo a ponte entre a Vida e o Amor.

Devido à pouca evolução espiritual, precisamos de referenciais humanos. Daí nomearmos Jesus nosso divino instrutor e o ponto de apoio mental: "E eis que estou convosco todos os dias até à consumação do século. Buscai o Senhor enquanto se pode achar, invocai-O enquanto está perto" (Mateus, 28:1-20; Isaías, 55:6). Percebe-se, assim, que Ele deixou um canal permanentemente aberto para nos comunicarmos com Ele pela Lei da Ressonância. Dessa forma:

- É preciso ter propósitos nobres e visão universalista, para não alimentarmos separatividade de qualquer natureza.
- Cada qual vai ouvi-Lo consoante a sua capacidade, embora a voz d'Ele seja a mesma para toda a humanidade.
- Quem for falar com Ele, que o faça com voz vibrante e impregnada com o magnetismo do coração.

Para celebrar a vida com Jesus, atentemos para o que consta no livro Grandes mensagens, de Pietro Ubaldi, inspirado por "A Sua Voz"[1]:

> Trago-vos esperança, orientação, paz. A cada um, falo hoje a palavra da verdade e do amor, palavra que não mais conheceis... Comovido, falo a cada um no sagrado silêncio de sua consciência.
> Minha voz não vos atingirá através dos sentidos, mas, através desta leitura, senti-la-ão aflorar dentro de vós na linguagem de vossa personalidade. Minha voz não chega do exterior, contudo, surgirá em vós por caminhos desconhecidos, como coisa vossa, da divina profundeza que em vós existe e na qual também estou...
> Minha palavra será ora o brado de comando, ora a ternura de um beijo de mãe.
> Minha palavra rolará, por vezes, como regato sussurrante em verde campina, a trazer-vos o frescor das coisas puras; outras vezes, trovejará com os elementos enfurecidos na fúria da tempestade...
> Minha verdade é áspera e nua, contudo, é a verdade. Peço o vosso esforço, mas eu dou a felicidade.
> Segui-me, que o exemplo já vos dei. Levantai-vos, ó homens: é chegado o momento.
> Amai-vos uns aos outros. Não discutais, mas dai o exem-

---
[1] Percebe-se claramente que "A Sua Voz" é Jesus, embora conectado ao Cristo-Pai.

plo de virtude na dor; amai vosso próximo; aprendei a estar sempre prontos para prestar um auxílio, em qualquer parte onde haja um padecimento a aliviar, uma carícia a oferecer.

Minha palavra busca a bondade antes que a sabedoria. Minha voz a todos se dirige. Ela é ampla como o universo, solene como o infinito. Descerá aos vossos corações, às vezes com a doçura de um carinho, outras vezes arrastadora como o tufão.

Minha palavra tem a doçura da eternidade e do infinito. Tem tonalidade tão ampla como jamais possuiu a voz humana; deveríeis, por isso, reconhecer-me.[2]

---

2 Extraído do livro *O evangelho e a lei de Deus*, do mesmo autor.

20. O evangelho como cântico de esperança

Pergunta: - Em que consiste o ser humano evangelizar-se?
Resposta: - Para definir um homem plenamente evangelizado, só outra criatura que já tenha tal graduação. Isso porque a avaliação, quando feita baseada tão somente na conduta externa do indivíduo, não expressa a realidade interna. Podemos, no entanto, refletir sobre alguns conceitos que identifiquem os que estão a caminho da evangelização, quando comparados àqueles temporariamente distraídos dessa crística realidade.

O Nazareno Mestre, por ter realizado maravilhas em nome do Cristo-Pai sem ostentar Seus poderes, é o nosso crístico e luminoso modelo. A pessoa, ao adquirir certa cota de evangelização, também se torna portadora natural do calor crístico da humildade em seu nível, mesmo possuindo cérebro brilhante ou coração pleno de ideais luminosos.

O ser humano de nosso nível evolutivo não tem condição para alcançar o que se passa na intimidade de seus semelhantes. Por isso, as pessoas que colocam a mensagem evangélica na rotina de sua vida não julgam nem criticam a conduta da vida alheia, pois, além de não ser uma atitude evangélica, não é o ideal fazer avaliação partindo tão somente dos efeitos, considerando que a sociedade terrena ainda é pródiga de camufladores. O ideal sugerido pelo Nazareno Mestre é não julgar, muito menos quando não conhecemos as causas.

Quanto mais concreta é a mente humana, menor é a capacidade para penetrar em campos energéticos mais rarefeitos. Mas, nem por isso deixa-se de evoluir, embora não se consiga ascender. Assim, quando o espírito já não se dá por satisfeito, ou seja, não se emociona com a ciência e a tecnologia, passa a emocionar-se, naturalmente, com a arte para, posteriormente, motivar-se pela filosofia de abrangência universalista, onde começa a vislumbrar o seu retorno consciente ao Criador. A pessoa portadora de cérebro brilhante pode até memorizar a letra do Evangelho, mas não tem integral condição para emocionar-se com o que transcende à forma nem para transmitir emoção crística quando estiver divulgando os ensinamentos referentes à divindade.

Quando a criatura é evangelizada, as ondas de sua voz transportam magnetismo despertador de consciência, produzindo efeitos especiais na alma dos ouvintes.

A mensagem do Excelso Anjo – Jesus de Nazaré – deve penetrar no homem pela razão e sair pelo coração em ondas que transportem a musicalidade evangélica com a cor rosa do Cristo-Amor.

Pergunta: - A pessoa evangelizada consegue exaltar o seu ego em detrimento de seu Eu Crístico?

Resposta: - No primeiro momento em que ela começa a ter contato com a essência doutrinária do Evangelho de Jesus, nosso Amado Mestre, caso não seja portadora de experiências trazidas de outras vidas, será natural brotar-lhe a vaidade e, em muitos casos, também sua inseparável companheira, a soberba. Com o passar do tempo, essa mesma criatura conhecerá as histórias dos grandes iluminados e dos grandes luminosos indivíduos evangelizados que representaram Jesus e, porque já eram humildes por natureza, mantiveram-se com os corações cheios de ideais crísticos. É mais comum a nossa exuberante vaidade se manifestar quando temos o cérebro repleto de ideias, mas o coração vazio de ideal crístico.

O ser humano, quando evangelizado por evolução e não por convenção, não tem possibilidade de subjugar o eu para dar vazão ao ego, tendo em vista que a evolução espiritual não retroage.

Consta em João (10:25) Jesus ter dito: "Eu já vo-lo disse, e vós não credes. As obras que realizo em nome de meu Pai testemunham a meu favor". Justifica-se, com o exemplo do Nazareno Mestre, o porquê de a criatura evangelizada, que O tem como modelo, não dar asas ao ego. Ela prefere que os frutos de seu plantio identifiquem quem ela é, pois *pelo fruto se reconhece a árvore.*

Pergunta: - Existem oradores que, mesmo cerebrais, com a razão conseguem acender em seus ouvintes a luz da motivação para se dedicarem à busca do conhecimento libertador. Tais criaturas também não são úteis à sociedade?

Resposta: - Todos podem ser úteis quando a intenção é enobrecedora. No entanto, é importante saber se quem consegue acender a luz interior de seus semelhantes também busca, com dedicação e esforço pessoal, a sua iluminação.

É muito triste, embora comum, alguém ativar a Chama Crística de outras criaturas e permanecer em seu inferno íntimo, sabendo que, ao desencarnar, será tombado pelo sentimento de culpa nas trevas do remorso, e ficará sob os escombros de sua queda moral.

É de bom senso que, à medida que assimilamos novos conhecimentos evangélicos, saibamos armazená-los no coração para transformá-los em vivência amorosa, tendo em vista que o cérebro é capaz de vislumbrar a luz, mas somente o coração consegue vivenciá-la integralmente.

Pergunta: - O que fazer para que a mensagem evangélica do Sublime Peregrino seja transformada em cântico de esperança e de exaltação à vida?

Resposta: - A partir do momento que a pessoa aceita que ela também é caminho, também é verdade e também é vida, sente-se naturalmente impulsionada a subir a um monte, seguindo o exemplo Dele, o Mestre dos Mestres, para declamar poemas de amor à vida e ao Artífice da Vida. Ali, tomada pelo êxtase divino, entoa canções de esperança com o tom de voz que transporta o magnetismo da sacralidade, exaltando o Supremo Senhor de todos os mundos.

Verifiquemos se a nossa vida expressa um cântico de esperança... Um cântico que motive a vida de nossos semelhantes mais próximos... Um cântico de gratidão ao Senhor da Vida, Deus:

- Avaliemos se as informações que recebemos do universo externo geraram em nós transformações internas, a ponto de elaborarmos um panorama mental tão crístico que incorporemos a esperança em nossa vida, de maneira luminosa e tão natural quanto o vital ato de respirar.
- Perguntemos a nós mesmos se estamos edificando um *homem novo* por meio do aprimoramento de nossos *talentos*... Se estamos impulsionados pelo entusiasmo de quem tem a certeza de que é um ser eterno e imortal viajando pelo cosmo para adquirir a experiência de Deus, despertando progressivamente o nosso Deus interno...
- Observemos se vivemos alimentados por um ideal pautado por princípios ético-morais evangélicos.

Quem não tem dúvida quanto à imortalidade do espírito eterno, mesmo nos momentos mais difíceis de cada existência nutre-se luminosamente da esperança de que tudo é passageiro, e que as dificuldades servem para se adquirir resistência moral e levar o ser humano a empenhar-se na aquisição de ensinamentos transcendentes, esculpindo, no coração, novos e elevados sentimentos.

A apatia é grave doença da alma. Obedecendo à Lei da Evolução, devemos investir sempre, sem desânimo, em novas aquisições morais, pois somos portadores da esperança e sabedores de que estamos na Escola Terra aprendendo a amar... Construindo nosso dínamo gerador da luz interior para, com a conquista de nossa própria luz, iluminar os inexperientes de Deus e, também, edificarmos, pelo exemplo, novos sentimentos que possam orientar a sociedade.

* * *

De maneira sutil e segura, em silêncio evangélico, estamos regurgitando de nosso inconsciente profundo os atributos de Deus existentes em nós. Continuemos com nossos crísticos devaneios, a fim de exercitar a nossa superconsciência futura e em eterna dilatação.

Cada um imagine-se em um púlpito, na condição de expositor da mensagem crística do Nazareno Mestre... Imbua-se do mais sagrado propósito, aquele adequado para quem vai representar os anjos... Seja convicto de que nesses sublimes momentos o universo tem ação positiva a seu favor, visando a que, com o magnetismo transportado por sua convicta voz, consiga despertar a consciência de seus ouvintes. Para que a nossa alma vivencie o garbo de representar o Nazareno Mestre, nosso eterno modelo:

• Desenhemos, com as cores da vida, os ambientes em que o nosso Divino Tribuno pregava há 2000 anos... Deixemo-nos ser tomados pela mesma emoção que as pessoas presentes sentiram ao ouvir o representante de Deus na Terra, Jesus de Nazaré.

• Lembremo-nos de Sua capacidade angelical de transformar qualquer reduto em santuário sagrado para representar o Cristo-Pai:... Os campos energéticos nas ambiências em que Ele falava sobre o Reino de Deus.

• Ouçamos a voz encantadora do Sublime Anjo que era levada pelos ventos em ondas de ternura, mansuetude e amor... O Seu magnetismo que transportava sacralidade... O som de Sua voz que identificava a presença de Deus.

• Percebamos a mãe natureza, representada pelos coparticipantes da Criação, fornecendo doses maciças de energias vitais para recomposição da saúde corpórea dos ouvintes de nosso meigo Anjo planetário.

• Mantenhamos sempre, na tela mental, as edênicas paisagens criadas pela capacidade de imaginar o que acontecia à volta do Nazareno Mestre quando de Sua condição humana de porta-voz do Cristo-Pai. Ele, o Sublime Anjo, em ressonância com o Cristo-Amor, com o Cristo-Vida. Quantas maravilhas!... Quanta sacralidade nos ambientes de atuação do Pedagogo Sideral, o Meigo Jesus, a serviço do Cristo na Terra!

• Assimilemos o conteúdo doutrinário de Os novos rumos do Cristianismo, cristãos que somos, para nos sentir mais motivados na condução da vida... Mais fortes para, pela lógica, tendo em vista as constantes universais, substituirmos conceitos teológicos sem o sofrimento de quem está abrindo mão de seus tesouros milenares. É da Lei da Evolução a renovação.

• Sondemos mentalmente, pela reação de nossa ação vocabular, se estamos inspirando confiança em função do que expomos e, também, se a nossa energia consegue desarmar a assembleia de ouvintes e motivá-los para recepcionar a mensagem cristã... Se a nossa voz transporta a musicalidade de quem tem a divina emoção ao representar Jesus de Nazaré... Olhemos nosso próprio semblante e verifiquemos se tem brilho... O brilho de quem se propõe a ser porta-voz do Anjo do Amor... O brilho na aura com as cores de quem sente que é uno com a sua mensagem, pois, para motivar a consciência dos ouvintes, é indispensável que o mensageiro e sua mensagem formem uma unidade.

* * *

Para quem vai divulgar os Adventos Crísticos, é esperado que:

- No cotidiano, geremos pensamentos que façam eco nas dimensões dos espíritos plenificados.
- Vivamos convictos para passar segurança a nossos semelhantes.
- Nos tornemos amorosos e ternos, para transmitir ondas de afabilidade em qualquer ambiente onde estivermos.
- Sejamos bondosos, para refletir a imagem do Nazareno Mestre em qualquer situação.
- Criemos pensamentos luminosos, pois somos o que amamos, o que pensamos e o que aspiramos.
- Nos mantenhamos seguindo os ensinamentos evangélicos, para que as nossas reações transportem o magnetismo da compreesão a fim de manter a harmonia interior.
- Falemos a nossa verdade, sem perder a ternura.

Os espíritos superiores aguardam do divulgador do Cristianismo Renovado que o evangelho passe a ser a bússola a direcionar suas aspirações... Quando estiver falando sobre o Reino dos Céus, que transforme a mensagem do Meigo Jesus em cântico de esperança e de exaltação ao Supremo Criador, a fim de que tenha magnetismo para direcionar a trajetória evolutivo-ascensional da humanidade... Que seja o Evangelho um código ético-moral utilizado por todos os espíritos lúcidos para manter os homens ligados a Deus e, fraternalmente, ligados entre si.

* * *

Adventos Crísticos – Para o Evangelho ser inserido em nossa vida, a ponto de nos causar emoção pelos Haveres dos Céus, será preciso "desmaterializarmos" as densas camadas energéticas que criamos através dos tempos, em torno da Terra, de quando adorávamos os deuses de pau e pedra, do terror, do horror, da vingança, da morte... Se permanecermos atrelados a esse passado há muito ultrapassado, estaremos bloqueando nossa antena receptora das ondas de afabilidade, ternura, bondade e justiça do Deus-Divindade.

É crístico ressaltar que o Cristo paira eternamente sobre a humanidade. Para senti-Lo, os canais de nosso coração não podem estar fechados. Assim, estabeleçamos conexão com Jesus, uma vez que Ele é o nosso modelo humano e vive mergulhado na esfera oceânica do Cristo-Pai. Dessa forma, antenados com o Nazareno Mestre, sentiremos os eflúvios do Cristo-Amor.

Com a nossa antena recebendo as ondas do Sagrado Coração de Jesus, a nossa alma, em divinal ebulição, regurgitará de seu âmago a essência de Deus, nosso Cristo interno, e, em êxtase divino, proclamaremos a nossa paz interior.

Para que o Evangelho se torne um cântico de esperança na rotina de nossa vida, é de bom senso não infringirmos os Estatutos da Vida, pois, para o puro, tudo é puro, segundo Paulo de Tarso. Por consequinte, não julgar nem criticar as condutas alheias é sabedoria evangélica ensinada pelo sábio Jesus de Nazaré.

* * *

Cada qual julga como quer, mas no modo como julga revela a própria personalidade. (Pietro Ubaldi em *A nova civilização do terceiro milênio*).

21. As religiões no Terceiro Milênio

Pergunta:- Devido ao crescimento populacional em todos os continentes da Terra, as religiões têm mais adeptos. Após a sociedade ser conscientizada de que toda a humanidade é cristã, pois filha do Cristo-Pai, como ficará a convivência dos povos que professam diferentes religiões e que não se consideram cristãos?

Resposta: - Permaneçamos atentos, pois a proposta de renovação cristã engloba os quatro pilares da sociedade e não somente o religioso. Também não devemos nos esquecer de que a Terra se encontra em fase de transição planetária... Fase de *juízo final*, em que serão separados os *lobos* dos *cordeiros*.

Em todos os aglomerados humanos existem espíritos dos mais variados graus evolutivos. Os mais gabaritados permanecerão na Terra, enquanto os demais serão transferidos para mundos compatíveis com suas aspirações.

Convictos de que a moral cristã[1] é amar a Deus sobre todas as coisas, dediquemo-nos a esse exercício sagrado, seguros de que assim seremos eticamente criaturas melhores. Vale enfatizar que as grandes religiões da Terra abraçaram o mesmo princípio ético: Amar ao próximo como a si mesmo. Fica evidente, assim, que a convivência com as diferenças será tranquila, pois os fanáticos e astutos "religiosos" sem religiosidade deixarão a Terra.

Pergunta:- Como ficarão as religiões que, embora tenham grande número de adeptos, não têm um foco teológico a ser

---
[1] É sempre bom lembrar que estamos nos referindo ao Cristo, o criador da Terra.

alcançado? E aquelas que estagnaram, repetindo ensinamentos de épocas remotas, como se suas verdades fossem absolutas e eternas?

Resposta: - Tal preocupação não deve fazer parte daqueles que já passaram por outros fins de ciclo, pois trazem na memória subjetiva os registros de cada época. Por isso é que muitos encarnados, mesmo sem a clara lembrança projetada na memória objetiva, intuitivamente sentem que a Terra e sua humanidade estão caminhando para brevemente conviver com novas e grandes mudanças em todos os sentidos.

Por se tratar de momento seletivo, quem estiver sintonizado com a *besta apocalíptica* naturalmente deixará a Terra, seja ele do pilar religioso, artístico, social ou científico. O rótulo pelo rótulo não credencia, necessariamente, ninguém para continuar reencarnando na Terra. A seleção é feita pelo peso específico[2] e não pelas crenças.

Por causa do comportamento da maioria dos religiosos sem religiosidade, a sociedade planetária poderá ficar reduzida a um terço, ou seja, dois terços irão para outros redutos nas *muitas moradas do Pai.*

Assim, em vez de nos preocupar com quem vai ou com quem fica, vamos investir em nossa evangelização, para adquirir mérito e continuar em nossa magnífica e abençoada morada – a Terra.

Pergunta:- O foco central da proposta dos Adventos Crísticos é fazer chegar ao conhecimento da sociedade a mensagem evangélica proferida por Jesus e existente em A Arca do Desconhecido. Como inserir o Evangelho na Umbanda, considerando que ela tem seus próprios fundamentos e rituais, bem diferentes quanto à maneira que o Nazareno Mestre ensinou?

Resposta: - Uma vez que religião é criação humana, vale sempre ter em mente que Deus não Se prende aos rótulos das manifestações externas realizadas pelos homens em suas buscas espirituais, mas na decantação da fé. Consequentemente, como o conteúdo é o primordial, o continente naturalmente é secun-

---

2 Estamos considerando que a aferição seja feita pela densidade do períspirito. Portanto, para o espírito permanecer na Terra ou deixar o planeta, dependerá das condições energéticas de seu períspirito.

dário, pois o que importa é o homem interno e seu propósito e não a sua religião, a sua crença. A religião pela religião de nada vale se não for fundamentada em propósitos iluminativos para, sem restrições, esclarecer o espírito quanto ao sagrado sentido da vida, pois a mensagem do Nazareno Mestre foi dirigida à criatura humana de maneira abrangente e universalista, envolvendo os quatro pilares da sociedade.

A pessoa que nomeou Jesus seu modelo, a partir do momento em que concebe que o Evangelho é a síntese de todas as verdades..., é a síntese das Leis de Deus, passa a trabalhar-se no sublime sentido de despertar o seu Cristo interno, a sua Força Superior e, assim, abdicar de amuletos, objetos e dos milenares rituais sem o ritmo harmônico que faculte ao Cristo-criatura entrar na frequência do Cristo-Criador. E, para tal, é preciso silêncio interno e externo.

O importante para nós que estamos empenhados em nossa evangelização é procurar seguir o exemplo deixado pelo Amado Mestre, que fundamentou a Sua mensagem nas Leis do Supremo Legislador, convidando-nos a que entrássemos no ritmo que identifica a frequência da correnteza da vida universal, já que os fundamentos e os rituais das religiões, mesmo quando úteis para determinadas épocas, com a evolução da consciência, deixam de existir, pois perdem os nutrientes motivadores do crescimento interior.

Pergunta: - Por ser a Umbanda uma religião brasileira, trazida ao plano material pelo Caboclo Sete Encruzilhadas em 1908, através da mediunidade de Zélio Fernandino de Moraes, de que forma os Adventos Crísticos vencerão as barreiras psicológicas dos preconceituosos e convencer os religiosos sem religiosidade quanto ao papel da Umbanda na vida da humanidade?

Resposta: - O mestre Ramatís, em seu livro *A Missão do Espiritismo*[3], no capítulo 9, "Espiritismo e Umbanda", esclareceu que a Aum-bandhã é conhecida desde os Vedas e demais escolas iniciáticas do passado. Logicamente, considerar

---
[3] Nesse livro, Ramatís detalha a história da Umbanda a partir dos Vedas, passando pelos povos africanos e chegando aos brasileiros.

que a Umbanda é uma religião brasileira é tirar o seu espírito universalista e desdogmatizante. Também, vinculá-la a uma nação não procede. Além do que, já temos evolução para desfazer esses sentimentalismos patrióticos, principalmente quando estamos exercitando na Terra a nossa condição consciente de cidadãos cósmicos. Assim, com visão universalista e sem pieguismo, consideremos a Umbanda atual no Brasil apenas uma edição brasileira e não uma religião brasileira.

De modo a não ficarmos disputando a que torrão pátrio pertence a Umbanda, reflitamos, baseados nas constantes universais:

- As religiões, por serem criações humanas, atendem a determinados graus evolutivos das sociedades e depois desaparecem, o que é natural, pois a evolução é eterna e os "religiosos" sem religiosidade, além de dogmáticos, emperram a evolução das religiões por considerarem suas verdades absolutas.
- A finalidade suprema de todas as religiões respaldadas pela espiritualidade superior, mesmo as desprovidas temporariamente de conhecimentos libertadores, é conduzir o ser humano a trazer de sua latência os atributos divinos... Fazer chegar ao consciente o seu Deus interior, a fim de que ele possa vivenciar o amor que salva e praticar o bem que edifica, segundo Ramatís.
- Uma vez que é o amor o ponto focal das religiões que têm o Cristo planetário como Arauto do Deus Supremo, as manifestações de fé, por mais abrangentes que sejam, são apenas e tão somente experiências passageiras enquanto estivermos no plano existencial, que, por ser relativo, só atende a determinados níveis da evolução do espírito eterno.

Os Adventos Crísticos não se deterão nos nomes das religiões, mas em auxiliar seus adeptos a se graduarem à religiosidade. Assim, as barreiras psicológicas e preconceituais serão vencidas em função de os adeptos das religiões se tornarem pessoas integrais.

Pergunta:- Por que a Espiritualidade não codificou a Umbanda para evitar a maneira tão diversificada como ela é conduzida e praticada?

Resposta: - Deus não impõe, apenas solicita, pois Ele nos deu o sagrado livre-arbítrio. Assim, ao criarmos normas para conduzir a vida, não devemos impor rigidez, principalmente quando se trata de uma escola primária, em que a evolução espiritual é excessivamente heterogênea, a exemplo da terrena. As experiências que tivemos até agora na busca de Deus não têm sido animadoras, considerando a inflexibilidade criada pelos ortodoxos quanto às religiões. Muitos, embora com capacidade para entender que a evolução é eterna, têm ideias fixas em um universo em eterno transformismo. Aí está o perigo das codificações, mesmo as ditadas pela espiritualidade superior.

Nenhuma norma nas escolas planetárias deve ser fechada em si mesma, pois os espíritos estão em eterna evolução, clamando por novos e eternos conhecimentos. Allan Kardec, por exemplo, amparado pela espiritualidade superior, codificou o Espiritismo e, depois, voltou na personalidade de Francisco Cândido Xavier e psicografou mais de quatrocentos livros, deixando evidente que os ensinamentos também obedecem à lei do transformismo, pois a evolução não tem fim. Por isso, *todo sábio é sábio tão somente para a sua época*, nunca para a eternidade.

Pergunta: - Por que os espíritos da Umbanda e, em especial, os Pretos Velhos, usam um vocabulário rudimentar?

Resposta: - Não existem espíritos da Umbanda nem de qualquer religião. Há, sim, manifestações que podem ser específicas, como é o caso da Umbanda e de tantas outras.

A necessidade vocabular não é do espírito comunicante, mas dos humanos encarnados, que são ainda preconceituosos. Assim, atendendo a um momento da história evolutiva da humanidade terrena, os espíritos escolhem a maneira externa de se apresentarem à sociedade por meio da mediunidade, de acordo com as necessidades dos encarnados ou as tarefas que vão desempenhar em cada grupo. No entanto, não nos esqueçamos de que aquele que se manifesta mediunicamente usando vocabulário simples ou rudimentar pode ser um anjo.

Cruzeiro do Sul, Huracán[4] e Pássaro dos Céus, por exem-

---
4 Huracán se apresentou a Divaldo Franco nas matas da Guatemala na roupagem

plo, são espíritos divinais, consciências ascensionadas e, no entanto, se apresentam na roupagem de Caboclos.

No livro *As cinco vidas de Paraguassu*, psicografia de Maria do Carmo Figueiredo Cardozo, 1ª. edição em 1953, consta a descrição de cinco de suas encarnações. No entanto, dependendo das situações, ele se apresenta com o nome dado a "civilizados" ou, simplesmente, "Caboclo Paraguassu".

O padre jesuíta Gabriel Malagrida se apresentou a Zélio Fernandino de Moraes, em 1908, na Federação Espírita Brasileira, em Niterói (Rio de Janeiro), e identificou-se por Caboclo Sete Encruzilhadas.[5]

Pai Joaquim de Aruanda é um querubim, um anjo da mesma hierarquia do Nazareno Mestre e, no entanto, se manifesta externamente também na falange dos Pretos Velhos.

José, o pai de Jesus, trabalha mediunicamente ora usando linguagem de Preto Velho, e ora usando linguagem clássica.

Cosme e Damião[6] foram médicos. No entanto, em especial a Umbanda adotou o simbolismo para eles representarem as crianças. Evidentemente, em outros ambientes, eles se apresentam com as mais variadas roupagens, de acordo com as necessidades e as circunstâncias.

Não nos detenhamos nos vocabulários usados nem pela Umbanda nem por qualquer outra religião, pois o que nos importa é o conteúdo doutrinário, a capacidade de orientar, confortar e ensinar para libertar consciências.

Pergunta: - Não seria mais motivador se os Pretos Velhos
___
de um caboclo e, no entanto, ele é uma divindade. Cruzeiro do Sul desempenha função relevante na parte sul do continente americano. Da mesma forma, é Pássaro do Céu que desempenha as suas tarefas, predominantemente na parte norte do continente americano.

5 O padre Gabriel Malagrida previu o terremoto de 1755 que destruiu Lisboa, em Portugal. Em 1761, foi levado para os cárceres da Inquisição, onde foi submetido a interrogatório. Devido à velhice e sofrimento, não foi difícil acusá-lo de heresia. A 20 de setembro de 1761, após nove meses de reclusão, Malagrida saiu, de mordaça na boca, juntamente com outros condenados por motivos de religião, para o auto de fé, que se realizou solenemente no Rossio. Sofreu pena de garrote, foi queimado e as suas cinzas espalhadas ao vento.

6 Os gêmeos nasceram em Egeia (agora Ayas, no golfo do Iskenderun, Cilícia, Ásia Menor) e tinham três irmãos. O pai foi mártir durante a perseguição aos cristãos na era de Diocleciano. Cosme e Damião eram médicos que curavam os enfermos não só com seu saber, mas por meio de "milagres" propiciados por suas orações. Seus nomes verdadeiros eram Acta e Passio. Viveram por volta dos anos 300 d.C.

usassem de uma linguagem somente clássica?

Resposta: - Quantos seres humanos eloquentes, portadores de cérebros brilhantes e linguagem clássica, ao desencarnarem vão direto para os planos do astral inferior, e lá ficam por longo período? Quantos permanecem por longo tempo nos planos sombrios tombados pelo peso da culpa na consciência por terem se envaidecido com o que aprenderam com o cérebro, mas não transformaram em sabedoria, vivenciando com o coração? Isso acontece com quem desenvolve maravilhosamente a razão, mas não burila, com a mesma força-energia, o sentimento.

Pergunta: - No livro **Adventos crísticos***, consta que Pai Joaquim de Aruanda esteve encarnado na Mesopotâmia por volta de 1.400 a.C., com o nome de Anfion, e que ele, naquela vida, era médium do Cristo planetário. Como pode um espírito graduado, a ponto de ser médium de uma consciência arquiangélica, depois se manifestar na roupagem humilde de um Preto Velho?*

Resposta: - Jesus, o Arauto do Cristo-Pai a serviço da Vida na Terra, não Se apresentou na condição de um anjo, embora o fosse. A preocupação d'Ele era o teor da mensagem e não a roupagem do mensageiro. Assim, não há demérito quando os espíritos superiores se apresentam aos menores sem a túnica angelical. O importante é que eles consigam nos conduzir pelos ensinamentos e, sobretudo, pelo exemplo, ao exercício da humildade.

Anfion, nosso Velho Mestre, mais conhecido no Brasil por Pai Joaquim de Aruanda, na época de Jesus também estava encarnado naquelas terras, tendo o nome de Jacob e trabalhando no anonimato para ajudar na sustentação da egrégora energética, a fim de que o Nazareno Mestre implantasse o monismo.

Pergunta: - Por que a Umbanda não segue os ensinamentos balizares do Evangelho de Jesus?

Resposta: - Não devemos confundir a Umbanda com os umbandistas, que, porventura, não são evangelizados, considerando que as suas práticas exóticas não fazem parte da programação da AUMbandhã, conforme estabelecido pela administração sideral voltada para a Terra, há milênios, segundo o mestre Ramatís.

A Umbanda é amparada pelo Cristo tendo o Nazareno Mestre em Sua inequívoca condição de Instrutor da Humanidade de todas as épocas. Se algum umbandista não segue princípios ético-morais evangélicos, não culpemos a Umbanda, pois ela, em sua essência, também é portadora da crística proposta de Jesus.

Existem muitas religiões que são imbuídas de bons propósitos e que recebem o respaldo da espiritualidade superior, mas nem todos os seus adeptos estudam para se esclarecerem e se libertarem das milenares práticas ancestrais.

Pergunta:- O Nazareno Mestre não usou nem induziu Seus adeptos a fazerem uso de amuletos, simpatias, talismãs ou qualquer outro artifício para cultuar a divindade. Por que a Umbanda, que também se diz cristã, precisa de tantos objetos?

Resposta: - À medida que o espírito evolui quando encarnado, a sua mediunidade se torna menos ostensiva. O que foi importante para épocas remotas, agora, na Era do Mentalismo, será diferente, inclusive no que diz respeito à maneira de nos relacionarmos com os espíritos superiores.

O médium estudioso fará uso de sua Força Superior para orientar seus adeptos e simpatizantes.

O tom de sua convicta voz, associada ao seu magnetismo, será suficiente para aguçar em seus semelhantes a fagulha de Deus de que são portadores, o que os fará abandonar o uso de objetos externos e ritos infantis. A tônica será trazer ao consciente os atributos de Deus de que somos portadores.

Desde que fomos criados, somos portadores do DNA divino, o que nos garante retornar, conscientemente, a Deus, a Causa sem Causa. Se, em outras existências, cultuamos os prepostos de Deus emoldurados com decorações exóticas, devemos atribuir essa conduta à ignorância, tendo em vista a nossa pouquíssima evolução. Atualmente, temos graduação para conceber que não existe proteção superior à honestidade. Dessa forma, procuremos conduzir a vida da maneira mais transparente possível, imbuídos da mais crística intenção e teremos o universo conspirando positivamente a nosso favor.

Por sermos portadores da ancestralidade divina e por termos feito a história da humanidade e das religiões, em vez de perder tempo criticando a nossa infância espiritual de qualquer época ou rótulos externos, empenhemo-nos na divulgação do Cristianismo Renovado, o qual, pela lógica, nos conduzirá aos novos rumos do Cristianismo sem as bengalas psicológicas trazidas de épocas mortas... Empenhemo-nos na divulgação da Umbanda cristã.

* * *

No livro *A missão do Espiritismo*, de Ramatís, consta:

> Etimologicamente, o vocábulo Umbanda provém do prefixo AUM e do sufixo "BANDHÃ", ambos do sânscrito, [...].
> A palavra Aum é de alta significação espiritual, consagrada pelos mestres do Oriente, e sua pronúncia deve ser efetuada de uma só vez, num só impulso sonoro do suave para o grave profundo. [...]. Em invocações de alto relevo espiritual, Aum é o próprio símbolo sonoro significativo da Trindade do Universo, representando Espírito, Energia e Matéria, Pensamento Original, Amor e Ação, ou, ainda, Pai, Filho e Espírito Santo da Liturgia Ocidental.
> Bandhã, em sua expressão mística iniciática, significa o movimento incessante, força centrípeta emanada do Criador, o Ilimitado, exercendo atração na criatura para o despertamento da consciência angélica.

* * *

Uma vez que o cristão é a pedra balizar para renovar o Cristianismo, os Adventos Crísticos primam pelo homem interior em substituição àquele que ostenta paramentos externos, mas que nem sempre tem conteúdo ético-moral para representar o Nazareno Mestre.

O momento da Terra, em função de sua evolução, requer que os porta-vozes das religiões no terceiro milênio sejam íntegros e fiéis à causa crística, para servirem placidamente de intermediários entre os Céus e a Terra, na condição sagrada de intérpretes da vontade da história terrena, espelhando-se no sublime Jesus de Nazaré, nosso divino modelo.

Estejamos convictos de que a relação do homem com Deus de agora em diante será mais íntima e mais motivadora. Com os novos rumos do Cristianismo, a criatura sentir-se-á no dever cristão de inserir em sua vida os ideais das superiores consciências espirituais que abraçaram o Evangelho de Jesus para nortear a vida.

Quando estivermos representando o Sublime Anjo, o Nazareno Mestre, exaltemos a vida, transformando o Evangelho em um cântico de esperança e de fé.

* * *

Adventos Crísticos – Em qualquer reduto do espaço sideral, fim de ciclo traz certo desconforto aos espíritos que não adquiriram mérito para permanecerem no mundo em que estiverem reencarnando. Isso porque, à medida que o momento apocalíptico se aproxima, intuitivamente sentem que o habitat para onde serão transladados é inferior em relação ao que deixarão.

Quando reprovados em determinado corpo celeste, pela infinita bondade de Deus, somos transferidos para outro menos evoluído. Caso não tenhamos capacidade para reconhecer que negligenciamos a oportunidade perdida, poderemos fazer a nossa excursão viajando pelo cosmo em outro planeta, sem a harmonia que caracteriza o espírito que é capaz de reconhecer que não há falhas na Obra de Deus.

Sem elucubrações, mas baseados no cientificismo cósmico, a leitura de Os novos rumos do Cristianismo abrirá espaço emocional em nossa alma para implantarmos em nossa consciência o que é proposto pelo Cristianismo Renovado.

22. A morte não interrompe a vida

Pergunta: - Com os ensinamentos de Os novos rumos do Cristianismo, o ser humano conseguirá apagar de sua consciência a fóbica e trágica condição de encarar a morte?
Resposta: - No livro A predestinação espiritual do Brasil, citamos os fascinantes engenhos que a tecnologia e a ciência estão criando para que seja comprovada a vida depois da vida. Com tal acontecimento, as religiões sem religiosidade não terão força-energia para pregarem o medo e alimentarem o desespero quanto à morte na consciência de seus simpatizantes, visto que se trata de processo cósmico, natural e higiênico. Aliás, perguntemos a nós mesmos: Como seria a vida se não houvesse a morte?

Os espíritos encarnados, à medida que se esclarecem quanto à vida nos planos dos desencarnados, vivem melhor, pois estão mais integrados à correnteza das leis divinas. Em vez de se preocuparem com a inquestionável morte que lhes adivirá, empenham-se em viver magnificamente o dia a dia do presente.

Após o exílio dos espíritos avaros, guerreiros, viciados, corruptíveis e corruptores e dos mentirosos por conveniência, a Terra terá uma nova feição em todos os sentidos. Os terráqueos adquirirão autoridade moral para conduzir suas vidas sem depender dos astutos e falsos "representantes da divindade". Os orientadores espirituais serão indivíduos mais polidos.

Os líderes religiosos, por exemplo, não mais negarão as duas leis fundamentais da Criação – Reencarnação e Ação e Reação, pois estas serão questões do conhecimento popular. Os seus adeptos, questionadores e esclarecidos por esforço próprio, além da busca usando a literatura libertadora, frequentarão as escolas doutrinárias espiritualistas para estudos mais avançados. Termina, assim, a época de cegos guiarem cegos.

Com o autoencontro, a criatura vai cultuar a divindade com sublime devoção, surgindo nela a sagrada vontade de libertar-se conscientemente de sua milenar e triste história, durante a qual, por causa das algemas psicológicas criadas em vidas pretéritas, não foi possível alimentar nobres e libertadoras aspirações. Por conhecer melhor a fisiologia da alma, abdicará dos deprimentes e mortíferos vícios e, também, da conduta mental antivital.

Estejamos convictos de que os ensinamentos de Os novos rumos do Cristianismo são libertadores, pois conduzem o indivíduo a substituir a fóbica e trágica condição de encarar a morte pela convicção de que a vida é eterna.

Pergunta: - É comum ouvir dizer que há pessoas que amam magnificamente outras e, no entanto, esquecem-se de si mesmas. É possível issso acontecer diante das leis da Criação? E aquelas que se autoanulam por causa da morte de um ente querido?

Resposta: - Consta em Mateus (22:36-39):"Ame o Senhor, o teu Deus, de todo o teu coração, de toda a tua alma e de todo o teu entendimento. Este é o primeiro mandamento. E o segundo é semelhante a ele: Ame o teu próximo como a ti mesmo".

Como alguém poderá amar a Deus ou a seu próximo se não ama a si mesmo? Temos de considerar que é com a cota de amor-próprio que despertamos em nós que amaremos a quem estiver fora de nós. Na orientação do Nazareno Mestre, fica claro que o ponto de partida é o autoamor, pois é o amor-criatura entrando em ressonância com o Amor-Criador... E é com o amor pessoal, aquele que cada indivíduo trouxe ao consciente, que se exterioriza amor aos semelhantes.

Na Era do Mentalismo, cada pessoa precisará assumir a sua maioridade espiritual, caso pretenda continuar na Terra. O tempo urge e essa aurora tende a desvanecer. Os encarnados de conduta infantil serão encaminhados aos mundos em que a evolução ainda é incipiente. Por isso, no momento em que estamos vivendo, é preciso muita habilidade para lidar com crianças espirituais.

Qualquer que seja o motivo, a autoanulação é um ato de covardia diante dos Estatutos da Vida, já que é do conhecimento de todos que não existe acaso na Obra de Deus. Quem perde o sentido da vida devido ao desencarne dos que lhe são caros, merece o respeito de todos, mas estejamos certos de que as Leis da Criação em nada mudarão, pois o Criador é perfeito. Evidentemente, é mais didático e saudável nos empenharmos em compreender a legislação divina.

Com o autoconhecimento, o indivíduo:

- Deixará de alimentar-se da ilusão de que é capaz de amar aos outros antes de amar a si mesmo e perceberá que todos nós amamos com a cota do Cristo-Amor que tenhamos despertado de nossa latência, pois o amor que demonstramos na vivência ocorre na mesma proporção em que ativamos o nosso Cristo-Amor, a fagulha de Deus que somos.
- Aprenderá que a autoanulação é desamor, é ingratidão ao Autor do Amor, Deus. Assim, em vez de mergulharmos em nossa angústia, devemos exercitar o desapego e manter o júbilo da gratidão pela oportunidade de cada reencarnação e da convivência com os nossos semelhantes, pois quem é convocado a comparecer ao outro lado da vida sem a indumentária carnal está obedecendo às leis naturais da Criação. Com a dedicação e a postura dos que reconhecem a perfeição das Leis de Deus, procuremos conhecer as leis da vida para aceitarmos elegantemente as leis da morte biológica com o semblante de quem comunga com a imortalidade do espírito eterno.
- Verá que a mensagem do Cristianismo Renovado é, evidentemente, libertadora. Por isso, os novos rumos do Cristianismo são incontestes, principalmente porque, na Terra, de agora em diante não reencarnarão espíritos com ideias mirradas.

Considerando a grandeza com que a proposta dos Adventos Crísticos nos conclama à assimilação, desarmemo-nos e abracemos essa crística causa, atendendo à solicitação do Supremo Criador, pois, quando estivermos mais conscientes, convictamente diremos: *Senhor!... Que seja feita a Tua vontade!*

Deixa de ter lógica alguém anunciar que ama magnificamente a outrem e, no entanto, esquecer-se de si mesmo. Sem se amar, o indivíduo não tem condições emocionais nem magnetismo na frequência que exteriorize a cor rosa para amar outra pessoa.

Também não tem sentido, diante de uma constante universal como a morte, alguém se anular por causa do desencarne de um ente querido, pois faz parte das reencarnações o exercício eterno do desapego.

Pergunta: - Os Adventos Crísticos, propondo renovar o Cristianismo, conduzirão o espírito terreno, sem medo da morte, a ter um foco centralizador de suas aspirações crísticas enquanto encarnado?

Resposta: - Reencarnando durante milênios, adquirimos experiências e sabemos que a morte não interrompe a vida. Atualmente, sob a vibração de Aquário, era da força do espírito, nosso foco deve ser investir na consolidação dos valores que amealhamos em todos os tempos, a fim de adquirirmos autonomia psicológica e não continuemos sofrendo com medo da inquestionável morte.

Para a criatura dedicar-se de corpo e alma aos estudos do Cristianismo Renovado e passar a conviver com a vida e a morte de maneira natural, os Adventos Crísticos não precisarão fazer apologia quanto às verdades espirituais, pois a ciência, com suas brilhantes pesquisas, tem contribuído esplendorosamente para esclarecer o fenômeno. Tal certeza é alicerçada na lógica, por se tratar de constante universal. Assim, os novos paradigmas científicos já estão levando o ser humano a conceber que a vida é eterna e o espírito, imortal.

A partir do momento que, por evolução, a pessoa passa a ter visão holística, ou seja, intuitivamente concebe a interação espírito-matéria, começa a compreender a legislação divina para tornar-se um ser integral. Para tal, procura com afinco, mas sem fanatismo, estudar e vivenciar a crística mensagem evangélica do Nazareno Mestre.

* * *

O indivíduo que concebe Jesus como porta-voz do Cristo-Pai, Aquele que trouxe para a Terra o Evangelho, a síntese de todas as verdades, empenha-se em assimilar e inserir, no dia a dia da vida, a mensagem ensinada e vivida por Ele, o eterno modelo e guia da humanidade.

Quando, três dias depois de Seu desencarne, o Nazareno Mestre Se apresentou aos encarnados, patenteou que a morte não interrompe a vida. Mesmo Jesus tendo matado a morte, dois milênios não foram suficientes para erradicar a nossa fóbica condição quanto à fenomenologia do desencarne. A grande maioria da sociedade nem mesmo se dedicou a estudar para compreender o processo do encarnar e reencarnar para o espírito evoluir e ascender após se graduar à misericórdia do ver, ouvir e falar.

Com a saída compulsória dos espíritos menos conscientes quanto à sagrada finalidade das sucessivas vidas, os que continuarem encarnados e reencarnando na Terra compreenderão que o homem é um ser cósmico e imortal, apenas temporariamente corporificado para, com a aquisição de conhecimentos transcendentais, evoluir e, após desapegar-se de tudo que possa atrelá-lo ao plano material, ascender e transcender.

A massa planetária, em função de sua idade sideral e progressiva radioatividade, sofrerá saltos quânticos naturais e, junto com ela, a humanidade. Com tal inconteste evento da natureza, o ser humano, após a limpeza apocalíptica, sentir-se-á mais livre das atuais energias opressivas polarizadas pelas mentes dos espíritos menos credenciados dos planos físico e metafísico. Com a psicosfera sem as densas formas de pensamentos, mais facilmente a proposta renovadora e inovadora do Cristianismo – Adventos Crísticos – será assimilada.

O homem-espécie, vibratoriamente mais distante do medo da morte, viverá emocionalmente melhor no dia a dia e desencarnará mais longevo, o que é natural e também faz parte das constantes universais.

Diante do inquestionável avanço da ciência e do espiritualismo, o que era considerado imponderável está perdendo a sua impermeabilidade, uma vez que a mente humana, valendo-se de diferentes meios e técnicas, vem mensurando o "imensurado", além de ir desvendando os chamados "mistérios da fé".

* * *

Com a mensagem evangélica de Os novos rumos do Cristianismo levando o homem-espécie a valorizar a vida, pois, compreendendo que a morte, em sua condição irrevogável de constante universal, deve ser encarada com naturalidade, a sua conduta quanto à vida e à morte adquirirá nova e libertadora conotação.

O ser humano aprenderá a viver jubilosamente cada minuto da vida, em vez de se preocupar com a morte.

Ele passará:

> • A dedicar-se em conhecer as leis da Reencarnação e de Causa e Efeito, a fim de seguir os princípios ético-morais ensinados pelo Sublime Pedagogo, Jesus de Nazaré, o que o levará a viver o presente e preparar-se, psicológica e emocionalmente, para deixar o plano físico sem, necessariamente, receber aviso prévio.
> • A reconhecer que a vida que o aguarda no além-túmulo será continuação daquela que ele vive na Terra, já que a simples morte não qualifica o espírito para novas aquisições morais. Dos espíritos terrenos, nenhum adentrará os Céus antes de se evangelizar na Terra, graduando-se à misericórdia do ver, ouvir e falar.
> • A ter vontade evangélica de repartir o pão com seus semelhantes, seguindo o exemplo do Sublime Peregrino, o Mestre da Galileia.
> • A se conscientizar de que quem vai representar o pilar social na administração pública, atualmente mais esclarecido quanto ao sentido sagrado da vida, de maneira segura e consciente, empreenderá mudanças substanciais na educação do homem integral.
> • A compreender que a sua felicidade se dá nas mesmas proporções da felicidade que ele cause a outrem. Portanto, não é possível vincular felicidade ao que o homem tem, mas ao que ele é.
> •A ter conduta que expresse atitudes de autoamor e de amor para com seus semelhantes.

• A vivenciar os ideais evangélicos alimentados pelos sentimentos nobres.

O homem novo do terceiro milênio vai treinar o desapego desde jovem, para, quando entrar na natural decrepitude, sentir-se livre dos elos energéticos que o prendem aos tesouros do mundo.

* * *

Adventos Crísticos – O momento histórico da Terra é magnífico para trabalharmos a nossa sensibilidade psíquica, a fim de, conscientes e motivados pela causa crística, servirmos de intermediários entre a vontade do Cristo e as necessidades de nossos semelhantes desprovidos da eterna fé.

Neste sagrado instante do calendário terreno, em que nos encontramos em transição planetária do signo de Peixes para Aquário... Do signo do amor para o signo do mentalismo... Momento especial para expandirmos com mais abrangência a nossa Chama Crística... Para entrar em comunhão espiritual com o Cristo, tendo o Nazareno Mestre como canal divino, é necessário que a nossa potente vontade, considerando que somos uma sagrada centelha de Deus, desobstrua os nossos canais mentais, deixando-os livres para recebermos o fluxo das radiações do Cristo-Vida.

Com a mente em contato, por ressonância, com a suprema consciência planetária – o Cristo, sentiremos um divino empuxo que nos projetará para a eternidade. Nesse estado vibracional, o tempo e o espaço deixam de existir e o espírito sente-se eterno e imortal.

Uma vez que desde a sua gênese o espírito é portador dos atributos de Deus, ele tem impresso o gene que identifica em si a eternidade. Assim, com a gradual evolução, concluirá, por experiências reencarnatórias, que a morte não interrompe a vida.

Sendo a morte a mais avassadora fobia para a alma terrena, os Adventos Crísticos nos levam à reflexão de maneira suave, lógica e evangélica quanto à necessidade de darmos sentido crístico à vida enquanto encarnados, para que, do outro lado da vida, não fiquemos estagnados devido ao impacto do desencarne nem tombados em função do sentimento de culpa por termos negligenciado os ensinamentos esclarecedores e libertadores.

* * *

A coisa de maior extensão no mundo é o universo, a mais rápida é o pensamento, a mais sábia é o tempo e a mais cara e agradável é realizar a vontade de Deus.

Tales de Mileto[1]

---

1 Tales de Mileto foi filósofo, matemático, engenheiro, homem de negócios e astrônomo na Grécia antiga. Nasceu em Mileto, antiga colônia grega na Ásia Menor, atual Turquia, por volta de 624 a.C., e faleceu em 558 a.C. Atualmente, ele integra a equipe intitulada Sagradas Fileiras, para implantação dos Adventos Crísticos.

23. Autocura à luz do Evangelho

Pergunta: - Com o Cristianismo Renovado fazendo parte da vida dos encarnados, em que mudará a rotina da sociedade?

Resposta: - É evidente que a mudança não deve ser brusca, considerando que a substituição de valores precisa ocorrer gradativamente, sem transtornos psicoemocionais nem somáticos, para que não se provoque na alma o vazio existencial. Estejamos convictos de que, com a essência da mensagem evangélica transformada em vivência, os povos viverão em fraterna harmonia, mesmo com as diferenças culturais, religiosas, mesológicas, étnicas etc.

Em seu porvir, o ser humano,

Mais consciente de sua sagrada condição de Deus-criatura, melhorará a sua relação com o Deus-Criador e, naturalmente, com seus semelhantes... Aspirará, com mais entusiasmo, ao ideal crístico de alcançar os Céus, o que lhe permitirá viver em paz na Terra. E, por ser processo que independe da racionalidade, passará a agradecer a todos e por tudo que advenha do plano material, mas reconhecendo que o tempo de cada encarnação é muito curto, razão pela qual se dedicará em aproveitar bem a oportunidade de aprender e vivenciar os ensinamentos libertadores, para ter condições de ensinar suas experiências a outrem.

- Entrará em introspecção consciente, procurando encontrar o fio da meada que o leve ao seu programa de realizações enquanto encarnado, conforme combinado quando ainda estava no plano espiritual. Terminará para ele o ócio,

conduta ainda comum a elevado percentual da sociedade.
• Com o autoencontro, passará a confiar mais em suas potencialidades latentes, pois saberá que é portador de todos os atributos da Divindade Suprema, Deus.
• Conseguirá amar-se e amar a vida, razão pela qual brotará de seu íntimo a gratidão ao Senhor da Vida pela chance de mais uma existência para exercitar a sua evangelização. Outro importantíssimo item é que ele reconhecerá a sacralidade de seu corpo biológico.
• Elaborará projeto para aquisição de conhecimentos transcendentes que propiciem seu crescimento ético-moral... Que melhorem seus sentimentos... Que apurem suas luminosas intenções... Que o alimentem de ideais superiores.
• Perceberá que, enquanto não iniciar seus questionamentos quanto ao sentido sagrado da vida, apenas passará por ela e retornará ao plano espiritual de mãos vazias por não ter investido em conhecimentos que libertam as consciências de seus cárceres psíquicos.
• Concluirá que, sem autoamor, não terá serenidade para auxiliar seus semelhantes na descoberta de sua Força Superior... A força da alma... A força de seu Deus interior.

Com o Cristianismo Renovado na rotina da vida do espírito terreno, as reencarnações serão mais proveitosas em todos os sentidos.

Pergunta: - Como entendermos que o Evangelho cura as doenças da alma e do corpo?
Resposta: - Sabemos que as doenças do corpo são efeitos de causas pretéritas. O foco central da mensagem do Nazareno Mestre no milênio em curso é a criatura humana, no sentido de que ela, conhecendo as Leis de Deus, não tenha conduta geradora de carma negativo com tanta assiduidade como ainda acontece.

O ser humano, na Era do Mentalismo:

• Imbuído de propósito engrandecedor e sentimentos crísticos, dedicará boa parcela de seu tempo ao seu progresso espiritual, porque, em sendo constante universal, a alma sente-se naturalmente impulsionada a sair da cômoda condição de apenas contemplar as criações alheias. Ela passa a sentir vontade de elaborar projetos educativos para si e para a sociedade.

• Sabedor de que o Evangelho dilata a visão interior, propiciando uma vida mental bem mais elaborada, amortecerá as elucubrações da razão analítica e dará vazão às emoções ensejadas pelo coração. Também ouvirá, por meios das filigranas da alma, os sons sem som dos sentimentos superiores revestidos da musicalidade edênica advinda dos espíritos puros.

• Assimilará de maneira clara e objetiva a mensagem evangélica, razão pela qual vai posicionar-se melhor perante a vida, de forma que as questões menores e comuns à rotina da vida não ocupem muito espaço em sua vida mental.

Quando a pessoa coloca a mensagem evangélica como roteiro de vida, sem qualquer esforço deixa de julgar a conduta alheia, pois passa a ver o mundo e sua humanidade com olhos misericordiosos. Diante das diferenças da sociedade, incluindo as fraquezas de seus semelhantes, se tiver discernimento para reconhecer o porquê dos acontecimentos, vai silenciar para não criticar... Por se tratar de criatura intimamente mais harmonizada, caso não alcance a razão das situações, também vai se calar por respeito ao grau de consciência de cada ser humano.

Nem sempre os resultados das ações justificam as intenções. Como os nossos julgamentos são, normalmente, elaborados com base nos efeitos, sem que conheçamos verdadeiramente a intenção do responsável pela causa, é preferível silenciarmos, deixando os ajustes de rota de cada espírito por conta das leis disciplinadoras elaboradas pelo Criador.

Se a intenção for superior à nossa evolução espiritual, prevalecerá a intenção, porque, nesse caso, o universo agirá a nosso favor, reconhecendo a frequência da intenção e não a da evolução espiritual. Quando a intenção é crística, a frequência mental entra em ressonância com campos energéticos superiores, com correntes de pensamentos elevados e, enquanto permanecer naquela sintonia, a intenção se sobreporá à evolução da alma.

A intenção de São Lucas naquela encarnação, na época de Jesus encarnado, era curar os doentes, mesmo sem entender plenamente as Leis do Criador. Independentemente de sua evolução espiritual, em seus crísticos impulsos de aliviar a dor e o sofrimento de seus semelhantes, os Céus respondiam à sua intenção e ele curava "milagrosamente", com simples abraços, inclusive os leprosos. Nesses casos, o medianeiro polariza com a sua mente as energias revitalizadoras do cosmo em benefício das demais criaturas, além de ser divinamente auxiliado pelos espíritos superiores.

Os Céus respondem aos apelos daqueles bem-intencionados, principalmente quando, em um ato de amor ao próximo, humildemente solicitam ajuda às potestades celestiais.

Pergunta: - Uma vez que a boa intenção é nobreza da criatura, como reconhecermos que a nossa intenção é nobre?
Resposta: - Antes de entrarmos em ação, é de bom alvitre parar, avaliar, reavaliar e entrar em oração, pedindo aos emissários do Senhor as sublimes inspirações, para termos condições de medir as consequências de nossas empreitadas.

Justifica-se, assim, porque pessoas não santificadas, mas portadoras de propósitos elevados, realizam maravilhas em benefício da sociedade. Tem sido comum, em várias partes do mundo, médiuns realizarem curas fantásticas, ainda que desconhecendo a fisiologia do corpo e da alma. Devido aos elevados propósitos desses medianeiros, as suas frequências mentais permitiram-lhes penetrar em campos energéticos habitados por espíritos bem-aventurados e, pela Lei da Ressonância, tais médiuns tornaram-se mais capazes, a ponto de realizarem prodígios.

Aprendemos que curar os semelhantes é um ato de amor. Portanto, quem pretende aliviar a dor de outrem, precisa:

• Despertar de sua latência a simpatia, a fim de poder contar com as energias de todas as pessoas que estiverem no ambiente e muito além. Um ser humano simpático consegue desbloquear os indivíduos, para que todos passem a interagir espontaneamente pelo fenômeno da luminosa empatia[1], facilitando que os benfeitores celestes cuidem das necessidades dos terrestres.
• Deixar de focar suas necessidades individuais e passar

---
1 Capacidade psicológica para sentir o que sentiria outra pessoa caso estivesse na mesma situação vivenciada por ela. Consiste em tentar compreender sentimentos e emoções, procurando experimentar de forma objetiva e racional o que sente outro indivíduo. No texto, tem o aspecto de somar as energias em benefício de todos.

a vibrar naturalmente em benefício de todos, o que ocorre facilmente quando as pessoas estão entrelaçadas mentalmente pelas mesmas sublimes energias e imbuídas do mesmo propósito. Nesses luminosos momentos, os Céus descem à Terra para cuidar dos doentes da alma e do corpo.

• Ter a sabedoria de envolver o maior número possível de indivíduos para abraçarem a mesma divina causa, pois é da Lei de Deus que todo efeito retorna à causa. O efeito que retorna à causa de quem ora pela coletividade é bem mais abrangente do que aquele de quem ora pela individualidade.

O homem, mesmo quando portador de boa intenção, deve medir as consequências antes de iniciar as suas empreitadas.

Pergunta: - O Nazareno Mestre, em Sua condição de Tribuno Celeste, direcionava a Sua mensagem às pessoas no sentido de esclarecê-las e, assim, se empenharem para conhecer os mecanismos que conduzem a alma ao Reino dos Céus, ou as Suas pregações eram geradas em função das atitudes circunstanciais?

Resposta: - Os pedagogos siderais não se detêm nas atitudes humanas, pois compreendem que as condutas são relativas à capacidade de discernir de cada criatura, de cada grupo ou sociedade. Caso eles se detivessem nas atitudes, seriam críticos e não guias.

As atitudes podem ser ensejadas por acontecimentos momentâneos, devido à idiossincrasia, não só porque ainda somos espíritos oscilantes, como também por estarmos tentando acertar, nem sempre com sucesso, mesmo quando a intenção é boa. Portanto, não devemos confundir idiossincrasia com intenção, tendo em vista que a primeira é da natureza do indivíduo, enquanto a segunda pode ser mentalmente direcionada.

Os guias da humanidade procuram ensinar ao homem de tal forma que ele, possuindo conhecimentos libertadores, aprenda a viver em harmonia, dê sentido crístico à existência e passe a ter atitudes evangélicas, aquelas que não criam carmas negativos.

Pergunta: - É muito comum falar-se das doenças mani-

festadas por meio do corpo somático, as quais a medicina trata, dentro do possível, de maneira magnífica. Como curar as doenças da alma?

Resposta: - Com a nova e crescente frequência mental dos espíritos terrenos na Era do Mentalismo, as doenças psicossomáticas, emocionais e espirituais irão, gradualmente, desaparecer. Isso porque os seres humanos estarão maravilhosamente mais motivados para a aquisição de novos ensinamentos transcendentes. Com tais ensinamentos transformados em vivência luminosa, as ações geradoras de carmas negativos vão diminuir.

É sensato relembrar que bom percentual de nossas atuais doenças não são reações de vidas anteriores, mas da atual, considerando que ainda não conseguimos viver harmonizados com as Leis da Criação.

Vejamos:

• A baixa autoestima é doença da alma potencializando energias que são armazenadas no perispírito e que, por falta de impulso renovador e motivador, pode provocar o descenso vibratório e a "materialização" de tais energias para serem drenadas pelo corpo biológico.

• O complexo de inferioridade também é doença grave da alma que desconhece a energia-força do amor existente em si... Ela precisa autoamar-se para melhorar a sua frequência e, por esforço pessoal, sair da faixa autopunitiva da inferioridade.

• A solidão é outra grave doença do espírito eterno e imortal. A pessoa que conhece a Lei de Causa e Efeito não deve isolar-se em sua clausura psíquica, alegando que se encontra só no mundo. Deve empenhar-se com determinação para substituir a solidão pela solidariedade, sabendo que milhões de pessoas que desconhecem as Leis do Criador clamam pela sua útil participação na rotina de suas vidas. Não é atitude evangélica sentir-se só em um planeta com sete bilhões de espíritos encarnados.

Em muitos casos, quando nos encontramos no mundo sem os afetos consanguíneos, estamos tendo a oportunidade de refazer o passado... Mudar nossas atitudes, a fim de não mais abandonarmos aqueles que nos são caros, conforme agimos em vidas pretéritas. Também existem as situações que podem ser identificadas como exercício do desapego, razão pela qual ficamos longe de nossos familiares para treinar a nossa condição universalista. Na verdade, são as Leis de Deus tentando aproximar os homens dos homens sem, necessariamente, terem ligações familiares.

Sendo o Evangelho uma síntese das Leis de Deus, as pessoas evangelizadas, ou seja, aquelas que compreendem a bondade e a justiça divinas, não sofrem desses males. Diante das dificuldades existenciais, ajoelham-se no genuflexório da consciência e oram ao Supremo Pai, pedindo-Lhe força-energia para absorverem, com elegância, os efeitos de causas pretéritas, sem revolta nem desarmonia íntima, comuns àquelas que não compreendem a perfeição de Deus... Àquelas que ainda não assimilaram que toda ação gera reação.

A criatura que transforma o Evangelho-letra em Evangelho-vida não sofre de depressão, pois compreende os desafios da vida. Uma vez que as causas mais frequentes da depressão são as perdas não compreendidas, a mensagem do Nazareno Mestre nos projeta para o eterno amanhã, a fim de despertarmos de nossa latência o eterno vir a ser.

A partir do momento em que a pessoa passa a comungar com a eternidade, pois consciente de que é um espírito cósmico e imortal, não mais se permite ficar presa às momentâneas circunstâncias, comuns aos espíritos em evolução.

Pergunta: - Por ser o Evangelho do Sublime Anjo, Jesus de Nazaré, remédio para todos os males da humanidade, por que os religiosos que o divulgaram também entraram em depressão, sofreram de síndrome do pânico ou de outros males psicoemocionais? Por que até mesmo os líderes religiosos apresentaram ou apresentam descompensação íntima?

Resposta: - É preferível admitirmos que a mensagem do Nazareno Mestre é um receituário crístico, convidando o ser humano a transformá-lo em remédio durante a vivência evangélica.

No atual nível evolutivo da sociedade terrena, abraçar uma religião não significa estar graduado à religiosidade. Os líderes e os adeptos das religiões, em sua maioria, são apenas simpatizantes de determinados movimentos que propõem a busca de Deus. Nos próximos milênios, através das reencarnações, se graduarão à religiosidade. Como a eternidade é aqui e agora, conscientizemo-nos de nosso Deus interior o quanto antes, para iniciarmos os exercícios de religiosidade.

Analisemos:

- Quantas pessoas se colocam na vanguarda das religiões, mas que deveriam estar na retaguarda, por falta de condição evolutiva para serem guias da sociedade? Quantas outras, que deveriam estar na vanguarda, conduzindo ovelhas ao redil do Senhor, se colocam na retaguarda por covardia ou por causa do exacerbado orgulho? Quantos adeptos são espiritualmente mais evoluídos do que os seus vaidosos e soberbos líderes?
- Muitos representantes das religiões se desarmonizam intimamente devido às suas falsas e convenientes pregações. Outros propõem mudanças, mas vivem em permanente conflito íntimo, por lhes faltar condições evolutivas para transformar em vivência o que propõem. É um sofrimento atroz. É uma grande luta sem adversários.
- Evidentemente, há muitas causas que levam líderes e admiradores dos quatro pilares da sociedade à desarmonia íntima. O vício, por exemplo, é uma dessas causas, inclusive, muito difícil de nos livramos, porque não existe um só tipo de vício que não gere obsessão. Nesse caso, o remédio mais aconselhável, sem contraindicação nem efeitos colaterais, é a evangelização.

Não há dúvida de que o Evangelho do Sublime Anjo, o Nazareno Mestre, na condição de receituário divino, ao ser assimilado e colocado na rotina da vida pelas criaturas, transforma-se em remédio para todos os males da humanidade. Certamente que os seus divulgadores, tomados pelo júbilo, pela causa crística que abraçaram, não sofrerão de depressão, síndrome do pânico ou de outros males psicoemocionais.

Pergunta: - Pelo exposto, não há necessidade de nos preocuparmos com as doenças biológicas?

Resposta: - Embora as doenças do corpo sejam reflexos do

desequilíbrio da alma que o habita, não negligenciemos o tratamento da medicina clássica, mas não abandonemos a assertiva milenar: *alma sã em corpo são*.

Quem conhece a fisiologia da alma, sabe que:

- Enquanto a criatura não adquirir a misericórdia do ver, do ouvir e do falar, estará sujeita às doenças psicossomáticas, emocionais e espirituais. É lei universal.
- As energias exsudadas do tabaco são altamente prejudiciais à saúde. Milhares de pessoas desencarnam portadoras de câncer de pulmão e de outras regiões do corpo físico; no entanto, na atual existência não fumaram. Nesse caso, são energias de vidas anteriores que estavam aderidas ao perispírito e que são drenadas para o mundo externo, passando pelo corpo somático.
- Muitas substâncias de que fazemos uso são danosas, tanto para a alma quanto para o corpo, mas nenhuma é pior do que a má vida mental.

Sem adquirirmos harmonia interior, nenhum tipo de terapia é capaz de nos curar em definitivo. Apenas se conseguem paliativos, considerando que, enquanto tais energias estiverem em nossos perispíritos, a qualquer momento poderão sofrer descenso vibratório e nos causar doenças. Assim, a infinita bondade de Deus não anula a Sua infinita justiça.

Comumente, quando desmotivados para conduzir a nossa vida, devido à falta de autoestima, perdemos a imunidade e, fragilizados, adoecemos com mais facilidade. É a doença da alma refletindo no corpo.

* * *

Por ser constante universal que tudo evolui no universo de Deus, chegou o momento histórico de o espírito terreno dar sentido crístico à mensagem do Nazareno Mestre. A Era do Mentalismo, acompanhada pela fase de transição planetária, é momento propício para os indivíduos dos quatro pilares da sociedade fraternalmente se abraçarem.

Eis o receituário evangélico para quem pretende curar-se:

Bem-aventurados os humildes de coração...
Bem-aventurados os pacificadores...
Bem-aventurados os puros de coração...
Bem-aventurados os justos...
Bem-aventurados os mansos...
Bem-aventurados os que não revidam as acusações...
Bem-aventurados os misericordiosos.

* * *

Adventos Crísticos – São patrimônio da nossa alma as assertivas: O Evangelho é a síntese das Leis de Deus... É a síntese de todas as verdades... É o patrimônio espiritual da humanidade...

A nossa atual evolução nos permite conceber que na Obra de Deus não existe milagre, considerando que as conquistas, para que sejam gravadas na alma e perpetuadas para a eternidade, precisam ser meritórias. Daí a inconteste necessidade de fundamentar a nossa vida seguindo princípios ético-morais evangélicos, a fim de adquirir méritos... Curar as doenças de nossa alma, pois sabemos que é imprescindível o fator moral para a autocura.

Pela lógica, em função da evolução:

- As nossas milenares crenças vão caindo na incredulidade, no desuso, uma vez que tudo evolui no universo de Deus.
- As empresas da fé cega vão perdendo energia-força e a religiosidade se sobrepondo à religião dos astutos mercadejantes da palavra sagrada e, dessa forma, deixando de explorar seus semelhantes, espiritualmente fracos e incapazes de identificar *falsos profetas*.
- Vamos descobrindo as consequências de nossas ações, o que nos leva à convivência ética em que amar ao próximo como a nós mesmos seja processo natural.

A mensagem de Jesus de Nazaré é remédio sem contraindicação para todos os males da alma e do corpo. E, por ser axiomática[2] e não dogmática, esforcemo-nos para colocá-la na rotina de nossa vida, pois o Evangelho de *A Arca do Desconhecido* é o paradigma dos Adventos Crísticos.

2 Evidente, manifesta, incontestável, inquestionável.

24. Celebrar com o Brasil o triunfo divino do Evangelho

Pergunta: - Por estar o Brasil predestinado a ser o coração do mundo, a pátria do Evangelho, de que maneira desempenhará a sagrada tarefa que Jesus colocou em suas mãos? Como vai tornar-se o celeiro de luz, conforme anunciado pelos benfeitores espirituais?

Resposta: - Pode parecer aos seres humanos que veem apenas com os olhos biológicos, utópica ou até mesmo insólita a pretensão do Nazareno Mestre em anunciar a predestinação espiritual do Brasil. No entanto, muito além de nossa acanhada visão, na condição de espíritos de pouca evolução, encontra-se Apolônio de Tiana, o coordenador dos Adventos Crísticos, liderando uma sublime corte de seres luminosos integrantes das Sagradas Fileiras, cuja finalidade crística é concretizar o que foi prenunciado por Jesus, o porta-voz do Cristo.

A implantação dos Adventos Crísticos na consciência dos terráqueos obedece ao planejamento sideral voltado para a Terra. Em um evento desse porte, é possível imaginar o empenho dos espíritos superiores, daqueles que formam as hostes celestiais e que estão trabalhando com afinco e integral dedicação para transformar a predestinação em realização. Não tenhamos dúvida quanto à sua concretização.

Em um momento divino para a humanidade terrena como este, podemos esboçar mentalmente o que está acontecendo nos planos dos bem-aventurados desencarnados:

• Em torno da Terra, bombardeios de intensa luminosidade dos feéricos "quasares"[1] das dimensões espirituais para

---
1 Fonte de rádio de origem cósmica, de aparência estelar, que emite ondas de rádio

purificação das camadas energéticas em torno do planeta.
- O fascinante, deslumbrante e irisado espetáculo policromático de luzes fulgurantes advindas das potestades celestiais, fazendo a assepsia energética em torno de nosso orbe, visando a que os encarnados possam sentir com mais abrangência o Cristo terráqueo, uma vez que estamos vivenciando um evento sideral voltado para o nosso mundo.
- O indubitável empenho do Nazareno Mestre, por ser um Arauto da Divindade a serviço do Cristo-Pai na Terra, para o Brasil entrar em ação consciente no sentido de auxiliar o espírito terráqueo do conjunto planetário a abraçar a causa crística de transformar a pátria do cruzeiro (Brasil) em celeiro de luz.

Por estar o Brasil predestinado a ser o coração do mundo, a pátria do Evangelho, tenhamos em mente que o maior suporte advirá sempre dos Céus, mas a realização dependerá de nós, que estamos encarnados na Terra. A sagrada dedicação dos mais lúcidos que estão corporificados, de mãos dadas aos que estão fora do corpo, deve ser orar e vigiar para terem condições de contribuir com um planejamento espiritual desse porte.

Pergunta: - De modo geral, o que se nota nas religiões são pessoas idolatrando seus sacerdotes ou adorando as imagens de seus líderes "santificados", querendo resolver suas questões, mas desprovidas de conhecimento quanto às Leis de Deus. Tratando-se da Era do Mentalismo, vamos continuar com cegos guiando cegos?

Resposta: - A conduta das sociedades humanas é de acordo com o grau de evolução espiritual das pessoas que as compõem. Por isso, devemos considerar normal a nossa própria história, passada e ultrapassada. O importante é investirmos em novos conhecimentos para nos libertarmos das condutas de épocas mortas, quando éramos mais ignorantes quanto às Leis de Deus.

Em qualquer educandário do universo, as Leis da Evolução são as mesmas, pois Deus é perfeito.

Com espíritos encarnados frequentando uma escola secundária:

---

mais intensas que as galáxias; qualquer objeto de aparência estelar cujo espectro apresente intenso desvio para o vermelho; qualquer classe de objetos celestiais semelhantes a uma estrela.

- Os líderes continuarão sendo estimuladores de seus simpatizantes, não só pelos conhecimentos ministrados, mas, sobretudo, pelo exemplo de vida, sem, no entanto, serem idolatrados, o que é lógico.
- Os adeptos das religiões continuarão comparecendo aos templos, mas na condição de alunos que vão à escola ou à universidade para aprenderem a sagrada arte de interpretar o sentido divino da vida... O funcionamento orgânico do universo... As Leis do Imponderável... A fisiologia da alma... O sentido crístico das sucessivas reencarnações etc. Já não serão mais pedintes querendo obter bens materiais. E, quando a necessidade for a saúde psicossomática ou emocional-espiritual, estarão suplicando força-energia a Deus para continuarem exercitando autoamor, autoperdão, autodescobrimento, autoconhecimento etc., para se libertarem dos efeitos de causas pretéritas.
- A crença será substituída pela fé operante, pela fé criadora, aquela que tem o sentido abrangente de fidelidade às Leis do Criador, pois terminou a época em que, por ignorância, éramos portadores da crença contemplativa, adorando as imagens de nossos líderes e esquecendo seus ensinamentos na exemplificação. Atualmente, já compreendemos que sem conhecimento não há libertação... Sem ação por esforço pessoal não há mérito.

Pela lógica, no nosso agora, com a riquíssima literatura espiritualista da Escola Terra, deixarão de existir pessoas de boa vontade sendo guiadas por astutos.

Pergunta: Uma vez que a mensagem de Jesus foi descaracterizada de sua pureza iniciática devido aos interesses humanos de cada época, qual será o papel do Brasil, representado por seus habitantes, a fim de projetar a sociedade planetária para o eterno amanhã, a ponto de desvinculá-la emocionalmente de seu passado milenar?

Resposta: Para o Brasil obter o divino triunfo de implantar a essência do Evangelho do Nazareno Mestre na consciência da humanidade, será necessário que cada espírito encarnado que vive neste torrão elabore dinamismo mental projetando-se para o amanhã rumo à eternidade, sentindo-se um ser cósmico e imortal exercitando a superconsciência na Terra. Dessa forma, estará ativando o seu Deus interior, sua Chama Crística e desatando os nós psíquicos de seu passado.

Sendo eterna a evolução da consciência, não deve o ser humano permitir que o ontem iniba o seu agora, caso almeje um amanhã dadivoso. Deve olhar para a imensidão do cosmo, contemplar a magnífica beleza da abóboda celeste, ver-se com os pés apoiados sobre a Terra descrevendo harmônicas elipses, obedecendo ao movimento sincrônico do infinito rosário de corpos na amplidão do universo e dizer convictamente: Sou parte não apartada do Supremo Arquiteto do Universo e estou integrado à Sua magnífica obra.

O espírito de qualquer dimensão, latitude ou longitude, no universo de Deus, ao reconhecer que a sua ascese é edificada passo a passo por ele próprio... Que é sua tarefa o trabalho de polimento íntimo para desenvolver suas potencialidades criadoras... Que deve elaborar objetivos que identifiquem sacralidade na trajetória da evolução... Enfim, ao conhecer e reconhecer que sem esforço pessoal não há mérito, não há ascensão espiritual, abdica de seu passado e, agradecendo sempre pelas experiências adquiridas, não se detém nele, passando a dedicar-se com entusiasmo e júbilo motivador à aquisição de novos e eternos conhecimentos.

É sempre bom nos empenharmos na autoevangelização, considerando que a mensagem do Nazareno Mestre é libertadora do passado e impulsionadora ao eterno futuro.

Pergunta: Existem pessoas que valorizam demasiadamente outras que atingiram cargos públicos relevantes, embora ignorantes quanto à escolaridade convencionada pela sociedade. Outras tantas enaltecem as que adquiriram riquezas fabulosas e, no entanto, também não frequentaram as escolas do mundo. Que diferença farão esses dois itens na vida do espírito terreno?

Resposta: A espiritualidade que coordena a renovação do Cristianismo tem como foco central os seres humanos integrantes dos quatro pilares da sociedade. Com o homem seguindo os princípios ético-morais contidos na mensagem evangélica de

Jesus, os valores para a condução da vida serão outros. Acontecerá que:

- Como o carma negativo dos espíritos que vão continuar reencarnando na Terra será paulatinamente menor, pois serão mais lúcidos quanto ao sentido sagrado da reencarnação, também diminuirá a necessidade de espíritos que já desenvolveram a razão, embora sem despertar adequadamente o sentimento, reencarnarem compulsoriamente tolidos da aquisição da escolaridade do mundo, conforme se observa em todo o planeta, além daqueles que são naturalmente negligentes e outros tantos preguiçosos.
- Os pedagogos incentivarão os governantes do mundo a fornecerem condições para que todos tenham direito aos estudos condizentes ao plano material, a fim de se estruturarem para aquisição de conhecimentos inerentes às dimensões espirituais. O espírito, antes de dominar as ciências dos planos transcendentes, terá de dominar aquelas do plano imanente. É lei única e universal.
- Deixará de ter sentido exaltar os desprovidos do conhecimento do plano material simplesmente porque ocupam cargos de notoriedade humana, mesmo que tais criaturas tenham abdicado de princípios ético-morais evangélicos. Com o novo estágio evolutivo do espírito terreno, os padrões serão outros, mais refinados e luminosos.
- A pessoa, ao adquirir riqueza material seguindo princípios ético-morais evangélicos, não deve ser condenada, mas orientada a fazer melhor uso do próprio bem em função de seus semelhantes. Não deve jamais transformar a riqueza em bem latifundiário, pois o ser humano é apenas administrador temporário de determinados tesouros. Não convém esquecer que o tempo de cada encarnação é curtíssimo para quem comunga com a eternidade.
- Por ser da Lei do Criador que na mesma proporção que a pessoa se vincula aos tesouros celestes se desvincula emocionalmente dos tesouros terrestres, o desapego é processo natural e acontece à medida que adquirimos conhecimentos libertadores e os colocamos em prática na rotina da vida. Evidentemente, não há necessidade de alguém se deter nessas questões menores, pois as próprias Leis da Evolução se encarregam das mudanças de valores sem que as criaturas sofram.

- Para o espírito, de maneira convicta e segura, volitar nas dimensões sem forma, será necessário já ter adquirido intimidade com os mecanismos de deslocamento do plano material. Os espíritos reencarnam para, frequentando os educandários do plano físico, aprenderem a dominar o universo da existencialidade e se prepararem para a vivência no universo da essencialidade. Daí o valor sagrado da ciência e da tecnologia quando bem aplicadas.
- O Brasil, transformado em coração do mundo, pátria do Evangelho, terá como sagrada missão auxiliar as demais nações no sentido de que todos os seres encarnados e desencarnados almejem o mesmo crístico objetivo: a paz planetária para o triunfo divino do Evangelho.

As nossas preocupações giram em torno de nossas experiências e, com tal atitude inibidora, não conseguimos projetar a nossa visão plasmando o amanhã após a transição planetária. Separado o *joio do trigo*, conforme previsão apocalíptica, os espíritos que continuarem na Terra não mais disputarão cargos de destaques, honorificações, riquezas etc. O foco de todos será o bem comum, de acordo com a evolução de cada criatura e, evidentemente, não haverá a miséria da pobreza nem crianças sem escolas.

O Brasil, para desempenhar a sua sacrossanta tarefa na condição de coração do mundo, pátria do Evangelho, precisará voltar a sua atenção para o pilar artístico e, principalmente, para o social, tendo em vista que a humanidade está carente de esperança, de estímulos motivadores para viver. A humanidade está carente de Deus. Então, oremos pelo Brasil no desempenho de sua função de solidariedade planetária.

Os novos tempos já chegaram e, com eles, a necessidade de novos valores, novos conhecimentos libertadores, a fim de que a alma humana possa vivenciar a plenitude do seu amor, dentro dos limites de sua atual evolução.

Caberá ao Brasil, durante o primeiro século da Era de Aquário, aproveitando as emanações crísticas geradas pela humanidade quando estava sob os auspícios da Era de Peixes, e que ainda vicejam na psicosfera da Terra, convidar a sociedade planetária para um evangélico diálogo, cujo tema central seja o despertar do Cristo interno em cada criatura. Esclarecendo, entretanto, que, na parábola do semeador, das quatro porções evangélicas lançadas, somente uma caiu em terreno fértil. Portanto, não queiramos, com a nossa soberba, suplantar o Divino Semeador, Jesus de Nazaré, médium do Cristo planetário. Mesmo assim, não deixemos de semear a palavra evangélica do Nazareno Mestre, embora sabendo que nem todos os terrenos estão adubados para o plantio da Era do Mentalismo.

Neste momento de transição planetária, compete aos brasileiros e demais seres humanos que, por afinidade, intuição ou outras causas quaisquer vivem nas terras do Cruzeiro do Sul, anunciem ao conjunto planetário que:

- Na mesma proporção que o Cristo interno aflorar no homem, ele vivenciará a divinal mensagem evangélica proferida pelo Nazareno Mestre.
- A harmonia interior, tão almejada pelas criaturas de todas as épocas, depende delas para, por esforço próprio, trazerem ao consciente o Eu Crístico, considerando a onisciência, onipresença e onipotência de Deus em cada mônada.
- O caminho para a ascensão é único e universal, mas, para o espírito ascender, são necessárias transformações íntimas que libertem da consciência o sentimento de culpa, para que haja paz interior.

Para substituir a fase da inteligência materializada em forma de tecnologia e de avanço científico pela nova fase, a do sentimento crístico, é preciso coragem e força interior, pois o ego é excelente trabalhador para as conquistas externas, mas insuficiente para as conquistas internas e eternas da alma imortal.

* * *

O Evangelho do Nazareno Mestre é, indubitavelmente, a síntese das Leis de Deus. Imaginemos quão grande é a responsabilidade do espírito que estiver encarnado nas terras brasileiras durante os quarenta anos de transição planetária, a qual teve início em 2013 e perdurará até 2052.

Para celebrar com o Brasil o triunfo divino do Evangelho:

- Detenhamo-nos no lado positivo da vida como um todo e das pessoas em suas individualidades.
- Abdiquemos da rigidez na condução da vida, pois é papel do brasileiro viver e conviver fraternalmente com as diferenças, considerando que o Brasil está predestinado a ser o coração do mundo, a pátria do Evangelho.
- Empenhemo-nos na divulgação amorosa da verdade libertadora de consciências, o Evangelho, mas sem o rigor da insegurança íntima.
- Deixemos, por onde passarmos, rastros luminosos com a cor rosa do afeto e a branca da paz interior.
- Exaltemos as virtudes das criaturas e, assim, as sombras serão silenciosamente extintas da sociedade.
- Convidemos nossos semelhantes à aquisição consciente da plenitude, pois a evangelização é a palavra de ordem.
- Transformemo-nos em antenas para captar dos espíritos evoluídos, ascensionados, angélicos e arquiangélicos, as crísticas inspirações, necessárias para quem está participando de um evento sideral voltado para a Terra, a implantação dos Adventos Crísticos na consciência do espírito terráqueo.

Tenhamos em mente a paisagem luminosa do anjo Ismael, o orientador espiritual do Brasil, de mãos dadas ao Nazareno Mestre, para nos motivar a esta crística causa – a renovação do Cristianismo.

* * *

Adventos Crísticos – Mesmo a nossa alma não alcançando, tem de haver um motivo muito especial para as consciências arquiangélicas, em nome de Deus – o Supremo Artífice da Criação, criarem e recriarem universos materiais para servirem de ponto de apoio aos pés dos espíritos em evolução.

Nos cálculos dos astrônomos celestes, desde a gênese da Terra foram inseridos os principais eventos pelos quais ela passaria inexoravelmente. Entre eles, com o nosso sistema solar caminhando serenamente em direção a ápex[2], passaria pela

---

[2] Ponto da esfera celeste situado na constelação de Hércules, e em direção ao qual parece dirigir-se o sistema solar com uma velocidade da ordem de vinte quilômetros por segundo.

constelação das Plêiades, completaria mais um fim de ciclo nessa época, exilaria os espíritos primários para outros mundos, ocasião em que os alunos terrenos que, por mérito, não seriam exilados, mas promovidos pela pedagogia sideral ao curso secundário sob os auspícios de Aquário.

Faz parte do planejamento sideral voltado para a Terra que:

- Uma fatia de nosso orbe, atualmente por nome Brasil, responsável pela implantação e expansão dos Adventos Crísticos, envolver os demais países da América Latina e, juntos, anunciarem para a humanidade que os tempos já chegaram. Portanto, é momento de renovar o homem... Renovar conceitos ultrapassados e sem vitalidade para a Era do Mentalismo... Renovar o Cristianismo.
- As forças da natureza, agindo no sentido de auxiliar, por meio de hecatombes de várias procedências, no despertar da memória latente do ser humano, através da dor, a superior e sagrada finalidade da vida. Portanto, quem não conseguiu assimilar e vivenciar princípios ético-morais evangélicos pelo amor, nesta fase de transição planetária, como derradeira oportunidade, poderá despertar pela dor.
- Dado que a natureza-vida contém forças imperceptíveis aos nossos sentidos físicos para impulsionar o despertar de nossa Força Superior, a centelha de Deus latente em nós, o momento planetário é crístico. Assim, ouçamos a última chamada com os ouvidos que transcendem à forma.

Dessa maneira, somos todos convidados, encarnados e desencarnados, a celebrar com o Brasil – pátria do Evangelho, coração do mundo –, o triunfo do Evangelho.

25. As religiões e o cristianismo renovado

Pergunta:- Na Era do Mentalismo, quais os aspectos externos que sofrerão mudanças nas religiões?
Resposta: - As mudanças não serão somente externas, mas, principalmente, internas, envolvendo os templos e os adeptos das religiões.
Por exemplo:

- Gradativamente, a arquitetura dos templos religiosos terá aspecto de sacralidade, pois deixarão de existir templos improvisados. Isso porque a sociedade sentirá mais "saudade de Deus", razão pela qual se dedicará em construí-los com aparência que enseje introspecção e motivação íntima ao contemplar os ambientes de devoção à divindade.
- A vegetação bem cuidada e as águas límpidas em movimentos sincronizados farão parte da decoração externa dos templos religiosos, facilitando a presença salutar dos elementais, que produzirão efeitos especiais no campo científico-ambiental, facultando aos humanos melhor conexão com os espíritos superiores e orientadores da humanidade.
- Surgirão novas modalidades de refinadas músicas mais adequadas para auxiliar no "despertar" de nosso Deus latente, da essência divina que somos... Músicas que nos projetem para o eterno amanhã, a fim de exercitarmos a nossa superconsciência... Sons que fazem com que o espírito imortal e eterno seja impulsionado para a eternidade.
- A ciência e a tecnologia darão excelentes contribuições com equipamentos sofisticados que valorizarão as músicas de elevação de frequência mental e que serão utilizadas pelas religiões... Nos ambientes em que o som for divinizado,

os campos energéticos que formarão as auras dos templos, de maneira naturalíssima, servirão para vivificar seus frequentadores.
• Uma vez que, quando pronunciamos uma palavra com o teor da negatividade, para recompor as nossas energias precisaremos pronunciar sete palavras com energias da positividade, os cânticos tristes e melancólicos, que retratam épocas recuadas da história das religiões terrenas, já não farão parte da dinâmica civilização do terceiro milênio.
• Os sons gritantes produzidos por meios grotescos não serão mais utilizados pelos integrantes da sociedade na Era do Mentalismo. O novo estado psíquico dos que continuarem na Terra não responderá a esses estímulos rudimentares, que não identificam harmonia íntima nem musicalidade divina.
• As mudanças externas das religiões dependerão das mudanças internas dos religiosos. O próprio ambiente material dos templos identificará o nível de graduação espiritual de seus integrantes.

Estejamos certos de que as primeiras gerações do milênio em curso vão servir, primordialmente, para o espírito terreno aprender a arte sagrada de ver, ouvir e falar com misericórdia.

Pergunta: - É possível fornecer mais detalhes quanto ao porquê de a arquitetura e da beleza física dos templos religiosos ajudarem na motivação íntima dos frequentadores?
Resposta: - Com o progressivo conhecimento sobre energias, os geômetras darão excelentes contribuições para, por meio de construções arquitetonicamente bem elaboradas, os templos captarem do cosmo, com mais abrangência, o prana, ou energia vital universal, a ser absorvido pelo ser humano. Imaginemos um templo cuja geometria seja capaz de canalizar energias da natureza à sua volta e, simultaneamente, do cosmo, como acontece, por exemplo, com a figura piramidal.

Quanto à beleza externa dos ambientes consagrados ao exercício do religare, as cores produzem efeitos salutares no mundo íntimo dos frequentadores. As cores, de acordo com as inclinações naturais dos espíritos encarnados ou desencarnados, na fase de conscientização do Deus interior, são excelentes para aumentar a frequência da alma ao contemplar a divinal policromia da Criação.

É saudável antecipar que também os diversos ambientes de atuação dos demais pilares serão artisticamente remodelados. Em se tratando de processo natural na evolução espiritual, as pessoas se dedicarão à decoração ambiental, sempre com aspectos agradáveis, policrômicos, com refinadas músicas, luzes e perfumes suaves.

Desde a gênese da mônada, a busca pelo belo é impressa no código genético da fagulha de Deus existente nela, com o agravante de que, a partir do reino hominal, tal busca ser consciente. Todos os espíritos na condição humana, intuitiva e gradualmente, passam a admirar a beleza e a serem atraídos por ela.

Pergunta: - Haverá unidade religiosa no planeta?

Resposta: - Em uma sociedade planetária onde os graus evolutivos ainda são muito distintos, as diferentes preferências são mais acentuadas, o que é natural mesmo quando já se concebe um Deus único.

Enquanto o espírito não se gradua a ponto de amar a Deus sobre todas as coisas, não tem evolução para, verdadeiramente, amar ao próximo como a si mesmo, assunto que é do conhecimento da sociedade planetária. Daí ele ter comportamentos diferentes de acordo com as circunstâncias reencarnatórias, ambientais, climáticas, genéticas etc. Com isso, surgem as dificuldades para viver a fraternal unidade na diversidade.

Paulatinamente, a sociedade se conscientizará de que o centro de convergência de todas as religiões terrenas é o Cristo planetário, sem que ninguém precise deixar a sua religião. Será suficiente o indivíduo desejar ter como foco a ser alcançado o Cristo, pois o importante é o homem-essência e não a sua religião-crença.

Acontecerá que, por falta de evolução para continuarem neste orbe frequentando uma escola secundária, bilhões de espíritos deixarão a Terra durante esta fase de transição planetária.

Analisemos algumas constantes universais:

• Os espíritos que darão sequência aos ensinamentos libertadores da sociedade terrena, por serem mais conscientes quanto à existência da fagulha do Cristo em si, dispensarão os "sagrados" amuletos que fizeram parte de suas manifestações de crença em um Deus antropomórfico[1] e apartado de Sua Criação.

• Após a decantação apocalíptica, milenarmente anunciada quanto ao que aconteceria nesta fase de transição planetária de mundo de *provas e expiações* para *regeneração e progresso*, os espíritos que comporão as próximas gerações, evidentemente mais evoluídos, direcionarão suas primordiais aspirações à Mente Criadora. Consequentemente, se desvincularão, de maneira gradual e segura, dos tesouros do mundo. Emocionalmente mais motivados para as aquisições celestes, de forma natural e convictos das novas aquisições transcendentes abrirão mão dos patrimônios terrestres.

• Embora concebendo um Deus único, de imediato não haverá unidade religiosa no planeta, tendo em vista a Lei dos Afins. As afinidades têm várias origens, pois uns se motivam para "descobrirem Deus" por meio das elucubrações, enquanto outros são mais sensíveis às emoções captadas pelo coração. Assim, dependerá da realidade psicológica, emocional e mental de cada criatura, além de seu grau evolutivo, emocionar-se com os haveres celestes.

Pergunta: - Segundo Pietro Ubaldi, em A grande síntese, novos conhecimentos levam o homem a novos hábitos e estes à nova moral. Como conjugar conhecimento, sabedoria e sentimento, considerando o dia a dia da vida atribulada que vivemos?

Resposta: - O conhecimento só liberta a alma de sua ancestralidade animal quando transformado em sabedoria. Por sua vez, a sabedoria só pode ser avaliada quando o ser humano vivencia o conhecimento libertador adquirido. A partir de então, em consequência, brotam-lhe sentimentos nobres, que propiciam a nova moral responsável pelo religare consciente da criatura ao Criador.

Observemos mais algumas constantes universais:

---

[1] Semelhante ao homem quanto à forma; antropoide.

- Nenhum espírito terá condições para volitar nos planos luminosos enquanto ignorar as leis da vida depois da vida.
- É da Lei de Deus que não se consegue amar o desconhecido. Assim, todos os que aspiram a se libertar das reencarnações compulsórias, devem empenhar-se na busca e assimilação de conhecimentos libertadores, sem os quais não se qualificam para entrar no Reino dos Céus. Estejamos atentos, pois os conhecimentos para as almas incipientes, ou até mesmo para as insipientes, podem despertar-lhes a vaidade e a soberba, o que fará com que elas não se libertem da rota reencarnatória compulsória.
- A alma, enquanto cerebral, vibra em uma faixa muito próxima ao plano concreto. Daí a impossibilidade de, naturalmente, ela entrar nas dimensões rarefeitas e emocionar-se com a Criação e com o Seu Criador. É preciso desarmar-se para conectar-se com os espíritos integrantes das dimensões mais fluídicas e mais luminosas.
- Devido à visão mais ampla das criaturas na Era de Aquário, as religiões retirarão de seu universo de adorações e cultos os apetrechos que levam as almas a se vincularem emocionalmente aos objetos de suas concentrações mentais, inibindo-as para gerar ou captar ondas mentais em níveis superiores.
- O conhecimento, quando transformado em sabedoria, torna a criatura alegre, terna, mansa, branda, meiga, bem-humorada, feliz... Por ser lei universal, quem não vivencia tais virtudes demonstra a sua desarmonia íntima, precisando regurgitar mais e mais o seu Cristo-Deus.
- A criatura, quanto mais evolui espiritualmente, mais confia no Criador. Com isso, sente progressiva vontade evangélica de, fraternalmente, conviver e irmanar-se com os seus semelhantes, porque os concebe como irmãos. Deduz-se, pela lógica, que as guerras sociais, durante o milênio em curso, tendem a se extinguir. Conclui-se que a sabedoria e o sentimento crístico andam de mãos dadas.
- Nos primeiros séculos da Era do Mentalismo, em termos evolutivos, seremos portadores, praticamente, dos mesmos graus de consciências que tínhamos em Peixes, pois a evolução é lenta, para que seja consistente e segura. No entanto, serão diferentes os valores que atribuiremos aos objetos e aos fatos. Como teremos uma nova e mais dilatada visão quanto ao sentido sagrado da Criação, conseguiremos con-

jugar conhecimento, sabedoria e sentimento no dia a dia da vida, sendo que as atribulações diminuirão gradualmente e, assim, aprenderemos a arte de interpretar a vida.

Pergunta: - E as religiões que cultuam imagens de seus líderes, adereços, fetiche etc., como ficarão na Era do Mentalismo?

Resposta: - Por ser incontestável que na Criação tudo evolui, o culto ao Deus externo, aos poucos, será substituído pelo reconhecimento de nosso Deus interno.

Por concebermos que o homem é o que ele pensa, vamos avaliá-lo, por exemplo:

- Mentalmente, focando as dimensões dos anjos, arcanjos, querubins e serafins... Procurando sintonizar-se com correntes de pensamentos na frequência que identifica plenitude.
- Emocionado, desenhando em sua tela mental paisagens com jardins floridos e coloridos, exalando a essência de Deus... Cachoeiras expressando a beleza da mãe natureza... Oceanos de águas cristalinas abrigando bilhões de vidas... A abóboda celeste pontilhada por estrelas com as cores da Vida, Deus.
- Tomado por sublime júbilo, ouvindo paradisíaca música que lhe propicia elevar a frequência de sua mente e, com o seu Cristo interno, sintonizar-se com o Cristo-Pai.

O ser humano, conscientizando-se de que é portador de seu Deus interior, passa a ter a sua atenção voltada, em cada vida, a conscientizar-se de sua Força Superior, o que o leva a abdicar da adoração a deuses externos a si. É processo tão natural quanto o perfume que exala das flores.

A evolução é inquestionavelmente uma constante universal, entretanto, as verdades do plano material são todas relativas a determinadas épocas e níveis evolutivos. Assim, dos nossos líderes desencarnados, na Era do Mentalismo, quando estivermos exercitando a nossa superconsciência, guardaremos apenas os ensinamentos e vivos exemplos na condução superior da vida. O culto às suas imagens gradativamente perderá força-energia, até que o homem se conscientize de que a essência de Deus é imaterial e se encontra latente nele.

Na imensidão do universo, em todas as escolas planetárias de nível secundário, os pedagogos siderais ensinam a libertar as almas da forma material, levando-as, parcimoniosamente, a compreenderem que, para trazerem à luz da memória objetiva os seus poderes latentes, devem se desvincular das imagens, principalmente quando grotescas. Em maior estágio evolutivo, até mesmo as mais lindas paisagens do universo material serão deixadas em segundo plano, ou até mesmo abandonadas, pois o espírito sentirá vontade de entrar em contato consciente com a pulsação cósmica das dimensões luminosas, mas sem forma.

Pergunta:- É do conhecimento geral que há pessoas que se confortam contemplando as imagens representativas de seus líderes. Tais pessoas deixarão de sentir esse bem-estar na era da força mental?
Resposta: - Não será exatamente assim. Apenas o bem-estar causado pela visão será substituído pelo sentir a emanação do magnetismo advindo da paisagem visualizada. É acontecimento tão sutil que a pessoa encontrará, inicialmente, dificuldade para expressar com palavras tal emoção registrada no âmago de sua alma.
Imaginemos Jesus fora do corpo biológico... A Sua resplandecente aura formando uma esfera de proporções ilimitadas para a concepção humana terrena... Ele, com o Seu Cristo interno permanentemente sincronizado com o Cristo-Pai... Quanta beleza!... Quanta luz em Seu universo íntimo!... No entanto, ao sentirmos a essência do Nazareno Mestre na filigrana de nossa alma, não encontraremos palavras no vocabulário terreno que possam expressar tal êxtase. Isso porque a mais rica paisagem que delinear a forma será secundária. O nosso angelical Jesus ainda pode ser visto e sentido em Sua individualidade, mas o Cristo apenas sentido. O maior empenho nos próximos passos de nossa escalada evolutiva será sentir o Cristo diretamente... Será o Cristo-criatura sentindo o Cristo-Criador.

Pergunta:- E os adeptos das religiões com hábitos milenares, sem os adereços de suas crenças, como ficarão diante do que é proposto pelos Adventos Crísticos ou pelo Cristianismo Renovado?

Resposta: - Estamos delineando os novos aspectos para os espíritos que, meritoriamente, continuarão encarnados e reencarnando na Terra.

Tais espíritos:

- Por já conceberem o eterno vir a ser, não se deterão no ontem, pois a evolução é eterna. Parar no tempo é ir contra a dinâmica da Criação, em que tudo evolui eternamente.
- Sabedores de que sem renovação não há evolução, terão como tônica o despertar do Deus interior... O despertar de seus poderes superiores e diretores da vida cósmica, na condição de espíritos imortais e eternos.
- Conhecedores de que fazem parte do planejamento sideral voltado para a Terra – a implantação dos Adventos Crísticos na consciência da humanidade terrena –, se colocarão diante da sociedade como antenas receptoras do magnetismo divino advindo do Cristo terráqueo, mas sem adereços pertencentes à infância espiritual dos adeptos das religiões de épocas recuadas.

Os adeptos das religiões, apesar de seus hábitos milenares, sem os objetos de suas crenças não se sentirão vazios, considerando que a proposta dos Adventos Crísticos solicita que retiremos das religiões as bengalas de apoio psicológico, porque já temos capacidade para substituí-las pela força mental, a força do espírito eterno e imortal.

* * *

Por sabermos que a alma humana é portadora dos atributos do Criador, valorizemos as nossas conquistas externas, pois elas fazem parte de nossa evolução espiritual na condição de produtos de nossa razão. Entretanto, permaneçamos atentos e convictos de que o Céu se conquista com o coração. A razão é capaz de construir a estrada para caminharmos até à porta do Céu, mas só poderemos abri-la e adentrá-la se levarmos a chave do coração.

Com os novos rumos do Cristianismo:

- As religiões perderão suas características externas de aquisição patrimonial e financeira, detendo-se tão somente em sua condição intrínseca que é o religare.
- Acataremos a sua proposta de libertar nossos sentimentos crísticos, a fim de nos sentirmos verdadeiramente espíritos cósmicos, eternos e imortais.
- No percurso de Aquário, a sociedade terrena, gradualmente, estará mais integrada à pulsação da vida universal... Deslumbrada com a magnificente beleza do cosmo estelar... Agradecida à ciência por desvendar os considerados "mistérios da fé" e à tecnologia pela criação de fabulosos engenhos.

Mesmo com todas as maravilhas da ciência e da tecnologia, o ser humano vai empreender, com afinco, a busca de sua paz interior. Para tal, ele sabe que sem equilíbrio, sem harmonia em seu universo íntimo, não conseguirá ouvir a voz do coração... A voz que propicia a trajetória rumo à ascensão.

* * *

Adventos Crísticos – Fomos divinamente oportunizados através de séculos, milênios, eras e ciclos planetários, encarnando e reencarnando nas *muitas moradas do Pai*, para, atualmente na Terra e sob o signo de Aquário, era da força mental, trabalharmos no detonar de nossa Força Superior, a força da alma, do espírito imortal e eterno, a força do nosso Eu Crístico.

Considerando os ensinamentos acumulados em nosso âmago através dos tempos:

- O momento atual da Terra, com suas energias internas em elevada ebulição, que causarão alterações geofísicas em várias partes do planeta... Devido a tais fenômenos naturais, o homem abraçará fraternalmente o homem para o exercício da solidariedade, com possibilidade de trazer à tona a sua luz interior... A luz do Cristo interno e, dessa forma, compreender que as Leis da Vida solicitam que, por esforço próprio, a criatura se esclareça para, portadora dos conhecimentos libertadores, combater a sua inferioridade moral e ter condições para viver eticamente irmanada.
- Em se tratando de aluno meritoriamente graduado para o

curso secundário em uma escola planetária, só em contemplar, na imaginação, o universo estelar, sentirá "saudade de Deus". Isso fará com que se empenhe em seu religare pela fé, no sentido amplo de fidelidade às Leis do Criador. Portanto, as religiões sem doutrina libertadora para conduzir os seus adeptos à religiosidade entrarão em decadência e serão naturalmente extintas da sociedade.

• Após a separação total do *joio do trigo*, os seletos integrantes da sociedade terrena serão evangelicamente ligados por ressonância... Abraçarão as mesmas causas crísticas e os adeptos das religiões, fraternalmente, darão as mãos aos componentes dos demais pilares. Todos vivenciarão, cada qual em seu nível evolutivo, a angelical proposta de Jesus – o Cristianismo Renovado.

Os Adventos do Cristo-Pai, sem imposição, pois seguindo o cientificismo cósmico, vão produzindo efeitos especiais em nossa consciência... Vão ampliando a nossa percepção transcendente e, dessa forma, por ressonância, nos integrando progressivamente às dimensões habitadas pelas superconsciências.

26. Funções dos integrantes das Sagradas Fileiras

Pergunta: - *Os Adventos Crísticos exaltam o Cristo terráqueo de maneira emocionante e aguçadora de nossos crísticos sentidos. Na proposta para renovar o Cristianismo, qual o papel do Cristo-Pai?*

Resposta: - A Terra como massa planetária e as vidas de todos os reinos nos planos físico e espiritual dependem d'Ele como energia vivificadora de nosso orbe. O Cristo não pode ser formatado nem atribuída a Ele uma função, pois Ele é a Vida do planeta Terra.

Por ser Ele essencialmente Amor, para o ser humano senti-Lo só é possível pelas vias internas do coração. Assim, cada ato de amor praticado por nós, seja consciente ou inconscientemente, nos auxilia a entrar em ressonância com o Cristo-Amor de acordo com a nossa evolução e capacidade de exteriorizar o nosso Cristo interno por meio do ato sagrado de amar. Ressaltemos sempre que o Cristo-Pai paira permanentemente sobre o planeta, envolvendo a humanidade e os demais seres vivos de todos os reinos da Criação.

Tenhamos sempre em mente que os reinos mineral, vegetal, animal e hominal recebem o *hálito da vida* por meio do Cristo terráqueo, em Sua sagrada condição de intermediário entre o Criador da Vida, Deus, e Seus tutelados. Também os espíritos evoluídos, ascensionados, angelicais e todos os demais vivem embebidos na aura arquiangélica do Cristo criador da Terra.

Todas as vidas, independentemente do plano em que habitam temporariamente, se alimentam da essência advinda do Cristo.

O Cristo, em Sua condição de estado permanente do Amor Universal, propaga-se em forma de ondas pelo cosmo, podendo ser sentido em qualquer latitude ou longitude da esfera terráquea. Dessa forma, todo ato de amor que praticamos, já que somos Cristos-criaturas, entra na frequência do Cristo-Criador.

Pela Lei dos Afins, *semelhante atrai semelhante*. Portanto, é com o nosso Cristo interno que entramos em sintonia com o Cristo-Criador, pois *somente entre semelhantes é possível a comunicação*, segundo Pietro Ubaldi. Com a nossa atual lucidez espiritual, procuremos exteriorizar amor em nossa vida em sociedade e, dessa forma, estaremos interagindo com o Cristo-Amor nas mesmas proporções de nossa capacidade de amar.

Pergunta: - As mudanças de hábitos milenares, para nós, espíritos de pouca evolução, tornam-se mais difíceis, pois, embora concebamos que tudo no universo criado obedece ao eterno transformismo, quando se trata de substituir conceitos inerentes ao pilar religioso há uma grande luta interna em quase todos nós. Qual a participação de Jesus em nossa vida emocional como seres encarnados, no sentido de abrirmos mão do passado?

Resposta: - No livro Cristianismo renovado, citamos que a melhor e mais expressiva palavra para simbolizar Deus é Vida e, para simbolizar Cristo, é Amor. Jesus é quem faz a ponte entre a Vida e o Amor para nos conduzir. É por isso que tudo que advém do Nazareno Mestre transporta a essência vivificadora do Deus-Vida e a vibração da sacralidade do Cristo-Amor.

Nesta fase em que a Terra está gestando o homem novo, aquele que vai responsabilizar-se pela orientação pedagógica da humanidade em seu novo estágio evolutivo – *regeneração e progresso* –, conviveremos com magníficos momentos de emoções crísticas.

Jesus Se fará presente em todas as vertentes do conhecimento humano terreno para regurgitar do homem o seu Eu Crístico e conscientizá-lo de que ele é portador dos atributos da Divindade Suprema – Deus.

A humanidade receberá notícias de todos os quadrantes da Terra de que os líderes dos quatro pilares da sociedade, e que vivem do outro lado da vida, estão de mãos dadas a Jesus, o Sublime Anjo planetário. Não nos esqueçamos de que a separatividade é conduta de espíritos menos evoluídos. Tenhamos em mente que nos planos dos espíritos luminosos estão todos investindo na mesma causa – a implantação dos Adventos Crísticos na consciência do espírito terráqueo, obedecendo ao planejamento sideral voltado para a Terra, sendo que Jesus é o Grão-Mestre.

Jesus, o Sublime Peregrino, Se comunicará diretamente com a sociedade em vários pontos do planeta. Também os espíritos líderes das religiões e das demais vertentes do conhecimento humano se comunicarão exaltando o Nazareno Mestre. Tal acontecimento produzirá a sacratíssima união sem fusão dos povos e das religiões.

As mudanças de hábitos milenares já não serão tão difíceis nem estressantes, haja vista a abertura mental das criaturas atuais, as quais não têm mais dúvida de que tudo no universo criado obedece ao eterno vir a ser.

A participação de Jesus em nossa vida emocional na condição de seres encarnados será altamente impulsionadora no sentido de abrirmos mão de nosso milenar passado, pois a eternidade encontra-se de braços abertos nos aguardando, e Ele, o Sublime Anjo, é o nosso incentivador crístico.

Pergunta: - E o que a sociedade fará com aquele Jesus cultuado a distância e conservado na crença das criaturas terrenas nesses séculos de Catolicismo?

Resposta: - O momento histórico do planeta e de sua humanidade solicita de todos o desapego a tudo que tenha possibilidade de nos atrelar a um tempo ou estágio na escala da evolução, seja de que natureza for, considerando que as Leis da Evolução nos conclamam a eternas mudanças, a fim de que tenhamos condições reais para enfrentar os próximos desafios da vida.

Para muitos, Jesus continuará o mesmo, porque Ele ainda não fez nem faz parte das aspirações daqueles que O ignoram como orientador espiritual da humanidade de nosso mundo. No entanto, para outros de visão mais dilatada, com o Cristianismo Renovado fazendo parte real da vida terrena, o Nazareno Mestre será o mais crístico estimulador de frequência mental da criatura humana do planeta.

Observemos quantos milhões de cristãos cultuaram e outros tantos que continuam cultuando o mesmo Jesus preso na cruz, inanimado, sofrendo a Sua angústia e a Sua dor... Verdadeiramente cultuamos um Jesus sem função nos pilares científico, social e artístico, tendo ficado restrito ao religioso para os astutos locupletarem-se, mercadejando a Obra Sagrada do Sublime Anjo.

Terminou o tempo do conservadorismo estéril. O "novo Jesus" terá função, ação e vida na vida de todos nós, e não será mais concebido distante de uma só pessoa neste planeta, pois Ele é o Instrutor Espiritual da humanidade.

Pergunta: - No livro Adventos crísticos constam os nomes de espíritos com funções específicas para a implantação do Cristianismo Renovado na consciência das criaturas terrenas. O que devemos entender quanto às suas tarefas na proposta adventista?

Resposta: - Em nossa dimensão faltam palavras para conceituar as tarefas desempenhadas pelos espíritos evoluídos, sendo ainda mais difícil quando se trata de ascensionados. Vejamos alguns que se comunicaram mediunicamente, embora não seja comum divulgarem suas presenças nos meios espiritualitas: Adamastor, Aquário, Electra, Minerva, Irshu, Issacar, Orebes, Kaúfa, Matusalém, Melquisedec, Merlin, Quetzalcóatl, Túlio Celine, Apolônio de Tiana, Tales de Mileto, Zantar, Zahar, Jó, Set, Ló, Esaú, Elias, Simão, Tadeu, Enéas, Silas, Zagurim, Buda, Moisés, Confúcio, Fo-Hi, Aziz, Shiva, Jesus, Maria Santíssima, Anfion, Maomé, Argeu, Huracán, Pássaro dos Céus, Cruzeiro do Sul, Aquiles e outros.

Todos esses e milhares de outros são integrantes das Sagradas Fileiras e estão empenhados na implantação dos Adventos Crísticos envolvendo todos os povos.

As tarefas de alguns espíritos que constam no livro Adventos crísticos foram descritas por Silveste, o porta-voz das Sagradas Fileiras. Ele notificou que não há possibilidade de descrever as funções que todos desempenham nem de nominar, considerando a quantidade de tarefeiros.

Por se tratar de um planejamento sideral voltado para a Terra, podemos deduzir o que está acontecendo do outro lado da vida por parte dos espíritos superiores, de forma que, no exíguo tempo que nos resta nesta fase de transição planetária, sejam implantados na consciência da humanidade terrena os Adventos Crísticos.

* * *

A cultura espiritualista da Terra não permitiu que os espíritos de hierarquias superiores se identificassem por meio dos médiuns de todas as épocas. Mas, em nenhum momento os encarnados ficaram desamparados da ajuda dos desencarnados das mais variadas hierarquias espirituais. Mesmo sem revelar seus nomes, não deixaram de desempenhar suas funções em benefício da humanidade.

Faz parte do planejamento dos Adventos Crísticos trabalhar o desbloqueio da mente dos indivíduos para, na Era do Mentalismo, tornar-se acontecimento corriqueiro a comunicação mediúnica entre os grandes luminares e os corporificados.

Independentemente da vontade humana, existe a vontade da história do planeta Terra. Pela Lei de Sintonia Vibracional, em Aquário, a mente do ser humano terreno estará progressivamente mais sensível às manifestações das dimensões rarefeitas, facilitando a comunicação interplanos. Será uma dádiva para toda a humanidade.

* * *

Adventos Crísticos – Para sedimentar na alma terrena os ensinamentos da renovação cristã, usamos a didática da repetição de palavras, frases, textos etc., a fim de que, suavemente, a Proposta Adventista seja assimilada. Assim, tomados pelo ímpeto do entusiasmo, de agora em diante trabalharemos com mais afinco o nosso mundo interior, visando a expandir a nossa consciência, atendendo ao propício momento histórico da Terra e de sua humanidade.

Para tal:

> • Nos apontamentos, recorremos às constantes universais, a fim de, pela logicidade do cientificismo cósmico, não bloquearmos a inusitada mensagem do Cristianismo Renovado, tendo em vista os registros negativos de quando, em épocas recuadas, éramos tementes a Deus.
> • Uma vez que a evolução não tem ponto final, em Aquário, naturalmente, a humanidade estará em melhores condições psíquicas para receber as inspirações das dimensões espirituais superiores, abraçar essa causa crística e debruçar-se sobre os ensinamentos e vivenciá-los. Assim, terá condições intelectuais e magnetismo aglutinador para, convictamente, divulgar os Adventos Crísticos.
> • O ser humano, quando inspirado pelas consciências superiores, terá vontade de transcender à forma material. Com postura mental elevada, de seu mundo íntimo brota-lhe progressiva intuição. No entanto, ao atingir a intuição pura, não deve se dar por satisfeito, pois o ponto final da evolução espiritual chama-se Deus.

Quem já é portador da intuição pura, saiba que o seu próximo passo na escala evolutiva é a integração natural às faixas vibracionais, em que, sem perder a individualidade, passa-se a fazer parte, por ressonância, de uma egrégora correspondente à sua capacidade mental. Nesse estágio, a persona se encontra "desmaterializada", o que lhe faculta expandir a consciência, se autoiluminar e tornar-se um ser progressivamente brilhante e em melhores condições para identificar as orientações sutilizadas.

Justificam-se, assim, as comunicações interplanos ficarem paulatinamente mais sutis, mais psíquicas e menos sensório-biológicas. É que a contribuição anímica do médium mais lúcido quanto aos fenômenos da mediunidade consciente o auxilia positivamente no momento da comunicação.

27. Características do cristão renovado

Pergunta: - Sabemos que o espírito terreno ainda é de pouca evolução. Evidentemente, a assimilação dos ensinamentos libertadores é lenta. No entanto, por estarmos na Era do Mentalismo e iniciando nosso curso secundário, de que maneira podemos identificar os cristãos que verdadeiramente estão se renovando? Com a renovação, o que mudará em suas características internas e externas?

Resposta: - É sempre bom evitar opiniões com pareceres pessoais, pois existem leis regendo o universo, inclusive a Lei de Ação e Reação. O ideal é nos autoavaliarmos, em vez de nos preocuparmos com a conduta de nossos semelhantes. Julgamentos desprovidos de veracidade geram carma negativo, pois estamos infringindo os Estatutos da Vida.

Observando as constantes universais, concluiremos:

• Por ser Cristo sinônimo de amor universal, a pessoa, antes de despertar o seu Cristo interno, o seu Cristo-Amor, não consegue se amar e, sem isso, não tem condições para amar plenamente a vida nem seus semelhantes. Quando o Cristo-criatura entra em sintonia com o Cristo-Criador, surge-lhe do íntimo a crística vontade de celebrar a vida, cabendo-lhe, por esforço pessoal, manter-se nessa frequência, a fim de que sua alegria e seu júbilo contagiem outras pessoas.

• Conhece-se o cristão consciente de seu papel diante da vida por sua incessante transformação íntima, a qual o conduz a mudanças de hábitos, de valores, de frequências mentais etc. Também pela convivência, ou mesmo pela observação a distância, para saber de que maneira conduz a existência e, assim, tirar conclusões mais acertadas. Para avaliar se o cristão está mudando seu comportamento, será preciso observar se, aos poucos, ele está perdendo a pujança da arrogância, da prepotência, da vaidade e de sua íntima companheira, a soberba.

• Quanto mais a criatura é consciente de seu Deus interno, mais naturalmente brotará de seu mundo pessoal a benevolência, acompanhada pelas energias da complacência, da condescendência, do afeto em ação renovadora, da emoção crística e, também, do sentimento evangélico. Na verdade, na mesma proporção em que há a renovação do cristão, a sua vontade entra em ação consciente na edificação do homem novo, do homem que caminha rumo à sua paz interior, apoiando-se na mensagem evangélica.

Nossas avaliações não devem se restringir à visão do agora, considerando que a Terra se encontra na fase de transição planetária. Como a maioria dos espíritos terrenos ainda é de pouca evolução, a assimilação dos ensinamentos libertadores é lenta. No entanto, após a decantação apocalíptica, os valores para o homem-espécie serão outros, evidentemente mais adequados para a Era do Mentalismo. Ele sentirá vontade de participar ativamente da estruturação, em todos os sentidos, de uma sociedade que inicia o seu curso secundário.

Não nos preocupemos se nossos semelhantes estão se renovando, mas sim com a nossa mudança de valores, pois, se estivermos em melhores condições, naturalmente auxiliaremos a outrem.

Pergunta:- Quando a pessoa é apaixonada pela profissão que escolheu, pelo bem material que possui, pela formação intelectual, por sua nação etc., a ponto de perder a razão, o que ela deve trabalhar para se renovar?

Resposta: - Em tudo na vida devemos avaliar as situações, observando o ponto e o contraponto, pois em toda a Criação há o positivo e o negativo.

Quando a criatura se apaixona pela vida e motiva-se para celebrar suas núpcias com o Artífice da Vida, o que ocorre, na verdade, é a expansão consciente de seu Eu Crístico, almejando sentir com mais abrangência o Cristo-Criador.

Quando ela se apaixona por objetos ou pessoas para dar vazão ao instinto sexual sem o crístico sentimento, denota desequilíbrio, insanidade, pois seguramente vai eclipsar a razão. Nesses casos agudos, a vontade torna-se temporariamente impotente para sobrepor-se à paixão. Em muitas circunstâncias, a pessoa, dominada pelas paixões, trava expressivas lutas sem adversários externos, já que o seu campo de batalha é o seu próprio mundo íntimo. Esta é a fase evolutiva em que já se reconhece teoricamente o certo e o errado, mas ainda não se tem capacidade para amar-se, muito menos para amar aos semelhantes. É um período em que o ser humano não tem condições para ser altruísta nem tem energia-força para desapegar-se do que é transitório.

A paixão, ainda que revestida de avareza, posse, domínio, poder, ciúme doentio, inveja etc., deve ser evangelicamente compreendida, considerando que a evolução da consciência é lenta, para que seja segura e consolidada na essência espiritual, pois a natureza não transforma de maneira abrupta espíritos *simples e ignorantes* em anjos. Deve-se ter sempre em mente que no espírito de pouca evolução, pois inexperiente de Deus, predomina o apego natural aos bens transitórios, uma vez que, por falta de discernimento para possuir o bem na condição de administrador temporário, ele é possuído por ele.

Se seguirmos os ensinamentos evangélicos, não julgaremos nem criticaremos a conduta alheia, pois perfeição ou imperfeição dependerá da posição que o observador ocupar momentaneamente na escala da evolução. O que é considerado "perfeito" atualmente, amanhã poderá ser obsoleto.

Nos dias atuais, tudo que consideramos ideal foi vislumbrado, no passado, por espíritos mais evoluídos, ficando por conta de cada indivíduo adquirir coragem para conquistá-lo. O espírito, por sentir-se eterno, continuará idealizando novos patamares evolutivos para novas conquistas, tendo em vista que a evolução não tem fim.

A vida nos convida para grandes desafios. Mas, se todos os seres humanos se acovardarem, tombados pelo medo de investir no ignoto, não surgirão aqueles que, corajosamente, se colocam à frente liderando, em muitas situações, em trôpegos movimentos, com determinação e persistência, e, finalmente, alcançando grandes realizações e nobres ideais para beneficiar a humanidade.

Pergunta: - Por que o espírito terreno, mesmo conhecendo a riquíssima literatura espiritualista existente no planeta, encontra tanta dificuldade para abrir mão de conceitos religiosos ultrapassados, aqueles que já não possuem nutrientes para a Era do Mentalismo?

Resposta: - Isso acontece por causa do excessivo orgulho de determinados seres humanos. O indivíduo, quando portador de exacerbado orgulho, normalmente é tímido para com os Haveres dos Céus e tem forte tendência a ser rigoroso. Dependendo da situação, tenta até disfarçar, passando uma pseudoimagem de humildade. Também existem aqueles que, mesmo reconhecendo que têm condições para se desarmarem para o novo e realizarem determinadas tarefas em benefício da sociedade, representando a doutrina religiosa que abraçaram, preferem o estado de apatia como forma de defesa. Na verdade, são carentes da moral cristã e querem chamar a atenção das pessoas que fazem parte de suas relações, alegando que são incapazes, quando, na verdade, são inseguros. Os menos orgulhosos aceitam o debate esclarecedor; para eles, elogios e críticas têm o mesmo peso.

Para a Era do Mentalismo, deve o cristão:

- Que se sentir capaz para representar os Céus, subir ao púlpito e, sem temores nem bloqueios, declamar poemas de amor à vida, exaltando a sagrada oportunidade de representar a divindade.
- Reconhecer que está no exercício de despertar em si humildade, confiança, alegria, coragem, persistência, serenidade e renúncia, para adquirir a convicção de que é portador do Cristo interno e afirmar em bom tom: Eu sou... Eu sou um espírito em evolução, procurando trazer ao consciente os atributos divinos existentes em mim.
- Por estar mais consciente de que a evolução espiritual é eterna, não se permitir estagnar, quando tudo à sua volta encontra-se em aceleradíssima mudança.

Quando o espírito traz de vidas anteriores os fortes resquícios negativos em que era cheio de poder transitório, embora vazio de sentimentos nobres, deverá permanecer durante toda a encarnação orando e vigiando, para tentar não repetir condutas de arbitrariedades, evitanto, assim, dar vazão ao espírito dominador que fora.

Pergunta:- Qual a maneira mais segura para, ao nos avaliar, termos certeza de que estamos nos melhorando espiritualmente?

Resposta: - Em função das novas aspirações que elaboraremos mentalmente, o universo responderá aos nossos novos anseios e, dessa forma, perceberemos as nossas melhoras.

Sendo o éter cósmico apolar[1], nossos pensamentos polarizam o éter de maneira positiva ou negativa.

Portanto:

- Pensar bem deixa de ser um ato restrito à concepção dos religiosos e passa a ser cientificismo cósmico, pois o homem é o que ele pensa. Atualmente, pelo grau de evolução do espírito terreno, boa parcela dos indivíduos encarnados é capaz de aferir se está em processo de renovação, considerando que a Lei de Deus é tão perfeita que a pessoa, em sua condição psicoemocional espiritual, pode fazer seu autojulgamento e conscientizar-se de sua realidade diante da vida.
- Na autoavaliação, verifiquemos se o nosso raio de ação está sendo ampliado em função do tempo ou se estagnou seu progresso; se estamos substituindo valores que obedecem ao eterno transformismo do universo criado ou se estamos parados como se a evolução tivesse ponto final; também, com as novas aquisições de conhecimentos transcendentes, se estamos nos libertando do homem velho, conforme solicitação evangélica.
- Na verificação consciente, atentemos para o nosso nível de prepotência, arrogância, inveja, ciúme etc., pois, se o nível é muito alto, não conseguiremos valorizar os maravilhosos feitos de nossos semelhantes. Isso porque nos alimentamos do sentimento antiético de superioridade – a soberba, o que

---

[1] Qualidade daquilo que não tem polaridade, normalmente relacionado às moléculas orgânicas.

nos leva, em muitos casos, a repudiar ou tripudiar os valores de outrem.

Não é difícil perceber se está havendo mudança em nossos estados psíquico, emocional, espiritual e até mesmo orgânico, à medida que vivenciamos experiências renovadoras.

Nessa autoavaliação, observemos se estamos sendo flexíveis em nossos pontos de vista, pois a rigidez faz mal à alma e desarmoniza o fluxo da energia vital que mantém a saúde corpórea; se, como forma de autopunição, nos alimentamos da destruidora ilusão de que não merecemos ser felizes; se, tombados pelo desânimo, abrimos mão de nossas conquistas humanas e espirituais; se fazemos questão de que os nossos semelhantes percebam a nossa baixa autoestima; e, por fim, se portamos o semblante de quem clama por piedade, querendo atrair a atenção dos semelhantes.

* * *

Adventos Crísticos – Para se proceder a uma avaliação quanto às características do homem novo, será necessário isolar do cenário terreno as criaturas que, pela atual conduta, já não terão tempo suficiente para se qualificarem evangelicamente, a ponto de adquirirem a frequência exigida pelas Leis da Evolução para frequentar uma escola secundária.[2]

Tenhamos em mente que, pelo natural desapego em função da evolução espiritual, será comum ao cristão renovado:

> • Leveza na condução da vida, pois o espírito da posse dificulta substancialmente o bom relacionamento entre as criaturas.
> • Não chegar ao final das encarnações preocupado em contar as moedas de suas externas aquisições, mas empenhado em manter seus nobres sentimentos, desencarnar saudável e elegantemente para chegar ao outro lado da vida com semblante de quem é portador de hamonia íntima, e não

---

[2] Segundo Ramatís, em *Mensagens do astral*, a partir de 1950, quem desencarnasse sem as qualidades para a Era do Mentalismo não reencarnaria na Terra pelo menos nos próximos 6.666 anos terrenos, ficando aguardando no Astral o "momento profético" para ser transladado para o planeta higienizador.

mais com a fisionomia da morte, pois estará mais consciente quanto ao sentido sagrado da vida enquanto temporariamente encarnado.

• Exteriorizar o que transporta em seu mundo íntimo pela verbalização, sendo assim possível identificar o seu nível de evangelização. Também, observando a cor básica da aura, podem-se obter ilações importantes para deduzir a sua conduta ético-moral.

Por se tratar de pessoa entusiasta, a sua voz transporta o magnetismo aglutinador de consciências de ambos os planos da vida. Onde quer que esteja, estará sempre acompanhado pelos benfeitores espirituais.

* * *

Não basta matar o homem velho... Temos de ressuscitar o homem novo.
Pietro Ubaldi em *Evolução e Evangelho*

28. Integração entre ciência e religião

Pergunta: - A distância comportamental entre cientistas e religiosos é inquestionável. Que mecanismo a espiritualidade usará para uni-los sem fundi-los?

Resposta: - Os espíritos superiores, em condições normais, não interferem em nosso livre-arbítrio. Consequentemente, eles não interferirão no sentido de unir os integrantes da ciência e da religião nem os que compõem os demais pilares.[1]

Não devemos, acanhadamente, restringir o nosso olhar ao agora, pois a nossa evolução já nos permite vislumbrar novos horizontes para os espíritos terráqueos, açambarcando os quatro pilares da sociedade.

Após a seleção final em andamento, sem os espíritos refratários ao eterno vir a ser, pois exilados para outros mundos, quem continuar na Terra não comungará com a separatividade. A fraternal convivência abrirá espaços emocionais para sermos solidários e compreensivos uns para com os outros.

Independentemente do pilar de atuação, os espíritos, quando mais evoluídos, não arrogam seus conceitos como sendo suas verdades, pois reconhecem que, em cada vida, estão apenas dando sequência à dilatação dos conhecimentos adquiridos por seus antecessores. Evidentemente, também existem aqueles que deixam novas contribuições para os que virão.

O ser humano, quando não mais se julga autossuficiente,

---

[1] Em situações extremas, os espíritos que não conseguem, naturalmente, se reconciliar amorosamente, reencarnam compulsoriamente na condição de xifópagos, para, em um mesmo corpo, exercitarem o perdão. Essa decisão é tomada pelos espíritos superiores após todas as tentativas de reconciliação. Nesses casos, há "interferência" no livre-arbítrio.

pois consciente de que a evolução é eterna, não chancela suas verdades como se fossem absolutas. São gratos aos que lhes prepararam o ambiente para a sua chegada e a rota a ser seguida, mas também se preocupam em deixar a sua cota de contribuição para quem vier.

A ciência e a religião já estão caminhando de mãos dadas para integração das duas maneiras de descobrir o mesmo e único Deus. Da mesma forma agem os que participam dos pilares social e artístico.

Pergunta: - *Tendo em vista que os novos rumos do Cristianismo colocam o ser humano com os pés no chão diante da Lei da Evolução, como ficarão as pessoas que atribuem a si excepcional importância, pertença ela a qualquer pilar da sociedade? E aquelas outras que se orgulham das honorificações recebidas da sociedade e se esquecem de seu polimento espiritual?*

Resposta: - Assim como o conhecimento, por mais abrangente que seja, é válido apenas para determinada época, pois a evolução é eterna, essas condutas deixarão de existir, considerando que os espíritos desse naipe serão exilados da Terra nos próximos instantes.

Os que vão para mundos compatíveis com as suas aspirações serão aqueles que negligenciaram os ensinamentos trazidos ao nosso orbe pelos espíritos superiores. Atualmente, com o novo programa espiritual da Terra que, em Aquário, passou a ser uma escola secundária, os alunos de conduta primária deixarão a Escola Terra.

Assim, aqueles que assimilaram e transformaram em vivência os ensinamentos trazidos ao mundo terrestre pelos educadores celestes já não estarão envaidecidos pelo que são nem pelas aquisições externas a si, mas empenhados em adquirir mais verdades e mais luzes para conquistarem os Céus no mundo interno, em sua consciência. Com isso, deixarão de lado o orgulho e passarão a ter o garbo de serem úteis à vida da sociedade, conforme consta em Mateus (20:26): "Quem pretende ser grande diante dos olhos de Deus, que seja servidor de todos".

Pergunta: - *Por que a preocupação maior da sociedade é unir os pilares ciência e religião, deixando de lado o social e o artístico?*

Resposta: - O investimento real da espiritualidade superior visa ao ser humano e não à função que ele desempenha temporariamente, já que as tarefas executadas em uma vida podem mudar nas próximas reencarnações, pois nada é estático no universo criado.

O importante é que os componentes dos pilares continuem operantes, de forma que as religiões pensem antecipadamente e esquematizem as trajetórias luminosas para as criaturas evoluírem e ascenderem; as ciências comprovem, experimentalmente, a onisciência, onipresença e a onipotência de Deus; o pilar social oriente a sociedade no sentido de todos os humanos viverem fraternalmente irmanados; e a esfera artística exalte a vida, projetando os seus semelhantes rumo ao eterno amanhã magnificamente crístico.

Continuemos orbitando na esfera luminosa do Cristo sem desgaste de nossas forças-energias, nem nos detendo nas tarefas que desempenhamos em diminuto tempo do calendário sideral. É fundamental que tenhamos autoamor para servir da melhor maneira possível a nossos semelhantes.

Pergunta:- Mesmo de maneira racional-analítica, a ciência também procura descobrir a Deus. Em que aspecto mudará tal conduta dos cientistas com o Cristianismo assumindo novos rumos?

Resposta: Uma vez que Deus é onipresente, o coração não é a única via para nos "aproximarmos" d'Ele, pois a razão também tem o seu inquestionável valor e, por meio dela, o ser humano pode celebrar a dádiva da vida e despertar seus sagrados sentimentos. Mas, para adentrar os pórticos celestiais em definitivo, precisará ter vivenciado plenamente o amor incondicional. Assim, para o ser humano descobrir Deus em si com mais abrangência, só pela via interna do coração. Com a razão nos aproximamos de Deus; com o coração descobrimos Deus em nosso âmago.

Acontece que a razão, que é analítica, limita a frequência

da alma às dimensões concretas, embora não a impeça de sentir, dentro de certos limites, a Mente Criadora. É constante universal todos os espíritos se desvincularem da forma material para melhor sentirem o que era imponderável.

Devido à maioridade espiritual da sociedade terrena e, simultaneamente, adentrando Aquário, a frequência mental das criaturas encontra-se mais alta, propiciando que todos se sintam mais íntimos com os prepostos de Deus.

Os que abraçaram o pilar científico, com a razão estão abrindo clareiras luminosas e caminhando a passos largos rumo à essência da Criação. Os cientistas, cada vez mais íntimos da estrutura atômica, já se sentem atraídos pelo tropismo divino. Quanto mais eles penetram na intimidade do átomo, mais se aproximam do universo essencial, a energia criadora. Dessa forma, estão caminhando em direção à descoberta do papel vital dos neutrinos[2] para melhorar a vida dos vivos habitantes da superfície da Terra.

Como não se consegue amar o desconhecido, ressaltemos mais uma constante universal: a alma, fazendo uso da razão desbravadora e analítica, procurando sempre conhecer para se libertar da dimensão da existencialidade, ao atingir o seu ápice, vai adquirindo consciência de que o plano material serve de alicerce estrutural para ela evoluir e, quando graduada à transcendência, voar livremente na dimensão da essencialidade. Com a razão se chega até à porta do Céu, mas, para adentrá-lo, só com o coração em êxtase divino.

Paulatinamente, o cientista ultrapassa as linhas limítrofes da "matéria" e penetra em campos rarefeitos e luminosos. Brevemente, ele anunciará, convictamente, a lição evangélica proferida por Jesus: "Vós sois luzes".

As mudanças serão naturais em função da evolução espi-

---

[2] Neutrinos são partículas neutras (sem carga elétrica) extremamente pequenas e com massa tão insignificante que, após sua descoberta, acreditou-se que não possuíam massa. Devido a essas características, os neutrinos dificilmente interagem com a matéria. Isso torna difícil detectá-los. No entanto, uma vez que o pensamento ainda é matéria, segundo André Luiz através de Chico Xavier, o neutrino tem massa. Em Argos, no interior oco da Terra, o conhecimento sobre os neutrinos já está bem adiantado em relação ao que se tem na superfície. Na parte oca da Terra, devido à idade do núcleo da massa planetária e à desintegração radioativa natural, existem excelentes camadas de neutrinos. Os neutrinos não vêm para a Terra tão somente do Sol, mas dos corpos celestes em desintegração radioativa.

ritual, científica, tecnológica, filosófica etc., pois o Cristianismo Renovado engloba os seres humanos de todos os pilares.

O Cristianismo Renovado, por ser globalizador, assumirá a condução da vida da sociedade planetária sem distinção de qualquer natureza. Não se trata de proposta dirigida às religiões, mas ao homem-espécie dos quatro pilares da sociedade.

Pergunta: - O foco da Proposta Adventista é informar ao homem sobre as novas diretrizes para a Era do Mentalismo ou transformá-lo em criatura evangelizada?

Resposta: - As informações podem chegar de todas as vertentes do conhecimento humano, mas a transformação íntima de cada criatura ocorre por esforço pessoal e intransferível.

Os Adventos Crísticos apontam o norte de nossa trajetória, para, pelo vivenciamento dos ensinamentos assimilados, despertarmos o nosso Deus interior, ficando por nossa conta a autotransformação, pois ninguém consegue descobrir Deus para nós. A pessoa, sem o autodescobrimento de seu Deus interior, não verá o Criador. E, é lógico, o Deus que ele perceber fora dele é do mesmo "tamanho" do Deus que ele conceber dentro dele.

Os ensinamentos norteiam, desatrelam a alma de seu cativeiro psíquico, estimulam para o exercício da autolibertação, mas as transformações íntimas, aquelas que libertam a nossa consciência, só nós poderemos realizá-las.

Os conhecimentos adquiridos pela razão aceleram a sensibilidade psíquica, melhoram a acústica da alma e fazem aflorar ao consciente a inteligência, a qual é capaz de transformar o mundo de fora, mas, necessariamente, não transforma o homem interno.

A alma só se sente plena quando as conquistas são ensejadas pelo sentimento crístico, aquele que transcende à forma material, de forma que ela, com as novas aquisições, se sinta mais atraída pelo Céu do que pela Terra, sem repudiar as motivadoras e benfazejas emoções terrestres.

Por ser constante universal, o anseio da alma em querer conquistar a plenitude, o "espaço" a ser percorrido, evidentemente apenas vibracional, é o mesmo para todas as criaturas, cabendo-lhes tão somente aumentar a frequência mental. Em outras palavras: a maneira como a pessoa caminha em direção à sua autoiluminação é individual, intransferível e sem qualquer ajuda externa. Obviamente, o tempo a ser consumido para tal feito depende de cada criatura.

O foco da proposta adventista é inserir a mensagem evangélica do Nazareno Mestre na rotina da vida, o que só acontecerá por autoesforço e autoevangelização.

* * *

Nesta fase inicial, sob os auspícios de Aquário, em que a Terra encontra-se gestando uma nova consciência espiritual em sua condição de escola secundária, será também implantada uma ciência evangelizada, de forma que seus novos paradigmas preparem o homem na Terra para que ele, por mérito, ascenda aos Céus.

A interação entre ciência e religião será por processo empírico, dificultando, dessa forma, qualquer rejeição por ambas as partes, considerando que não se consegue anular as experiências vividas.

A mediunidade psíquica tornar-se-á gradualmente mais comum entre os povos e, por ser progressiva e não depender de crenças, possibilitará aos cientistas vislumbrarem novos horizontes quanto à realidade transcendente do espírito eterno e imortal. O que é tido como paranormalidade atualmente, por não ser fenômeno comum a todos os seres humanos, será considerado normal em função da evolução do indivíduo, tendo em vista que a mediunidade psíquica é inerente à evolução do espírito, permanecendo e se desenvolvendo com ele eternamente.

* * *

Adventos Crísticos – Como faz parte do conhecimento terreno de que, à medida que o espírito evolui, aumenta a sua capacidade de amar a Deus e ao próximo, a integração entre ciência e religião será processo natural e não dependerá da racionalidade dos humanos preconceituosos, pois, desde a criação da mônada, ela traz intrínsecos os atributos da divindade.

A evolução espiritual dilui os bloqueios psicológicos. Assim, aqueles que sofreram danos morais em vidas recuadas, quando cultuaram religiões, mas não atingiram a religiosidade, se adquiriram mérito para continuar reencarnando na Terra é porque já venceram seus traumas.

Por as religiões terem sido causadoras da maioria das travas psicológicas da sociedade, emperrando a evolução espiritual de seus adeptos, na civilização do terceiro milênio cristão os que não se refizeram não farão parte da Escola Terra durante os próximos 6.666 anos terrenos.

Com os elementos didáticos fornecidos pelos Adventos Crísticos, avaliemo-nos:

Pela minha maneira de ser, considerando ações e reações que fazem parte de mim, encontro-me reformulando os meus valores, ou estou preso a ultrapassados conceitos de épocas mortas?

Com semblante de um cristão renovado por conhecer as constantes universais, consigo abraçar a dor a ponto de, após todas as lutas para preservar a vida, vislumbrar a morte, majestosa e convicta, convidando-me para um abraço final?

Conhecedor da didática cósmica que diz que a quem mais é dado, mais é cobrado, sou capaz de ter serenidade e magnetismo aglutinador de consciências encarnadas e desencarnadas para falar em nome de Deus, divulgando o proposto pelos Adventos Crísticos?

29. Evolução da consciência

Pergunta: - Somos sabedores do eterno transformismo do universo criado. Sabemos também que tanto o universo físico quanto o metafísico evoluem. Atualmente, com a Terra promovida à condição de escola secundária, o espírito terreno já tem evolução para, fraternalmente, se irmanar e implantar a paz em nosso mundo?

Resposta: - É do conhecimento da sociedade que tudo que nos for proposto, se não existir registrado em nossa alma, pode ser fortemente rejeitado. Não havendo nada gravado em nosso mundo íntimo sobre aquele assunto, a nova proposta não nos faz eco de imediato. Daí o valor sagrado da humildade, para, antes da rejeição, avaliarmos o conteúdo do que nos for apresentado.

Os alunos terrenos graduados para o curso secundário têm plenas condições para, de mãos dadas, se irmanarem, pois já venceram as suas guerras internas e estão mais conscientes quanto ao sentido sagrado da vida. Eles têm chances de conviver fraternalmente e em paz.

Que o momento de transição planetária é impactante, não temos dúvida. No entanto, é mais apropriado para os homens se unirem aos homens e celebrarem a vida, agradecendo ao Autor da Vida pela oportunidade de, fraterna e solidariamente, se irmanarem em nome do Cristo, Senhor Nosso e Irmão Maior.

Pergunta: - Os espíritos acanhados e tímidos quanto aos Haveres dos Céus precisam de modelos humanos para se inspirar. Aonde podem encontrar um referencial fidedigno como inspiração?

Resposta: - Muitos existem que são intelectualmente capazes, mas, orgulhosos, não aceitam críticas, precisando de um sutil e crístico toque despertador para se apresentarem à sociedade e colocarem os seus talentos a serviço da Vida, sem a doentia necessidade do reconhecimento social. Assim, sugerimos que:

• Seja criada uma Organização Governamental Planetária (OGP), cuja cúpula administrativa, para orientar diplomaticamente as nações, seja formada por seres humanos espiritualmente mais polidos, não pelas convenções favoráveis, mas por demonstrarem, sob a luz do Sol, que vivem em favor do bem coletivo.
• Os representantes da OGP não sejam pregadores de doutrinas políticas, filosóficas, religiosas etc., mas conscientizadores das leis básicas da vida universal: as leis da Reencarnação e de Causa e Efeito.
• Na OGP exista um conselho laico[1], já que a eclesiologia emperrou o crescimento espiritual da humanidade terrena por ter negado, de maneira proposital e conveniente, as duas leis fundamentais da Criação.
• A OGP conscientize os povos de que toda causa gera efeito e que as consequências dessas causas alcançam as próximas vidas, para que o espírito, ao reencarnar, se esforce como um aluno aplicado em todos os sentidos e disciplinas. Assim, deixará de ser uma pessoa tão somente contemplando aquilo que outros realizaram, pois estará empenhada em deixar a sua contribuição para a sociedade.
• Os líderes das nações, conhecendo os ditames da justiça divina, abdiquem da corrupção de qualquer natureza e se empenhem na aquisição de significativa e progressiva resistência moral.
• Com a capacidade realizadora associada ao bom exemplo na vivência, os administradores dos países, na sacra condição de referenciais da vida coletiva, integrem os povos a uma só vontade – a do Cristo criador da Terra. Todos, tendo o Evangelho do Nazareno Mestre como bússola a nortear a vida, deporão as armas da morte e se abraçarão fraternalmente louvando a vida e o Autor da Vida, Deus.

---

1 Que vive no, ou é próprio do mundo, do século; secular (por oposição a eclesiástico). Que não pertence ao clero nem a uma ordem religiosa; leigo.

- Esses seletos seres humanos que assumirem o comando da OGP sejam escolhidos pela humanidade em função de seus históricos para com a sociedade. Em nenhuma situação colocar à frente da OGP alguém que ainda não tenha desempenhado tarefas em benefício de uma coletividade.

É evidente que, enquanto o ser humano não conhece as leis da Reencarnação e de Ação e Reação, faltam-lhe elementos de sustentação para evitar as práticas que infringem as Leis do Criador e geram sentimentos de culpa e carma negativo.

Atualmente, com sete bilhões de espíritos encarnados na Terra, as individualidades não obterão o sucesso desejado servindo de referenciais fidedignos para inspirar os seus semelhantes. Necessário é que se eduque e esclareça o conjunto planetário.

Pergunta: *- Será que os países bem administrados, reunindo os seus recursos, conseguirão prover as necessidades gerais da sociedade planetária?*

Resposta: - O crístico papel dos administradores das nações será conscientizar seus povos sobre a sacralidade da solidariedade diante dos Estatutos da Vida, pois o maior manancial de recursos advirá da própria sociedade como um todo e não somente das nações representadas por seus governantes.

No livro *O evangelho e a lei de Deus*, sugerimos à sociedade que se criasse uma Fundação de Solidariedade Planetária, conforme texto a seguir:

> No momento em que o nosso planeta está adentrando Aquário e, consequentemente, solicitando ao homem terreno o acionar da sua força mental para colocá-la a serviço da Vida...
>
> Em que a Grande Luz do Universo, o Foco Gerador de todas as coisas, a Fonte da Vida que desprende vidas em sucessões infinitas...
>
> Por ser o momento em que o homem, diante do Senhor de todos os Mundos, reconhece com mais abrangência que o propósito do Criador para com as Suas criaturas é a plenitude...
>
> No instante em que a sociedade planetária sofre uma me-

tamorfose, em que a sua existência vai dando ensejo à sua essência, que, em sendo divina, flui com maior profusão o amor pelo Criador e pelas criaturas...
Quando o homem desperta em si o encanto da humildade, o esplendor da livre renúncia, a grandeza da bondade, a solidariedade para com todos os homens da Terra...
Quando, intuitivamente, reconhece que o Pai espera do novo homem, do homem crístico, do homem cósmico, do homem universalista, sentir, identificar a razão maior da Sua Criação...
Quando, no atual momento, os homens permitem ser atraídos pelo tropismo da Divina Luz do Criador, pelo empuxo da força ascensional rumo à transcendência...
Quando todos ouvem a harmonia do cântico que os conduz ao melodioso silêncio, mergulhados na profusão de luzes que despertam consciências e fazem reconhecer, em tudo e em todos, a onipresença de Deus...
Quando os seres arquiangélicos, criadores de mundos, fontes alimentadoras da vida em seus universos criados são sentidos na acústica do nosso coração...
Quando a humanidade está às vésperas do clímax, no ápice, na culminância do mais crístico momento histórico, no limiar do amadurecimento emocional-psíquico para a mais abrangente revolução sociorreligiosa, considerando que, intuitivamente, a vontade do homem na Terra nunca esteve tão luminosamente presente e tão ativamente criadora, em ressonância com a vontade de Deus...
E quando aqueles homens de aspirações cósmicas sentem o Absoluto Criador, a Fonte Inesgotável da Vida, e que vivem naturalmente mais integrados à pulsação dos planos mais sutis da Criação, com possibilidades de canalizarem as energias sidéreas em benefício de seu próximo...
Enfim, após todas essas considerações, só nos resta convidar o homem de inteireza moral, despido de personalismo, a se tornar entusiasta, motivado, vibrante e com abertura para sentir e interpretar a finalidade das existências, vinculando-se emocionalmente a Deus. E, para tal, basta descobrir a arte de interpretar a vida.
Percebem os que têm acuidade visual mais apurada, na condição meritória de intérpretes das leis da vida, que o problema socioeconômico – a causa principal do estado caótico da humanidade como um todo – está chegando ao fim.

O novo patamar de consciência em que a sociedade vai transitar no atual milênio é o AMOR, palavra grafada nos compêndios do planeta e que tem emoldurado os quadros mais relevantes das grandiosas obras de homens em favor da humanidade...

Por ser o AMOR a energia utilizada para criar os universos, seja também por nós outros usado, conscientemente, para as nossas construções.

E, desse modo, que aumente em todos nós o sentimento de AMOR, de identificação plena com o Deus Absoluto e que sejamos a expressão da paz, os porta-vozes da ternura a cantar um hino de louvor à vida, aquele que entoa o sentido crístico da SOLIDARIEDADE PLANETÁRIA.

E, assim, para que todos os filhos de Deus na Terra possam viver com pelo menos certa dignidade, sugerimos:

• Que se crie uma Fundação de Solidariedade Planetária.
• Que para essa Fundação seja recolhido de cada indivíduo e de cada empresa, mensalmente, após a conscientização de todos os homens de boa vontade, o valor unitário da moeda vigente no país, descontado das respectivas contas bancárias.
• Que o Governo de cada nação contribua, mensalmente, com 1.000 (mil) salários mínimos equivalentes ao valor da moeda local, independentemente de suas já costumeiras campanhas internas e externas de ajuda à pobreza.

No caso da concretização dessa criação, não restará qualquer sombra de dúvida de que, em pouco tempo, a desigualdade socioeconômica será erradicada do mundo. Em consequência, os mais necessitados, também filhos do mesmo Deus de amor e justiça, terão direito à educação, à alimentação, a tratamento médico e a se sentirem dignamente humanos.

Que o Senhor da Vida ampare a todos nós, homens terrenos!

* * *

Adventos Crísticos – Nesta fase crística e crítica de transição planetária, milhões de espíritos sairão de seus cativeiros psíquicos, não só os desencarnados, mas também os encarnados.

No atual estágio evolutivo de bom percentual dos espíritos terráqueos, as emanações do Cristo planetário serão captadas com mais facilidade, o que significa que, de agora em diante, o homem-espécie estará mais bem sintonizado com a luz crística que açambarca o planeta Terra.

Com maior possibilidade para sentir o Cristo-Amor, ele ficará motivado para dilatar a sua consciência, pois, intuitivamente, brotará de seu âmago a vontade de entrar na pulsação rítmica da vida cósmica para exercitar a sua capacidade de amar de maneira incondicional.

Com a evolução da consciência, o espírito, em qualquer plano, prima por sua harmonia e beleza, qualidades comuns a todos os que já adquiriram estágio evolucional do amor cósmico. Embora com os pés sobre a Terra, sua mente passeia pelo universo, exercitando a sua libertação íntima na condição de ser imortal e eterno. Ele vai expandindo a consciência e, como consequência, assumindo compromisso moral perante o Criador, pedindo-Lhe auxílio para tornar-se intermediário na integração de seus semelhantes à aura da paz emanada do Cristo planetário.

Com a evolução atual de nossa consciência, não tenhamos dúvida quanto aos recursos das nações para prover as necessidades gerais da sociedade planetária, pois Deus é perfeito. Será suficiente nos evangelizarmos e todos viverão dignamente.

30. Constantes universais

Pergunta: - Embora a humanidade terrena ainda esteja na fase de transição planetária, é possível sinalizar como será a vida do homem em sua fase de regeneração e progresso?

Resposta: - Atualmente, tudo parece utópico, considerando que a sociedade ainda está mesclada por *cordeiros e lobos*. Como a nossa visão é limitada ao tempo e ao espaço, façamos uso das constantes universais.

Evidentemente, se a Terra, em sua condição de massa planetária, fosse muito jovem, não teria condições geofísicas, geoquímicas e bioquímicas para abrigar alunos no nível de escola secundária.

Além de a idade da Terra ser importantíssima para os alunos nesse novo grau de escolaridade, e ainda por estar percorrendo Aquário, a sociedade terrena terá uma vida mental progressivamente mais dinâmica e as mentes letárgicas terão de ser transladadas para mundos mais adequados às suas realidades. É processo natural e motivador para as almas acanhadas. Elas ficarão mais à vontade quando estiverem encarnadas em mundos cuja dinâmica mental seja de espíritos primários e subprimários. É a infinita bondade de Deus oportunizando a todos.

Quando analisamos as ocorrências atentando para as constantes universais, estamos evitando as utopias, as fantasias e as elucubrações sem fundamentação nas Leis do Criador.

Pergunta: - Considerando a perfeição das leis de Deus, será que os espíritos astutos conseguirão ludibriar essas leis e permanecerem na Terra?

Resposta: - Em se tratando de seleção pelo peso específico, tal possibilidade não existe, pois não depende das habilidades astuciosas do espírito agindo com o intelecto, mas de sua condição energética perispiritual e de sua vida mental.

Para o espírito em evolução, na mesma proporção que diminui sua astúcia, brota-lhe a honestidade. Na fase da astúcia, ele desenvolve inúmeras habilidades, mas não possui tranquilidade nem harmonia íntima. Graduado à honestidade, torna-se mais sereno, expressa paz interior e poderá graduar-se à condição crística de pacificador.

Pergunta: - Refletindo sobre as constantes universais, como se explica, pelo cientificismo cósmico, que os corpos celestes ficam ocos em função da idade?

Resposta: - Na formação de uma nebulosa para criação de um corpo celeste, as primeiras energias, as quais formam o seu núcleo, tornam-se mais velhas do que as últimas camadas desse mesmo corpo quando totalmente formado. Logicamente, as energias do núcleo, devido ao envelhecimento natural, tornar-se-ão radioativas antes daquelas que formaram as camadas periféricas. Daí, ocorrer do núcleo para a periferia a desintegração atômica natural dos corpos celestes. Justifica-se, dessa forma, o fato de os mundos ficarem ocos em função da idade. É uma constante universal.[1]

Pergunta: - Por que muitos dos homens considerados santos não conseguiram vivenciar o celibato?

Resposta: - A vida sexual da humanidade terrena de todas as épocas foi cheia de contradições. Chegou-se até a admitir que, enclausurando as criaturas, elas adquiririam evolução, a ponto de se submeterem à abstinência sexual sem sofrimento. As normas externas, mesmo quando estabelecidas por decreto-lei, não modificam o homem interno rumo à sua ascese. Tenhamos em mente que a pessoa só terá natural condição para abster-se da vida sexual quando graduada ao ponto de comungar com a vida e com a morte naturalmente, segundo Miramez no

---

[1] Vide as obras de Pietro Ubaldi: *A grande síntese; A lei de Deus; Técnica funcional da lei de Deus.*

livro Francisco de Assis.

Pietro Ubaldi, em *Evolução e evangelho*, escreveu: "A castidade é útil quando serve para criar um amor maior, e não quando serve para matá-lo, atrofiando na frieza e na indiferença os nobres impulsos do coração".

Pergunta: - Em qual estágio evolutivo a pessoa se gradua à religiosidade?
Resposta: - Na escala da evolução ascensional, em ordem crescente, tem-se: técnica, arte, filosofia e religiosidade. Embora bilhões de criaturas abracem as mais diversas religiões, vivem fora da moral e da ética adotadas pelas principais doutrinas religiosas do mundo. Caso a criatura em estado psicológico normal ainda esteja envolvida emocionalmente com a tecnologia[2], é porque lhe faltam bons passos na caminhada em direção à religiosidade. É processo natural.

Pergunta: - Uma vez que os Adventos Crísticos são uma proposta recente para a sociedade terrena, não se pode garantir que ela será aceita.Além de ser comum às pessoas soberbas repudiar, ou tripudiar, tudo que lhe é novo, existem outros fatores que levam determinadas criaturas a rejeitar o que lhe é apresentado, mesmo sem avaliar o conteúdo?
Resposta: - No Evangelho do Nazareno Mestre constam as orientações de que não deveríamos julgar nem criticar o próximo. Quem rejeita a proposta do Cristianismo Renovado não deve ser considerado herege, pois há um princípio universal que diz: "Quando alguém, conscientemente, rejeita uma proposta que lhe é apresentada, deve-se ter em mente que rejeitar é não encontrar eco no próprio âmago".

Evitemos, portanto, julgar os indivíduos que recusam o que lhes é novo, pois ninguém ama o desconhecido. Para estes, é necessário empenho na busca do conhecimento libertador. Quem ignora o conteúdo do que lhe é proposto, deve exercitar a hu-

---

2 Existem pessoas que já poderiam assumir maiores responsabilidades espirituais, mas preferem se omitir, fugindo dos compromissos assumidos com os nossos superiores dos planos luminosos. Assim, é possível que muitos abracem a tecnologia como fuga, para não assumirem compromissos espirituais.

mildade e investir nas aquisições de novos e eternos ensinamentos, a fim de que não haja estagnação na evolução. Abandonar porque desconhece não é a melhor opção.

Pergunta: - Na história das religiões, muitos seres humanos foram considerados santos, mesmo sem terem demonstrado santidade enquanto encarnados. Baseando-nos nas constantes universais, como identificar uma pessoa santificada?
Resposta: - O indivíduo que pretende fazer parte dos cânones dos homens santos deve saber que antes da santificação vem a humanização, e que, em síntese, humanizar-se é adquirir um grau de consciência que consiga despertar de seu âmago os seis degraus simbolizados pelo acróstico FRANCIS (Fraternidade, Renascimento, Amor, Natureza, Compreensão e Irmanação), para, finalmente, atingir a santificação na carne.

Para reconhecer uma criatura mais plena de Deus, é suficiente avaliarmos de que maneira ela usa *os três sentidos do consentimento divino: ver, ouvir e falar*, pois sem misericórdia não há santificação.

Outro tipo de apoio mental para o interessado na vida alheia obter sucesso é observar as reações circunstanciais dos indivíduos, pois, pela idiossincrasia, tem-se ideia do nível evolutivo das pessoas.

Pergunta: - Qual a causa de muitos expositores religiosos, embora portadores de conteúdo e fluência no falar, não conseguirem motivar seus ouvintes?
Resposta: - É da Lei da Evolução que, embora com toda a boa vontade do ser humano, *ninguém consegue ensinar a experiência que não viveu*.

Quando o indivíduo, na escalada evolutiva, encontra-se na fase introdutória de sua trajetória rumo à religiosidade, é-lhe natural a falta de magnetismo aglutinador de consciências. Portanto, ter conteúdo doutrinário e boa oratória não é suficiente para garantir o desempenho de tal tarefa com absoluto sucesso.

Nesses casos, primeiramente ele terá de despertar o seu Cristo interno para ter condições de acionar o Cristo interno de seus ouvintes. É lei universal.

Pergunta: - Por que a tônica dos integrantes dos quatro pilares da sociedade é que todos se amem, conforme solicitado por Jesus? O que há de tão especial no ato sagrado de amar?

Resposta: - Por maior que seja a habilidade técnica, com o cientificismo de alto nível e os demais recursos elaborados pelo cérebro, todas as dores e sofrimentos do ser humano terminam no coração. Quando as ações geram reações em forma de dor ou sofrimento, a alma procura elevar sua frequência mental buscando o seu Deus. Pela repetição, com o tempo e as diversas reencarnações, ela vai aperfeiçoando seus sentimentos, aprendendo a amar-se e a amar aos semelhantes. Por isso, obedecendo à Lei de Regência Universal, todos os males dos espíritos espalhados pela imensidão do cosmo terminam no coração. Coloquemos, então, os nossos corações a serviço da Vida – Deus –, para encontrarmos as respostas quanto ao sagrado ato de amar.

Por ser o amor o mais sagrado atributo da Divindade Suprema, a quinta-essência do Criador latente na criatura, concebamos que amar é interagir com a Fonte Inesgotável da Vida... É colocar-se de maneira plena a serviço da Vida – Deus. Logicamente, por ser constante universal, ninguém consegue entrar nos Céus enquanto reclamar de suas dores, pois amar é o mais crístico remédio para o espírito livrar-se de seus males compulsórios, ficando apenas com aqueles especiais não carmáticos para elevação de sua frequência mental.

Pergunta: - A sociedade do planeta Terra registrou que, no final dos tempos, os anjos viriam separar os espíritos maus dos bons. Como será essa separação entre lobos e cordeiros?

Resposta: - Os espíritos encarnados e desencarnados que compõem as muitas moradas do Pai, periodicamente, são aferidos por processo natural. Com o resultado do procedimento, pela Lei da Evolução, cada qual, juiz de si mesmo, identificará se tem condições para continuar reencarnando no mesmo mundo, ou se será exilado para mundos inferiores, mais compatíveis com seus estágios evolutivos. No caso do espírito terráqueo, ele mesmo reconhecerá, por suas aptidões naturais, se tem conteúdo ético-moral para continuar na Terra, ou se, por causa de seus desejos primários e aspirações inconsequentes, precisará ir para um mundo que atenda melhor a seus ilusórios e infantis anseios. É sempre estimulador relembrar que a seleção para saber quem permanecerá na Terra ou será exilado para mundos de menor evolução não depende da infinita bondade de Deus que sempre perdoa, mas de Sua infinita justiça disciplinadora. Evidentemente, os anjos não separarão os reprovados dos aprovados. A própria Lei da Justiça Divina, de maneira natural, sábia e infalível, desempenhará tal tarefa pelo peso específico de cada perispírito.

Avaliemos se os sublimes convites que a espiritualidade superior tem apresentado à sociedade a cada instante estão nos auxiliando em nossa transformação íntima ou se permanecemos recalcitrantes.

Pergunta: - Com a Escola Terra ministrando o curso secundário, deixarão de existir as doenças biológicas?
Resposta: - À medida que o espírito se esclarece quanto às Leis da Criação, naturalmente deixa de ter ações que geram reações negativas.

Quando o espírito encarnado conduz a vida sem infringir as Leis do Criador, ele não cria carma negativo. Consequentemente, as reações às suas ações são maravilhosas. Por constar na Lei de Deus que alma sã, corpo são, as doenças deixam de existir quando não temos ações que contrariem os Estatutos da Vida.

Pergunta: - Pela lógica, deduz-se que a tendência natural dos espíritos é, na mesma proporção que evoluem, buscar o belo, as cores saudáveis, os ambientes ensolarados, odores agradáveis, músicas que impulsionem o espírito rumo à eternidade etc. Por que, em plena Era do Mentalismo, ainda existem pessoas retrógradas a esses sagrados valores?
Resposta: - Desde a gênese da mônada, os atributos divinos são "gravados" nela, a fim de que, por esforço próprio, desenvolva-os, despertando-os em si mesma. Simpatia, beleza, músicas refinadas, cores que exaltem a vida alegre etc. são partes dos atributos de Deus em ação no homem. Se a nossa conduta expressa "saudade" das cavernas, vamos pedir a Deus que os demais humanos tenham paciência e tolerância conosco e uma

boa dose de misericórdia durante a convivência.

Pergunta: - A avareza citada por Jesus e que consta no Evangelho identifica uma criatura possuída pelo ter temporário. Em que nível evolutivo a pessoa começa a se preocupar com o ser eterno?

Resposta: - O processo é paulatino, pois, se for repentino, poderá deixar imenso vazio na alma humana. Por questão de garantia, na mesma proporção que dilata seu egoísmo, aumenta a prática do altruísmo. Mais uma vez, é salientada a advertência evangélica quanto ao não julgar, não criticar as atitudes alheias. Por ainda não termos evolução para fazermos uma avaliação real, não julgar pela aparência é postura dos mais evangelizados. A evolução tem de ser lenta, para que seja patrimônio eterno da alma, pois a natureza não dá saltos.

É lei universal: enquanto o ser humano não se satura de sua frenética vontade de acumular bens transitórios, não consegue direcionar suas aspirações para as aquisições dos bens eternos do espírito imortal.

Pergunta: - Seguindo essa linha de avaliação e obedecendo às constantes universais, em que estágio espiritual a pessoa ama de maneira incondicional?

Resposta: - Na Terra, são poucos os exemplares encarnados nessas condições. O mais comum é milhões de pessoas anunciarem que amam, mas muitas sequer sabem o que é o amor, ainda mais o amor pleno, o amor incondicional. A nossa evolução, por enquanto, é muito pequena quando se trata de amor. Por isso, matamos por amor, guerreamos por amor, destruímos famílias por amor etc. Existem até aqueles que, por amor, matam seus semelhantes achando que estão prestando um serviço valioso ao seu deus.

Para alguém amar de maneira incondicional, o ponto de partida é amar-se e, então, ter condições de amar a outrem. Com o autoamor, a pessoa abdica dos vícios; torna-se fraterna, solidária e compreensiva; passa a ser alegre, simpática e bem-humorada; convive com as diferenças sem desarmonizar-se.

Pergunta: - *Uma vez que no universo criado tudo é dinâmico e obedece ao eterno transformismo, qual será o próximo passo das religiões em Aquário?*

Resposta: - Sabemos que a religião pela religião não levará a sociedade a lugar algum, considerando os preconceitos, o dogmatismo e os diferentes deuses adotados pela sociedade. Silvestre, em nome das Sagradas Fileiras, escreveu:

> A religião como apanágio humano só ao homem interessa... A Deus cabe, por certo, a decantação da fé, resguardando nos homens-Terra o sacratíssimo direito à autocondução... Se ele, o homem (espécie), somar esforços e virtudes no sentido de bem direcionar a humanidade através da fé, é inevitável o alcance da Divina Luz... Todavia, o inverso, ou homem dúbio, arraigado a seus propósitos espúrios, certamente promoverá a guerra "santificada" como escudo protetor da insensatez e da insanidade religiosa...

Observa-se na história terrena que as religiões quase sempre serviram para separar os homens dos homens e os homens de Deus. É proposto pelo Cristianismo Renovado, açambarcando o conjunto planetário, que todos tenham o Cristo como foco divino a ser sentido. Com tal realidade na vida mental das pessoas, o próximo passo das religiões, de maneira natural e segura, será fundirem-se em espiritualismo, de forma que as duas leis fundamentais da Criação – Reencarnação e Causa e Efeito – façam parte do conteúdo ético-moral de todos os seres humanos.

* * *

Adventos Crísticos – Na magnífica obra do Criador, as constantes universais são encantadoras, pois o espírito, mesmo sendo portador de livre-arbítrio, não consegue estagnar eternamente. Ele, por ser efeito da Causa Suprema, desde a sua criação tem intrínseca, em latência, a vontade de retornar à sua origem – Deus.

Por mais recalcitrante que o espírito seja, a sua diminuta vontade não consegue anular a Vontade Suprema. Chega um momento em que ele, intuitivamente, sente "saudade de Deus" e, na condição de *Filho Pródigo*, começa o seu retorno ao Pai. É o momento sagrado de sua **reversão**.

Combalido por causa do longo tempo caminhando, no sentido de "afastar-se de Deus" para adquirir experiências por meio de sucessivas reencarnações, mesmo trôpego, ele começa a sua **reversão**. Por ser constante universal, a sua ideologia, paulatinamente, sobrepõe-se à sua biologia e ele, contemplando o universo estelar, sente-se herdeiro do Pai-Criador – Deus.

Surge em seu íntimo a suave e crística euforia de empenhar-se em despertar de seu âmago a misericórdia do ver, ouvir e falar para adquirir sua libertação.

Nesse patamar evolutivo, o seu foco em todas as futuras reencarnações passa a ser evoluir para ascender e sentir o Cristo-Amor – o Alimento Sagrado das vidas do planeta Terra.

31. Livre-arbítrio e Lei de Causa e Efeito

Pergunta: - As doutrinas espiritualistas afirmam que os espíritos humanos são portadores de livre-arbítrio. No entanto, também afirmam que existe o determinismo da Lei da Evolução. Afinal, somos ou não somos livres?

Resposta: - O espírito é livre para agir, mas, pela Lei de Causa e Efeito, ele fica vinculado às suas ações e terá de receber as infalíveis consequências de cada ato cometido, seja luminoso ou sombrio.

Avaliemos, pela lógica, o determinismo da legislação divina:

- É da Lei do Criador que na ação é impressa a natureza da reação. Consequentemente, a nossa liberdade de ação é limitadíssima. Observemos que o peixe tem todo o oceano para livremente agir, mas não deve sair da água.
- É normal que o espírito de pouca evolução faça uso de seu livre-arbítrio, mesmo que inconsequentemente. Mas, em função do universal determinismo da Lei da Evolução, ele terá de absorver em si as reações de suas ações, sejam positivas ou negativas. Quando as ações contrariam a Lei da Evolução Ascensional, surge-lhe a dor na condição sagrada de bússola norteadora e disciplinadora... Com a dor, ele tem possibilidade de refletir e concluir que, estando fora da lei, deve receber as reações de suas ações com semblante primaveril, convicto de que na justiça divina não há falhas.
- O espírito, quanto mais evolui, menos arbitra. Com a evolução, ele adquire consciência quanto à perfeição do Criador a ponto de dizer: "Pai! Em Tuas mãos entrego o meu destino".
- Mais graduado, o ser espiritual empenha-se em, ao fazer

uso da liberdade, adquirir a sua libertação íntima e, consequentemente, entrar, com consciência, no fluxo da correnteza da vida universal, certo de que está nas mãos de Deus a sua trajetória. E assim, sem parcimônia, ele dirá: "Pai, que seja feita a Tua vontade".

• Sabemos que é da legislação divina o determinismo de que todo efeito retorna à causa. Portanto, todas as mônadas, criadas simples e ignorantes pela Causa sem Causa – Deus –, retornarão ao Supremo Pai, conforme sinalizado na parábola do *Filho Pródigo*. Desse modo, por mais recalcitrante que seja uma criatura, ela retornará ao Criador.

• Na fase inicial de nossa escalada evolutiva na condição humana, por sermos inconscientes e inconsequentes, arbitramos com toda a pujança de nossa arrogância, pois queremos impor a nossa vontade. Por meio dos reencarnes, absorvendo as reações de nossas ações, já que assim é o determinismo das Leis do Supremo Legislador – Deus –, despertamos os atributos divinos dos quais somos portadores e conscientizamo-nos da onisciência, onipresença e onipotência de Deus em nós.

• De tanto o espírito errar, sair do rumo, perder o prumo, durante as sucessivas vidas absorvendo os efeitos de causas pretéritas, ao atingir determinado grau de consciência, ele deixa de arbitrar, o que lhe permitirá seguir, espontaneamente e sem racionalizar, as Leis de Deus. Portanto, independentemente da diminuta vontade humana, há o determinismo da Lei Ascensional.

Em função do determinismo da Lei da Evolução, a tendência natural de todos os espíritos, à medida que o seu Cristo interno desperta os atributos divinos em si, é deixar de arbitrar. Quanto mais consciente estiver da perfeição das leis de Deus, com mais facilidade entrega-se, sem perder sua identidade, à correnteza da vida universal. Dessa forma, ele passa a ser um sábio universal.

Pergunta: - Já que existe o determinismo da Lei de Deus intrínseco na mônada, de forma que todos os espíritos retornem à Causa Criadora, por que então Ele nos criou com livre-arbítrio?

Resposta: - Não nos esqueçamos de que todo efeito retorna à causa. Nós somos efeitos da Causa Criadora – Deus. Assim, acontecerá o nosso inexorável retorno a Ele, mas é sempre bom relembrar que quando "saímos" d'Ele éramos *simples e ignorantes*. Daí o primoroso papel desempenhado pela Lei de Ação e Reação, pois, quando as nossas ações não são benfazejas, embora as reações sejam carregadas de dores, sofrimentos e dificuldades diversas, são portadoras de sagrada energia que impulsiona o crescimento interior. Percebe-se, dessa forma, que a dor é a maior economia na criação universal. Por enquanto, ainda incompreendida por nós, a dor é de alto valor para nossa evolução e ascensão espiritual.

Por ser Deus a perfeição absoluta, não existe acaso na Criação. Cabe-nos, então, procurar entender o mecanismo de o universo ser determinístico, reagindo "contra" ou a nosso "favor", de acordo com as nossas ações. O "contra", momentaneamente negativo, será o acionador de nossas mudanças íntimas. Nesse caso, o efeito negativo passou a ser a causa positiva para alavancar nosso crescimento interior. Podemos, então, comprovar que na natureza nada se cria, nada se perde, pois tudo se transforma, segundo Lavoisier.

Analisemos:

- Na parábola do *Filho Pródigo*, no primeiro momento, o espírito "sai" do Pai-Criador para, por meio das reencarnações, experienciar as diversificadas situações e, entre erros e acertos, criar alicerces sólidos e, com o passar de milênios, eras e ciclos planetários, reencarnando nas muitas moradas do Pai, tornar-se uma rocha moral, ter condições reais para dominar as forças da natureza e tornar-se um coparticipante na Obra de Deus.
- Durante o seu "afastamento", convivendo com ações e reações, o *Filho Pródigo* adquire consciência de que era um filho muito amado do Pai-Criador. Ao sentir "saudade" d'Ele, começa a sua **reversão**... Começa o seu retorno.
- Quando de seu regresso ao Pai, paulatinamente, ele arbitra menos, preferindo deixar sua trajetória por conta das Leis Supremas. Com tal atitude, já é possível deduzir o grau de consciência adquirido durante o seu percurso de "afastamento", experimentando as adversidades, principalmente

no plano dos encarnados.

Assim é que o livre-arbítrio nos leva a despertar o nosso Deus interno... A nossa Força Superior... A força-energia de nossa alma... A nossa Chama Crística. E, dessa forma, na mesma proporção que despertamos a fagulha de Deus existente em nós, acontece, de maneira natural e espontânea, uma integração ao fluxo da correnteza da vida. É processo tão sutil que a própria pessoa, mais entregue ao tropismo divino, não percebe que deixa suavemente de arbitrar.

Pergunta: - *É possível analisar outros aspectos entre o livre-arbítrio e a condição determinística da Lei da Evolução?*
Resposta: - De imediato já é possível deduzir que a pessoa só arbitra negativamente enquanto não compreende verdadeiramente as leis imutáveis do Criador. A partir de determinado grau evolutivo, ela abre mão da arrogância, da prepotência, da vaidade e da sua irmã gêmea, a soberba, passando a empenhar-se em colocar seus talentos a serviço de Deus, servindo a seus semelhantes. Percebe-se que, sem muito esforço, tal pessoa passa a ser mais flexível e mais tolerante, além de conviver melhor com as diferenças. Quando surgem as dificuldades, ela ora e pede inspiração à divindade para encontrar as soluções.

A criatura de pouca experiência com Deus almeja sua total e irrestrita liberdade, principalmente quando ignora a legislação do Criador. Em muitos casos, tem conhecimento teórico da legislação divina, mas a sua biologia carregada de energias da ancestralidade animal se sobrepõe às suas aspirações superiores. Na sequência, durante os milênios no vaivém reencarnatório, conseguirá transformar o conhecimento teórico em sabedoria, vivenciando o que já compreendeu das Leis de Deus.

Por meio das milenares experimentações convivendo com causa e efeito, o espírito assimila as Leis de Deus e armazena, no inconsciente profundo, as qualidades adquiridas para formar o seu patrimônio eterno. Justifica-se, dessa forma, muitos encarnados, desde jovens, demonstrarem inclinações transparentes para o bem, a solidariedade, a fraternidade e, sobretudo, o excelente grau de compreensão para com as fraquezas alheias. Quanto mais se evolui, maior é a percepção entre o consciente e o inconsciente. Por esse mecanismo, ele tem intuitiva lembrança da trajetória percorrida com erros e acertos, luz e trevas, além das dores e dos sofrimentos experienciados nas sucessivas vidas.

O espírito, à medida que evolui, passa a conceber que o determinismo das Leis da Evolução não é castigo divino. Por isso, ele procura compreender que as reações, quando dolorosas, devem ser absorvidas com serenidade para não gerarem novos carmas negativos, tendo em vista que os efeitos não compreendidos passam a ser causas de novos efeitos dolorosos.

Outro importantíssimo fator que leva a criatura mais lúcida, quanto à Lei da Ascensão, a não reclamar de seus momentos difíceis, é reconhecer que Deus é tão perfeito que até mesmo diante de suas ações inconsequentes as reações servem para despertar o seu Cristo interno. É magnífica a Obra de Deus!

Portanto, a mesma dor que causa desconforto para quem ignora a perfeição do Criador pode ser dádiva, júbilo e êxtase para as pessoas mais experientes e portadoras de mais intimidade com Deus e que compreendem as Suas leis disciplinadoras.

Pergunta: - O espírito, por ser portador da livre escolha, pode optar por sua estagnação eterna?

Resposta: - Deus não seria perfeito se isso fosse possível, visto que a Lei da Impermanência não faculta a nenhum ser espiritual retroagir na evolução da consciência nem parar eternamente a sua caminhada evolutivo-ascensional. O máximo que a lei permite é que ele "pare" a sua trajetória, mas depois terá de recomeçar de onde parou. Deus é tão magnífico que previu a conduta dos recalcitrantes temporários, mas imprimiu em cada mônada, desde a gênese de Sua Sagrada Criação, o divino atributo da vontade de retornar, conscientemente, à sua origem.

Pergunta: - O espírito, ao encarnar, deixa de ter acesso à sua história, ao seu passado? Por que, em muitos casos, ele, ainda em um corpo infantil, passa por fortes dores, doenças sérias e sofrimentos atrozes? Nesses casos, que tipo de lição uma criança pode assimilar para se redimir de seu passado?

Resposta: - Em condições normais, a pessoa não perde integralmente a consciência de suas encarnações, principalmente as últimas. Também não devemos nos esquecer de que na vigília do sono somos orientados pelos espíritos superiores habitantes de nossa colônia espiritual.

Por se tratar de uma sociedade com pouca evolução espiritual, o mais comum à maioria dos encarnados é aqueles cujo comprometimento com a Lei de Deus é muito elevado nem sempre resistirem aos embates da primeira infância.

Outros tantos, mesmo fazendo uso das vacinas inibidoras das doenças durante o tempo da encarnação, ou seja, os primeiros sete anos de vida, passam por momentos de drenagem, descarregando, através do corpo biológico, certo percentual das toxinas aderidas à sua tessitura perispiritual e que foram geradas em vidas pretéritas, sendo que boa cota dessas energias deletérias será drenada durante a existência quando adultos. Há espíritos em que a carga tóxica é menor, daí a drenagem ser apenas por um período da encarnação. Existem também situações em que a pessoa não consegue drenar toda a carga tóxica, ficando certa cota para os próximos reencarnes.

Também há aqueles que, em função do tempo programado para aquela reencarnação, quando portadores de acentuada carga tóxica de outras existências e condutas que infringiram os Estatutos da Vida, a primeira metade da encarnação serve para se reajustarem diante da Lei de Ação e Reação.

Se uma pessoa foi programada para viver 98 anos e precisar dos primeiros 49 anos para se reajustar diante das Leis da Vida por causa de seu passado, o que é comum à boa parcela dos espíritos terrenos, deve estar muito atenta quando entrar na década da metade de seu tempo previsto para aquela vida, pois ela poderá perder a autoestima e ficar amuada por admitir que não consegue realizar suas aspirações.

É possível que essa mesma pessoa, no entanto, passe a ter grande ansiedade e, assim, atirar-se de maneira descoordenada, numa correria desenfreada, tentando recuperar o "tempo perdido"[1]. Nesse caso, a vida vai exigir-lhe muito equilíbrio e será fundamental fazer uso sempre do orar e vigiar.

---

1 Nesse caso, o tempo não foi perdido, pois a pessoa estava cumprindo carma negativo, estando, consequentemente, impossibilitada de realizar suas aspirações materiais.

Uma vez que o passado se encontra presente em nossa vida atual em forma de reações às nossas ações, de maneira objetiva ou subjetiva sabemos que a nossa história nunca morre. Atualmente, estamos colhendo os frutos de nossa semeadura.

Os espíritos mais conscientes, ao reencarnarem, têm "lembranças subjetivas" dos encarnes pretéritos. Têm lampejos das vidas anteriores.

Assim, por ser Deus a perfeição absoluta, mesmo quando criança, passando por provas e expiações, a centelha espiritual vai despertando recursos de sua latência como forma de preservar a vida. Por isso, embora em um corpo infantil, o espírito aprende expressivas lições.

Pergunta:- Sendo a Lei de Ação e Reação tão dura a ponto de exigir que o infrator pague ceitil por ceitil, por que as doutrinas espiritualistas valorizam a prática da caridade? Ela ameniza as dores humanas?

Resposta: - Já temos discernimento suficiente para saber que a prática da caridade é excelente atenuante diante das reações às nossas ações inconsequentes, mas, estejamos atentos, pois ninguém se salvará somente por praticá-la. As Leis da Evolução exigem conhecimento para o espírito se libertar das ações que não seguem os princípios ético-morais ensinados e vividos por homens iluminados e luminosos.

A pessoa, ainda que praticando a caridade, mas sem mudança de hábitos e valores e sem aquisição de novos conhecimentos libertadores, os quais elevam divinamente a frequência mental, tem possibilidade de continuar infringindo os Estatutos da Vida.

As Leis da Evolução permitem que o infrator faça opção de, em vez de pagar as suas dívidas com a dor ou com o sofrimento, servir aos semelhantes sem ostentação, de maneira humilde, de forma que a sua mão esquerda não veja o que praticou a direita.

É de bom senso, diante da evangélica prática da caridade, que não nos desvinculemos emocionalmente da gratidão... Gratidão por podermos servir aos nossos semelhantes sem humilhá-los, de preferência com fraternal afago, com a vibração da solidariedade e com calorosos e energizantes abraços.

Em função de nossa pouca experiência no vaivém reencarnatório, é bom nos mantermos orando e vigiando para evitar que a gigantesca força de nosso ego, que nos atrai ao passado de erros, se sobreponha à nossa crística e potente vontade de adquirir a libertação íntima na condição de espíritos cósmicos, eternos e imortais.

Difícil é aceitar, sem vacilo, que a dor atual, além de ser reação à nossa ação, quando compreendida, também é responsável pela nossa consciente evolução, pois advém dela o impulso crístico da vontade para trabalhar a nossa ascese, empenhados em adquirir a misericórdia do ver, ouvir e falar.

Tão somente a dor, sem a compreensão, não conduz a criatura à salvação. Da mesma forma é a prática da caridade, pois a pessoa não se salvará se, ao mesmo tempo em que a pratica, não investir na aquisição de novos e eternos ensinamentos libertadores. Nesse caso, consegue ajudar ao próximo, mas não ascende.

Quem erra por ignorância não se deve dar por satisfeito, considerando que a reação é sempre integral para cada nível de consciência. Pois, a quem mais é dado, mais é cobrado, processo natural e infalível.

Se um mesmo ato for praticado por um ignorante das Leis de Deus e por um sábio, diante da reação o ignorante sofre menos. Isso porque os dois receberão os mesmos efeitos, mas o sábio, além da reação natural, dará substancial acréscimo à energia da reação devido ao sentimento de culpa... Ele sente a culpa de quem sabe, mas não pratica.

Pergunta: - Há uma explicação científica que justifique um sábio sofrer mais do que um ignorante, quando os dois praticam o mesmo tipo de ato? Quem é mais protegido pelas Leis do Criador, um sábio ou um ignorante?

Resposta: - Observando-se apenas com os olhos humanos dos não iniciados, aqueles que não veem além das aparências, não é possível medir o quantum de energias movimentadas na prática de um ato. Normalmente, só se vê a parte externa da ação, sem considerar a condição interna, mental, de quem a pratica.

Portanto, quanto mais o espírito conhece as Leis de Deus, mais deve ter atos e atitudes compatíveis com o seu grau de evolução, de preferência não permitindo ser influenciado pelo meio ou por circunstâncias.

O espírito que for mentalmente mais capaz, mesmo que a sua capacidade ainda não seja usada para fins iluminativos, terá de absorver as reações de suas ações de acordo com a sua condição de movimentar energias para agir.

Para melhor se avaliar um ato humano:

- Deve-se considerar a evolução espiritual da criatura, pois um recém-chegado ao reino hominal ainda não desenvolveu suas crísticas forças mentais e não tem condição para se autoconduzir, razão pela qual é altamente influenciado pelo meio externo.
- É necessário observar as reincidências na conduta, quando as circunstâncias são similares e deduzir se a repetição faz parte de sua idiossincrasia. Dessa forma, as justificativas convenientes não vencem nem convencem. Consequentemente, a ação inconsequente não foi devido a um descontrole momentâneo, mas à sua idiossincrasia. Isso porque muitos são portadores de certa força-energia mental, mas desprovidos de sentimentos nobres.
- É da Lei da Criação que se conhece verdadeiramente a evolução espiritual de uma pessoa quando ela, na ação, encontra-se sozinha, ou seja, sem os holofotes do reconhecimento social. Portanto, quem for avaliar a conduta da vida alheia deve, também, considerar tal realidade.

É da Lei do Criador que, quanto mais o espírito evolui, mais livre se torna. Por isso, é de bom senso que ele, aproveitando a liberdade, adquira a sua libertação íntima, a fim de não portar rótulo de "sábio" e, no entanto, ter conduta de quem ignora a legislação divina.

Aquele que é verdadeiramente sábio, naturalmente é mais protegido pelas leis do Criador, pois ele confia em Deus e é capaz de dizer-Lhe: "Em Tuas mãos entrego o meu destino". Ele tem possibilidade de melhor conduta ético-moral e, consequentemente, terá o universo à sua volta agindo positivamente a seu

favor.
O espírito de pouca evolução, no entanto, erra muito mais devido à ignorância do que pela maldade. Evidentemente, existem aqueles que, mesmo conhecendo o certo, preferem optar pelo errado, pois não conseguem entrar em acordo com seu orgulho nem com sua arrogância. São aqueles que desafiam as Leis do Criador, embora sabendo que serão inexoravelmente vencidos.

Consideremos, por exemplo, uma pessoa que tenha evolução espiritual cem unidades-luz, praticando um ato, e outra, com evolução mil unidades-luz, praticando o mesmo ato. Evidentemente, a portadora de mil unidades-luz, na ação, tem mais capacidade de polarizar o éter cósmico quando for praticar o ato. Em consequência, receberá a reação de acordo com a sua evolução. Quanto mais a pessoa evolui espiritualmente, menos reclama das dificuldades existenciais. Ela sabe que são reações às suas ações.

Pergunta:- Pode-se considerar que, à medida que o espírito evolui, perde seu sagrado livre-arbítrio?
Resposta: - Ao contrário. Quanto mais evolui, mais livre se torna. Acontece que, na mesma proporção que o espírito assimila a perfeição das Leis de Deus, menos arbitra no sentido de querer impor suas ideias. Ele prefere seguir o fluxo da correnteza da vida, empenhando-se em adquirir mais conhecimentos libertadores das reencarnações compulsórias.

A pessoa, mais lúcida quanto à Lei de Causa e Efeito e ao eterno vir a ser torna-se, progressiva e naturalmente, mais coerente quando da gênese de cada ato. Ela sabe que é portadora de livre-arbítrio, mas responsável por suas ações. Uma vez que a responsabilidade é de acordo com a liberdade adquirida na escalada evolutiva, pois a quem mais é dado, mais é cobrado, quem for mais evoluído fica com maiores responsabilidades perante as Leis do Criador.

Pela logicidade da Lei de Ação e Reação, a criatura é livre para agir, mas sua liberdade é condicionada ao seu conhecimento. Por mais que almeje avançar, por ser portadora da liberdade, continuará limitada, pois as reações às suas ações, quando fora da lei, a impedem de progredir rumo à sua ascese por causa das dificuldades que surgirão em forma de efeitos danosos. Com isso, ela é obrigada a primeiramente receber os efeitos de causas pretéritas para, mais experiente, infringir menos nos Estatutos da Vida e continuar a sua evolução. Dessa forma, mais esclarecida e mais livre para agir, prefere reagir ao empuxo divino e entregar-se ao Senhor da Vida, dizendo: "Pai! Em Tuas mãos entrego o meu destino".

Pergunta: - As literaturas espiritualistas descrevem a altíssima capacidade mental, embora sem sentimentos crísticos, de espíritos que, há milênios, vivem no baixo astral gerando carma negativo. Uma vez que são portadores de livre-arbítrio, quais os fatores que irão levá-los a abrir mão dessa estagnação evolutiva, já que são ávidos por poder e domínio? Eles não poderão optar por permanecer na condição em que estão?

Resposta: - O momento histórico e seletivo da Terra, envolvendo os planos dos encarnados e desencarnados, exige de todos nós a reflexão, considerando que bilhões de espíritos estão sendo naturalmente arrolados, os quais serão alocados[2] pela Irmã Celina sob a égide de Maria, a Santíssima Mãe, e serão exilados para outros mundos por falta de evolução compatível para frequentar uma escola secundária.

Segundo Pai Joseh, através da psicografia de Ana Maria de Farias de Almeira, a nobre Irmã Celina desempenha tarefa de essencial importância nas chamadas hostes dimensionais, cujo objetivo se destina à alocação dos transportados (intermundos).

A criatura humana, enquanto na fase evolutiva primária, tem fortes anseios para adquirir o poder, visando a dominar seus semelhantes. Enquanto não se evangelizar, a ponto de ver, ouvir e falar com misericórdia, continuará oscilando entre acertos e erros, precisando conviver com dolorosas reações.

A mônada, ao ser criada por Deus, traz em sua química divina um elemento genético específico, de forma a desenvolver sua capacidade de mandar, sendo que, a princípio, por falta de experiência com o Criador, o poder ao qual aspira é

---

2 Alocar: colocar (alguém ou algo) em um ponto determinado de uma sequência de lugares; distribuição, destinação.

dominar o mundo externo a ela, razão pela qual nas milenares reencarnações conviverá com dores e sofrimentos, devido às reações de suas ações inconsequentes.

Em estágio mais evoluído, a preocupação do espírito passa a ser dominar a si mesmo... Dominar o seu universo interno, as suas mazelas, os seus instintos inferiores, para aprender a mandar de maneira consequente.

A partir do estágio evolutivo em que aprendeu a mandar sem infringir as Leis de Deus, passa a ter condições para dominar o mundo externo de maneira naturalíssima, tendo o universo agindo cristicamente a seu favor.

A sociedade terrena é rica de exemplares humanos que, representando a divindade, movimentaram e movimentam as energias da natureza para atender a determinadas situações. O exemplo mais notório foi o de Jesus.

O espírito, embora portador de livre-arbítrio, devido ao determinismo da Lei da Impermanência, mesmo recalcitrante, não consegue permanecer eternamente estagnado. A Lei do Supremo Pai é tão perfeita que lhe permite arbitrar pelo mal e, assim, adquirir dolorosas experiências para, quando graduado ao máximo do mal, se deparar com o nada, com o vazio. Nesse momento de sua história evolutiva, convivendo com causa e efeito nos reencarnes, sente vontade de voltar para Deus-Pai na condição de *Filho Pródigo* e, assim, despertar paulatinamente os atributos divinos latentes em si. Com a sua **reversão**, quando ele atingir o máximo do bem se deparará com Deus.

Vamos nos valer do que consta no livro Fisiologia da alma, de Ramatís, no capítulo "Considerações gerais sobre o carma":

> [...] O Carma, como lei imutável, aliada à de Causa e Efeito, rege todo o processo da vida cósmica; é a própria pulsação harmônica do Criador manifestando-se tanto na composição dos astros como no aglomerado dos elétrons constitucionais dos átomos. Cada orbe e cada elétron ajusta-se perfeitamente a esse ritmo eterno e de aperfeiçoamento sideral, conjugando-se para harmonia do Cosmo. Há, pois, um entrosamento cósmico de ação e reação em todo o Cosmo. Assim é que a Terra, movendo-se e consolidando-se sob a regência disciplinadora do seu Carma, só se aperfeiçoa

em harmonia com o Carma da Constelação Solar a que pertence; mas esta, por sua vez, liga-se ao Carma de sua Galáxia, que também se submete ao Carma das demais Galáxias dependentes do Carma dos Hemisférios Cósmicos...

[...] A lei de Causa e Efeito registra as ações boas ou más; a lei do Carma procede ao balanço das ações registradas e dá a cada espírito o "saldo" que lhe cabe em resultados bons ou maus.

* * *

Adventos Crísticos – O bom senso nos leva à compreensão de que as Leis de Deus são realmente perfeitas, considerando que até mesmo quando arbitramos trafegar conscientemente pelas estradas tortuosas da existência, saindo do rumo evolutivo-ascensional, elas se fazem presentes para nos reconduzir amorosamente ao prumo sob a forma de efeitos disciplinadores.

Observado o determinismo da Lei da Evolução, em que todo efeito retorna à causa, é possível nos avaliarmos quanto ao nosso grau evolutivo, verificando o nosso estado de equilíbrio e harmonia na simples convivência com as diferenças.

O ser humano que já adquiriu compreensão para com as fraquezas alheias é, naturalmente, mais evangelizado, o que é facilmente percebido observando-se sua idiossincrasia, ou seja, a sua maneira cristã de reagir às situações circunstanciais.

Uma vez que o homem é o que ama, nós somos do "tamanho" do nosso amor. Portanto, em sendo o Amor Incondicional o ápice da Lei da Vida a ser alcançado por todos os espíritos, arbitrarmos por amar a Deus sobre todas as coisas, além de ser manifestação de suprema sabedoria, é a maneira mais crística para amar os nossos semelhantes como a nós mesmos.

Fora do amor não há salvação

32. Educar para libertar consciências

Pergunta: - *Na condição de eterno e imortal, qual o próximo passo que o ser humano deverá dar para direcionar melhor a sua trajetória evolutiva na Era do Mentalismo?*

Resposta: - Embora o espírito humano seja portador de livre-arbítrio, existe a Lei da Impermanência que, por ser constante universal, não lhe permite arbitrar pela estagnação eterna, pois na gênese da mônada, criada *simples e ignorante*, Deus já lhe introjeta os Seus divinos atributos, cabendo-lhe a sagrada tarefa de trazê-los ao seu consciente e tornar-se operante na Obra do Senhor de Todos os Mundos.

A mônada, graduada ao reino hominal, encarnando e reencarnando nas muitas moradas do Pai, ao atingir determinado patamar evolutivo começa a ter consciência de seu Cristo interno... Paulatinamente, se autodescobre como espírito eterno e imortal, o que lhe faculta dar sentido sagrado à vida.

Assim, antes de a criatura ter condição evolutiva para reconhecer em si que é portadora do dom sagrado da Vida – Deus –, as suas existências são corriqueiras, inexpressivas quanto aos tesouros dos Céus.

O próximo passo do espírito que permanecer reencarnando na Terra após o exílio dos não credenciados será investir na busca incessante de conhecimentos sobre a vida na transcendência, para, depois de transformá-los em sabedoria, demonstrando à luz do Sol a sua vivência evangélica enquanto no plano da imanência, se libertar da ancestralidade animal.

Na Terra, para o curso secundário, não existirá um só espírito desconhecendo as leis da Reencarnação e de Causa e Efeito, havendo, em consequência, a compreensão quanto ao sentido crístico da vida.

O ser humano, ao conceber que *não existe ética superior à vida,* segundo Pietro Ubaldi, abraçará amorosamente as demais criaturas, para, fraternalmente, irmanarem-se e celebrarem a vida.

Pergunta: - Em se tratando de alunos frequentando um curso secundário, em que aspectos as pessoas mudarão quanto à busca dos conhecimentos transcendentes, sem se desvincularem emocionalmente do conhecimento científico terreno? Será que se dedicarão ao conhecimento celeste e abdicará do terrestre?

Resposta: - As Leis da Evolução, que são perfeitas, não permitem que o espírito terreno entre no Céu antes de adquirir na Terra, por esforço pessoal, as asas da razão e do sentimento.

Por ser processo natural, ou seja, sem qualquer causa externa, quando o espírito atinge determinados graus evolutivos, as mudanças advêm de seu âmago de maneira tão espontânea que ele mesmo não percebe objetivamente.

No curso secundário terreno, todos os espíritos encarnados dedicar-se-ão ao estudo das duas realidades, ou seja, à busca dos conhecimentos dos planos material e espiritual, pois não se consegue voar com uma asa. Tenhamos em mente que, tanto o mais exímio e brilhante cérebro quanto o mais puro coração que o espírito possua, só adentrará os pórticos celestiais se portador de total equilíbrio entre o cérebro e o coração, ou seja, entre a razão e o sentimento.

Como o maior empenho da criatura na Era do Mentalismo será o despertar dos atributos divinos latentes em si, na sociedade terrena deixarão de existir pessoas analfabetas quanto ao cientificismo cósmico e transcendente, além do terráqueo e imanente.

A evolução espiritual não conduz o espírito a abandonar as realidades do plano material. Ele é eternamente grato aos criadores de mundos pela oportunidade de ter onde apoiar os pés para aprender e ensinar, evoluir e ascender. A maravilha é que ele, mais consciente quanto à transitoriedade do plano material, não se permite o vínculo emocional a objetos pertencentes à dimensão da relatividade, embora tenha plena certeza de que o Céu se conquista na Terra.

Os espíritos conhecedores da legislação divina não abdicam dos conhecimentos científicos, artísticos, filosóficos, teológicos nem das demais vertentes, pois sabem que enquanto não dominarem os conhecimentos referentes à dimensão da imanência não terão condições reais para dominar os pertencentes à transcendência.

Pergunta: - Como ficarão as situações em que, atualmente, pessoas semianalfabetas ocupam postos relevantes na administração da sociedade? O que deve ser mudado para que tal acontecimento não cause desestímulo à juventude, a ponto de não se dedicar aos estudos?

Resposta: - Na fase evolutiva, quando a pessoa ainda ignora o sentido sagrado das reencarnações, a sua visão é restrita ao temporário **ter**; com isso, o eterno **ser** fica em último plano.

Após o exílio dos espíritos menos evoluídos que não reencarnarão na Terra durante, pelos menos, os próximos 6.666 anos, as aspirações daqueles que continuarem neste mundo serão divinamente mais luminosas.

Gradualmente, a frequência mental das criaturas aumentará em função do despertar do Cristo interno. Por se tratar de espíritos mais conscientes quanto à finalidade sagrada da vida, o **ser** se sobrepõe ao **ter**. E, por ser processo natural, não há sofrimento íntimo.

Os postos relevantes não serão mais ocupados por incipientes nem insipientes. A mentalidade de cada indivíduo será diferente, considerando que as novas expectativas estarão mais direcionadas para o Céu, sem que haja negligência nem repúdio quanto aos valores sagrados da Terra.

A juventude vai sentir-se mais atraída pelos valores internos e eternos do que pelos externos e transitórios. Consta no Evangelho (Mateus, 6:21) o Nazareno Mestre ter dito: "Onde estiver o teu tesouro, aí estará também o teu coração". Por isso, as mudanças de valores serão naturais.

A fim de a juventude das primeiras gerações da Era do Mentalismo se motivar para os estudos profissionalizantes, as aquisições artísticas, filosóficas, tecnológicas, científicas etc. ficam por conta das nações, que devem criar normas e condições que visem à ascensão humana. Isso porque boa parcela dos espíritos que vão compor as próximas gerações ainda precisará de estímulos propiciados pelos tesouros do mundo. Na sequência da evolução, paulatinamente, todos abdicarão de tais necessidades.

No Brasil, por exemplo, os administradores públicos deveriam ter, no mínimo, a seguinte formação:

- Vereador: bacharelado.
- Deputado, prefeito e governador: pós-graduação.
- Ministro, senador, juíz, desembargador, diplomata etc.: mestrado.
- Presidência da República: doutorado.

Outras medidas necessárias:

- Os componentes das Forças Armadas deveriam ser incentivados a estudos superiores desde a primeira graduação.
- Os candidatos à área biomédica fossem rigorosamente avaliados antes de ingressarem na carreira, para que fossem averiguadas suas inclinações reais no desempenho da profissão. O médico, por exemplo, deveria ser incentivado a ter doutorado.
- Os ministros apenas poderiam ocupar as pastas de acordo com sua formação escolar e nunca por questões partidárias ou outros motivos quaisquer. Por exemplo, os ministros da Saúde teriam de ser da área biomédica; da Educação, da área educacional etc.

Para que haja sucesso, o Ministério da Educação precisaria assumir a coordenação e a fiscalização de todos os cursos ministrados no Brasil. Da mesma forma, assumir a responsabilidade de avaliar, após a conclusão de cada formação, o estado psicológico e emocional de tais criaturas. Periodicamente, reavaliar para acompanhar se houve alteração de conduta.

Dessa forma, além de evitar certas discrepâncias praticadas no exercício da profissão que abraçou por conveniência e não por ideal, os jovens não escolherão a carreira de acordo com os bens pecuniários que delas advenham. Serão profissionais por vocação missionária.

Assim, cada país, de acordo com suas necessidades e realidades, deve criar condições específicas para estimular o crescimento intelectual da juventude, seguindo princípios ético-morais evangélicos.

Outro fator importantíssimo é ensinar aos jovens a amar a Deus sobre todas as coisas, para terem condições de amar ao próximo como a si mesmos. Com essa condição ético-moral, os homens abraçarão fraternalmente os homens e as guerras santas serão banidas da Terra.

Pergunta: - A pessoa, quando direciona suas conquistas para o Céu, perde os estímulos normais para vivência e convivência na Terra?

Resposta: - Não! Pelo contrário. Para o nível atual de evolução do espírito terreno, a busca consciente dos haveres celestes estimula a melhor vivência e ressalta a salutar convivência com as criaturas terrestres. Ela se desapega suavemente, sem negligência, de tudo que for inerente ao plano da relatividade. Dessa forma, torna-se mais tolerante, compreende as fraquezas alheias e entra no exercício da misericórdia do ver, ouvir e falar.

* * *

A Escola Terra, por estar iniciando o seu curso secundário, precisará fornecer tempo aos pedagogos para, além de se prepararem para a nova metodologia de ensino, observarem as necessidades dos jovens educandos que, naturalmente, com suas novas aspirações, levarão os educadores a criarem novos e progressivos parâmetros para a educação. É processo corriqueiro nas escolas planetárias a atualização permanente dos educadores, para que tenham condições reais de ensinar a seus pupilos.

Por não haver dúvida de que só Deus é perfeição absoluta, todo o universo criado evolui. Portanto, na sequência do tempo, os educandários terrenos adotarão o método holístico da educação desde a formação básica.

* * *

Adventos Crísticos – Aprendemos que se cristianizar é assimilar a mensagem do Cristo trazida ao mundo por Jesus – Seu crístico médium – e transformá-la em vivência.

Evangelizada, a pessoa é inspirada pelos espíritos superiores que habitam os planos da sabedoria divina... Desperta o sentimento religioso, compreende a realidade da vida eterna e passa a ser centro de convergência das aspirações espirituais de outras pessoas... Recebe o beneplácito dos espíritos evoluídos e dos ascensionados que a envolvem em amoroso afago de calor evangélico, a fim de que ela possa impregnar tudo que realizar com magnetismo divino.

O Evangelho, em sua crística e sacrossanta condição de alimento puro e divino para a alma, é transformador de espíritos *simples e ignorantes* em anjos. Procuremos nossa evangelização e, assim, estaremos adquirindo méritos para adentrarmos os pórticos celestiais.

Em sendo o foco, deste momento planetário, educar para libertar consciências, eduquemos a nossa vida mental para mais abrangentes colóquios mediúnicos com a divindade, pois o ser humano atual, com sua mente altamente sensível, a partir do momento em que se harmoniza com as Leis Universais, o seu guia passa a ser o Supremo Amor – Deus.

Com a evolução do medianeiro, a intuição passa a ser percepção anímica para as interações por ressonância com as superconsciências das infinitas dimensões.

Assim como o amor puro é a evolução plena do egoísmo, a evolução da mediunidade é a progressiva percepção anímica do médium, de forma que a sua alma entre nas frequências das infindáveis correntes de pensamentos de maneira natural, plácida e harmônica.

As inspirações advindas dos guias não são restritas às individualidades espirituais, mas também das correntes de pensamentos que fazem parte das infinitas dimensões energéticas. Continuemos desenvolvendo não apenas a nossa mediunidade fenomênica como também a anímica, através dos conhecimentos libertadores, certos de que a intuição, por mais pura que possa ser, também evolui, considerando que o ponto final da evolução é Deus.

33. Reversão

Pergunta: - A partir de qual estágio evolutivo o espírito sente vontade de retornar conscientemente ao Criador, conforme sinalizado na parábola do Filho Pródigo?
Resposta: - A mônada, ao ser criada por Deus, é simples e ignorante. Após longo período passando pelos reinos mineral, vegetal e animal, atinge, por evolução, o reino hominal e passa a ter livre-arbítrio. Na condição de espírito individualizado, pois deixou de pertencer ao espírito-grupo, é responsável por suas ações e reações.
O espírito, após percorrer todo o seu raio de "afastamento" de Deus, encarnando e reencarnando em vários mundos para adquirir experiências, criando sólido alicerce para, convictamente, sentir-se parte não apartada de seu Pai – o Supremo Criador, começa a sua **reversão,** o seu retorno consciente a Deus.

Pergunta: - Quer dizer que a partir do momento em que o espírito, por evolução, se conscientiza de que é eterno e imortal, passa a sentir "saudade de Deus" e inicia o seu regresso, a sua reversão?
Resposta: - É verdade, mas não há como estabelecer padrões nem tempo para a conscientização do espírito, tendo em vista que somos portadores de livre-arbítrio. Certo é que o retorno ao Pai ocorre em função da evolução do espírito eterno.
Observando a relação do ser humano com o Criador e com as criaturas, é possível avaliar o nível motivador de sua **reversão,** pois, quando se trata de pessoa com pouca experiência de Deus, as suas oscilações são frequentes. Ela sente, simultanea-

mente, vontade de retornar ao Pai-Criador, mas entra em guerra íntima, permitindo que predomine a sua ancestralidade animal.

Reversão foi o nome dado pelos integrantes das Sagradas Fileiras, tendo Pai Joseh como descricionário, através da mediunidade de Ana Maria de Farias de Almeida propondo ao espírito terreno refletir e reconhecer que houve falha na assimilação de conceitos passados durante os milênios, quer tenham sido vistos, ouvidos ou falados, sendo que, atualmente, Era do Mentalismo, é propício criarmos disposição de corrigi-los, pois já temos evolução para tal.[1]

Pergunta: - Podemos associar que, com a reversão, o espírito consegue despertar com mais facilidade o seu Cristo interno, a sua força superior?

Resposta: - No livro *Adventos Crísticos*, capítulo 9, "Força superior", consta o seguinte:

> ...Quando o Divino Mestre estava sendo batizado no rio Jordão, recebeu do Seu Pai, o Cristo Planetário, o divino toque-despertador e, a partir daquele momento, acionou a Sua Força Superior, passando a ser uma antena cósmica emissor-receptora.
> Por ser o coração o centro de convergência e expansão da Força Superior, com aquele toque foram diluídos os últimos bloqueios que a letargia física poderia causar ao Sublime Galileu. A força-luz despertada no Sagrado Coração de Jesus foi tão abrangente que os Seus amados discípulos, no monte Tabor, confundiram-Na com um Sol.

Na mensagem a seguir, merecedora de especial atenção, Silvestre descreve a esteira sonora que as Sagradas Fileiras formaram, propiciando ao Nazareno Mestre a comunicação direta, na qual Ele nos dá o mais divino toque-despertador:

> Observa os vocábulos ora repassados, sem a preocupação da antiguidade que eles expressam ou a razão gráfica que encerram, além de possíveis incorreções... Ocorre que, na

---

[1] As mensagens descritas por Pai Joseh sobre a **reversão** serão usadas nos próximos apontamentos.

sutileza do momento, concedida nos foi a formação da esteira sonora fonte/receptor (ou captador), sem qualquer intermediação de nossa parte.[2]

Observa uma vez mais que nesta hora é estabelecida a corrente intermediária no granjeio de Nós Outros à guisa de arauto ou porta-voz.

Na conformação da lógica que promove a cabalah[3] perfeita encontra-se, por certo, a igualmente perfeita e absoluta resultante, de cujas interações se legitima, como única e indestrutível, posto que imaterial...

Cor unum Anima = Cor unum Lux = Cor unum Regis = Cor unum Agni = Cor unum Fratis = Cor unum Glória = COR UNUM DEI.

Se te[4] propuseres a alinhar ou realinhar as concorrentes, usando os símbolos físicos ou científicos a teu dispor, perceberás que da Divina Interação resulta a Sacratíssima e Imensurável Força Superior...

Asseguro-te, caríssimo, que a Divina Força se instala em todos os homens (espécie), mas poucos, para não dizer raríssimos seres humanos, a desenvolvem plenamente...

Para que tal aconteça, faz-se imprescindível o mérito sucessório, vivência a vivência...

Da divina interação do homem com a divindade resulta a sacratíssima e imensurável Força Superior, ou seja, ao atingir a harmônica graduação em que o homem-espécie vivencia as igualdades: Coração de uma única Alma = Coração de uma única Luz = Coração de um único Rei = Coração de um único Cordeiro = Coração de um único Irmão = Coração de uma única Glória = Coração de um único Deus, desperta nele a Força Superior. Para tanto, é necessário que o homem se torne integral, em total harmonia interior, de forma que das seis concorrentes resulte o Coração de um único Deus. Assim, a força resultante ou força superior advém do total equilíbrio do homem. Obser-

---
2 No momento em que o Nazareno Mestre passou as concorrentes que têm como resultante a Força Superior, no instante da comunicação as Sagradas Fileiras formaram apenas a esteira sonora para a ligação direta do Mestre com a mente receptora de Therezinha Teixeira Pereira de Carvalho, a médium psicógrafa.
3 São os sete itens descritos em seguida, escritos em latim. A cabala procura definir a natureza do universo e do ser humano, a natureza e o propósito da existência e diversas outras questões ontológicas. Também apresenta métodos para auxiliar a compreensão desses conceitos e, assim, atingir a realização espiritual.
4 Mensagem dirigida ao autor.

va-se que a força superior brota do coração do homem fagulha de Deus ou do coração de Deus em fagulha no homem, quando ele adquire a igualdade matemática (=) das seis concorrentes.

A exemplo do que aconteceu ao Divino Mestre, em que o Cristo Lhe deu sutil toque para despertar a Sua Força Superior no momento do batismo no rio Jordão, o iluminado Nicanor fará o mesmo conosco, desde que preenchamos os requisitos citados.
Somos sabedores de que uma verdade nunca é igual para todos, pois o espírito, quanto mais se aperfeiçoa, mais se torna sensível e potente. A nossa Força Superior nada tem de excepcional no concernente a atributos concedidos pelos Céus. É a exteriorização da nossa consciência em função do nosso aperfeiçoamento moral, ou seja, a parcela que cada um consegue conceber do Todo chamado Deus.

Pergunta: - É possível detalhar para nós, espíritos encarnados, em que consiste a reversão? O que precisamos fazer para que, verdadeiramente, comecemos a nossa reversão?
Resposta: - Continuemos nos apoiando na parábola do *Filho Pródigo,* conforme consta em Lucas (15:11-24):

[...] Um certo homem tinha dois filhos;
E o mais moço deles disse ao pai: Pai, dá-me a parte dos bens que me pertence. E ele repartiu por eles a fazenda.
E, poucos dias depois, o filho mais novo, ajuntando tudo, partiu para uma terra longínqua, e ali desperdiçou os seus bens, vivendo dissolutamente.
E, havendo ele gastado tudo, houve naquela terra uma grande fome, e começou a padecer necessidades.
E foi, e chegou-se a um dos cidadãos daquela terra, o qual o mandou para os seus campos, a apascentar porcos.
E desejava encher o seu estômago com as vagens que os porcos comiam, e ninguém lhe dava nada.
E, tornando em si, disse: Quantos empregados de meu pai têm abundância de pão, e eu aqui pereço de fome!
Levantar-me-ei, e irei ter com meu pai, e dir-lhe-ei: Pai, pequei contra o céu e perante a ti;
Já não sou digno de ser chamado teu filho; faze-me

como um dos teus empregados.

E, levantando-se, foi para seu pai; e, quando ainda estava longe, viu-o seu pai, e se moveu de íntima compaixão e, correndo, lançou-se-lhe ao pescoço e o beijou.

E o filho lhe disse: Pai, pequei contra o céu e perante a ti, e já não sou digno de ser chamado teu filho.

Mas o pai disse aos seus servos: Trazei depressa a melhor roupa; e vesti-lho, e ponde-lhe um anel no dedo e calçado nos pés;

E trazei o bezerro cevado, e matai-o; e comamos, e alegremos-nos;

Porque este meu filho estava morto, e reviveu, tinha-se perdido, e foi achado. E começaram a alegrar-se.

Da magnífica parábola fiquemos apenas com a essência doutrinária e seu inquestionável sentido crístico, considerando que a letra ficou por conta do entendimento, à época, do ser humano que a escreveu.

Acompanhemos alguns passos da parábola:

• A mônada, ao ser criada, enquanto "em Deus", para ela não existe tempo nem espaço.
• Em seguida, "sai" de Deus-Pai simples e ignorante e vai se "afastando", obedecendo ao tempo e ao espaço.[5]
• Durante o seu afastamento compulsório, foram consumidos milênios e milênios, eras e ciclos planetários passando pelos reinos menores antes de chegar ao reino hominal. Na condição hominal encarna e desencarna sucessivas vezes, em diferentes mundos, para adquirir experiências e exercitar o desapego, pois devemos ser gratos aos mundos que servirem para apoiarmos os nossos pés enquanto encarnados, mas nunca nos apegarmos a eles, pois somos seres cósmicos e os corpos celestes, naturalmente, vão se desintegrando.
• Ao atingir o raio máximo de seu egresso ou afastamento (R1), o espírito sente "saudade de Deus-Pai" e começa o seu regresso ou a sua reversão.
• Durante o seu regresso a Deus, descreve o raio (R2).
• No percurso do egresso (R1), ocupando espaço (S), con-

---
5 "Sair" ou se "afastar" de Deus é uma linguagem figurativa, pois Deus é onipresente.

sumiu um tempo (t).
- Na **reversão**, com o seu regresso (R2) consumirá um "tempo" chamado eternidade. Isso porque no afastamento a trajetória é linear e superficial, enquanto na volta, além de linear e superficial, é progressivamente volumétrica, pois o espírito vai expandindo a sua esfera áurica.[6]

Embora para a nossa visão humana os valores lineares e superficiais de R1 sejam aparentemente iguais a R2, certo é que R2 ≠ R1. Exemplificando: enquanto no afastamento (R1) o espírito percorreu a trajetória periférica obedecendo a tempo e espaço do plano material, no retorno a Deus (R2) o percurso é um mergulho interior, e ele terá de "absorver" em si o tempo e o espaço, pois penetrando em dimensões cada vez mais amplas até consumi-las, o que o qualificará a tornar-se onipresente. De onde se conclui que a onipresença é na mesma proporção que o espírito absorve em si o tempo e o espaço.[7]

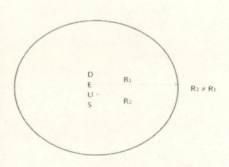

No afastamento, ele descreve uma trajetória linear e superficial, sendo que, no retorno, a trajetória é, predominantemente, volumétrica. Ele vai penetrando em níveis mais profundos das infinitas dimensões em "direção" ao seu Cristo interno, ao seu Deus interior. Quanto mais ele mergulha para dentro de si, mais a sua consciência se expande, formando a sua crística, luminosa e crescente túnica luminosa... A sua esplendorosa e crescente aura.

O espírito, no percurso do regresso a Deus, vai tornando-se paulatinamente mais presente em delimitados ambientes, pois a sua consciência vai se dilatando e, por evolução, tornando-se

---
6 No caso do Cristo-Pai, a Terra está dentro de Sua magnífica esfera áurica. Por isso, Ele é onipresente no planeta.
7 Em linguagem figurativa, valendo-nos do conceito de velocidade instantânea, diremos que o espírito vai aumentando a velocidade de seu deslocamento, de forma que o tempo para percorrer o mesmo espaço vai tendendo a zero.

onipresente em relação a um corpo celeste, um sistema de corpos, uma constelação, uma galáxia etc., sendo que, quando ele estiver graduado à condição de um Cristo Cósmico, com a sua esfera áurica onipresente em todo o universo criado, continuará evoluindo, pois só Deus é o Absoluto – a Causa sem Causa de todo o universo.

Para os espíritos que deixaram rastros luminosos enquanto encarnados e que atualmente, independentemente do plano em que se encontrem, continuam iluminando as consciências mais carentes da luz do conhecimento libertador, vamos considerar suas reversões individuais, tendo em vista que já eram espíritos mais evoluídos. Entretanto, nessa fase de transição e início de mais um ciclo planetário, o retorno será coletivo para os aprovados no ciclo anterior. É evidente que, sendo constante universal, aqueles não classificados para a reversão serão exilados para outros mundos mais adequados às suas aptidões.

Na atual e coletiva reversão, é preciso considerar:

- A idade sideral da massa planetária e, como consequência, a sua condição mesológica. O que significa dizer que a reversão não depende da infinita bondade de Deus, mas de Sua infinita justiça. Nem todos os espíritos terráqueos estão em condições evolutivas para a reversão. Desse modo, muitos serão chamados e poucos escolhidos.
- O estado radioativo natural do planeta que, também por causa de sua idade, já é elevado e continuará aumentando até sua total desintegração atômica. Com o planeta mais velho e mais radioativo, há mudanças substanciais em toda a sua condição geomorfológica. Como consequência, em especial para o ser humano, são processadas acentuadas alterações genéticas em todos os reinos. Consideremos também que, devido à idade da Terra, surge do núcleo para a periferia a desintegração atômica natural e, com ela, maior "produção" de neutrinos[8].
- Que o espírito, quando encarnado em um corpo biologicamente mais evoluído, tem mais facilidade para se expressar

---

8 Podemos relacionar o surgimento dos neutrinos ao envelhecimento do corpo celeste, independentemente de ser ele um sol ou um simples planeta. O importante é considerar, para pesquisa, que os núcleos dos corpos celestes envelhecem primeiro em relação às periferias. Daí os neutrinos serem "gerados" na parte interior dos astros, a qual fica progressivamente oca, advindo a sua desintegração total.

e representar a divindade com mais naturalidade.
- A atual evolução da genética humana, que se encontra em melhores condições para penetrar em campos energéticos mais sutis, pois a mente está mais preparada e mais capaz.
- Os aprovados da humanidade terrena, por terem terminado o seu curso primário na Era de Peixes, encontram-se em reais condições para serem promovidos ao curso secundário na Era de Aquário. A idade da Terra já não comporta abrigar espíritos primários.
- Aqueles que se graduaram para o curso secundário da Terra são os que têm condições evolutivas para começar o retorno a Deus... Começar a sua reversão.
- A humanidade se encontra na fase de transição planetária. Fase seletiva em que somente os espíritos meritoriamente classificados para a Era do Mentalismo integrarão o grupo da reversão, ou seja, aqueles empenhados no retorno a Deus conscientemente.

* * *

Durante as nossas reflexões, concluímos que já estamos na condição evolutiva de Flhos Pródigos, pois retornando lucidamente ao Pai.

A partir do momento que sentimos "saudade de Deus", é sinal de que estamos começando a nossa reversão.

De agora em diante, nesta fase crística de retorno ao Criador:

- Por estarmos focando os Céus, os elos energéticos que nos atrelam aos tesouros da Terra vão se enfraquecendo, pois onde estiver o nosso tesouro, ali estará o nosso coração.
- A mente da criatura aspirando "voltar" à sua origem – Deus –, modifica a sua estrutura íntima, surge-lhe um multiplicador de frequência e o seu campo áurico torna-se magnificamente mais radiante.
- Modificada a configuração áurica, consequentemente em melhores condições para refletir a Luz do Cristo, passa a recepcionar com mais abrangência os eflúvios do cosmo.

Vamos concluir o nosso roteiro seguindo os novos rumos do Cristianismo, agradecendo ao Mestre Jesus pela sublime oportunidade de estarmos divulgando a Sua proposta de renovar o Cristianismo - a implantação dos Adventos Crísticos.

* * *

Na condição de espíritos conscientes de que somos eternos e imortais, projetemo-nos para o luminoso futuro, contemplando, extasiados, as magnificentes obras dos engenheiros siderais, a fim de que a nossa reversão seja altamente motivadora e plena de emoções crísticas.

Em sendo a **reversão** a nossa volta consciente ao Pai-Criador, nas introspecções elaboremos as mais lindas paisagens, as quais, além de produzirem magníficos efeitos psicológicos, aceleram a frequência mental e aumentam a energia psíquica.

Em nossa tela mental:

- •Percebamos o colorido universo estelar e sintamo-nos partes não apartadas do Todo – Deus.
- • Aspiremos a entrar na frequência do Cristo terráqueo – o alimento sagrado da vida planetária.
- • Idealizemos o instante de êxtase divino quando estivermos sintonizados com a esplendorosa Mente do Cristo em Sua sagrada condição do Puro Amor.

Para expandir progressivamente nossa esfera áurica no percurso da reversão:

- •Exercitemos nossa superconsciência, idealizando os ambientes onde estivermos atuando, magnetizados com os eflúvios do raio rosa fluindo do Cristo-Amor.
- • Imaginemos as melodias dos planos angelicais evolando em nosso ambiente mental.
- • Captemos luzes de nuances sutis pintalgando a psicosfera... Suave perfume do imaculado lírio impregnando divinamente o ar puro.

Para sermos arrebatados pelo tropismo divino causado pelo Nazareno Mestre, nosso eterno modelo e guia:

- • Projetemos em nossa tela mental as fascinantes policromias das dimensões dos anjos.

- Nesse ambiente mental, com luzes e músicas que expressem sacralidade, imaginemo-nos produzindo o mantra universal AUM ("OM"), para despertar o nosso Cristo interno.
- Imaginemo-nos em estado de êxtase divino, por termos entrado na frequência luminífera do Cristo Criador da Terra.

Na trajetória de nosso retorno consciente a Deus, continuemos plasmando, mentalmente, progressiva e deslumbrante beleza... Ouvindo os cânticos universais em louvor à vida e ao Autor da Vida – Deus... A festividade crística dos anjos habitantes dos jardins edênicos.

Sempre nos projetemos para a eternidade e, assim, sentiremos a nossa frequência mental centuplicada e penetrando nas altas esferas dos espíritos plenificados.

Após cada introspecção, agradeçamos ao Cristo representado pelo Nazareno Mestre, pela sagrada oportunidade de estarmos participando da implantação dos Adventos Crísticos na consciência da sociedade planetária.

É de sacratíssima relevância sabermos que *no vislumbre da luz iluminados somos*. Assim, no percurso de nossa reversão, vislumbremos a Eternidade-Luz de Deus-Pai.

* * *

Adventos Crísticos – No percurso de nossas reflexões sobre Os novos rumos do Cristianismo, tivemos como ponto focal o despertar de nosso Cristo interno.

De agora em diante:

- Exercitemos a abstração, considerando que a velocidade de ondas da mente concreta é muito lenta. Daí a necessidade de abdicarmos das imagens para melhor e de maneira mais abrangente sentirmos o Cristo... Alcançar a divinal essência da Bonança e nos motivar para seguir os ensinamentos do Nazareno Mestre, conforme propõe o Cristianismo Renovado.
- Façamos a ligação consciente com o Cristo-Criador pela

via interna do coração, para, na condição de Cristos-criaturas, nos fundirmos à Sua Arquiangélica Luz, tendo Jesus como nosso angelical modelo e guia.

• Almejemos alcançar a frequência que identifica a plenitude do Amor – o Cristo –, meta suprema da vida em todos os redutos do Universo de Deus.

Encerremos as nossas reflexões sobre o Cristianismo Renovado sabendo que, para ascensão do espírito, ele precisa alcançar, por ressonância, o Cristo-Amor e tornar-se uno com Ele nas ações.

O ser humano, ao fundir-se na aura do Cristo, atinge a plenitude do amor.

Que o Supremo Artífice da Vida nos ampare!

Epílogo

O leitor percebeu que o ponto focal de Os novos rumos do Cristianismo é o despertar de nosso Cristo interno... Da centelha de Deus latente em nosso âmago... Da nossa Força Superior, pois somos portadores dos divinos atributos do Supremo Criador.

Com a nossa Chama Crística mais acesa, observamos durante os estudos destes apontamentos que foi dado ao Evangelho uma substancial interpretação, baseada na inquestionável Lei da Evolução, de forma que a sua restrita condição de teologia dirigida ao pilar religioso fosse ampliada à religiosidade, envolvendo os quatro pilares da sociedade, tendo em vista que religião é criação humana.

Apoiando-nos na logicidade da Lei de Deus, ficou claro no corpo do livro que:

> • Em função da nova forma mental do homem no terceiro milênio, os espíritos que permanecerem na Terra, mas que ainda não se graduaram plenamente para a Era do Mentalismo terão de se empenhar na árdua tarefa de adquirir conhecimentos para se libertarem das reencarnações compulsórias e fatigantes, pois acompanhadas por dores e sofrimentos. Dessa forma, a Terra não terá espíritos ociosos, mergulhados no vazio existencial, aguardando o nada.
> • Em Aquário, Era do Mentalismo, da força da alma, os espíritos conscientes do eterno transformismo abdicarão do cego conformismo, condição em que a pessoa, por sentir-se sem forças e sem energias para enfrentar e vencer os novos desafios da vida, curva-se covardemente diante de corriqueiros obstáculos. Assim, tendo em vista que a humanidade já

se encontra respirando o Hálito da Vida sob os auspícios da constelação das Plêiades, na qual predomina o azul índigo, gradualmente, as criaturas sentirão os crísticos impulsos para, conscientemente, trabalharem em si o religare.

• O Evangelho é a síntese das Leis de Deus e, como tal, rege a evolução do conjunto planetário, logicamente sem distinção dos pilares que os indivíduos abraçaram por ideologia ou outras razões quaisquer.

• Por ser este momento histórico da Terra, o mais adequado para fazermos uso da inteligência, considerando que estamos na fase crística e crítica de transição planetária, em essência, a mensagem de Os novos rumos do Cristianismo:

• Mostra, de maneira lógica e transparente, que o Evangelho do Divino Sábio – Jesus de Nazaré, é aplicável e útil à vida de todas as pessoas, independentemente dos diferentes graus evolutivos ou intelectivos.

• Dilui os elos energéticos do conservadorismo, pois todos os seres vivos obedecem ao eterno vir a ser. Logicamente, a Lei da Impermanência não faculta estagnação eterna, já que a evolução, por ser constante universal, exige eterna renovação.

• Esclarece quanto à necessidade de substituir conceitos, não só em função da evolução espiritual atualmente mais dilatada, como também da biologia, que, gradualmente, atende menos ao empuxo causado pela ancestralidade animal. Por conseguinte, considerando o longo período que recentemente passamos estagiando no reino animal, são necessários vigilância e oração para não ficarmos emaranhados nas energias dos instintos inferiores.

• Uma vez que é constante universal todos os espíritos "saírem" de Deus *simples e ignorantes* e "retornarem", inexoravelmente, à sua origem à medida que despertam os divinos atributos latentes em si, o nosso atual grau de evolução permite que nos entreguemos ao tropismo crístico gerado pelas superconsciências angelicais, arquiangélicas e pelas demais consciências superiores.

Para interpretação do Evangelho como síntese de todas as verdades, apoiamo-nos na logicidade das Leis da Evolução e, dessa forma, eliminamos os pieguismos religiosos, os discursos de conveniências e as promessas dos astutos que, em nome de

Deus, enganam os simples e ignorantes, prometendo-lhes vaga garantida no Céu.

Na gênese da mônada, Deus imprime a crística condição de todo efeito retornar à causa. Assim, todos os seres são efeitos criados pela Causa sem Causa – Deus. Isso significa que a evolução espiritual imposta pela Lei da Vida é processo natural, embora os seres humanos, por possuírem livre-arbítrio, optem por retornar ao Criador com a velocidade que lhes aprover. Certo é que todos, por esforço próprio, na condição de Filhos Pródigos, retornarão conscientemente ao Pai-Criador.

Para acompanhar os novos tempos, não devemos considerar nossas verdades como se fossem absolutas, considerando o eterno transformismo e a eterna evolução.

Por estarmos em fase de transição planetária, precisamos elaborar uma linguagem mais atualizada para a Era do Mentalismo, mas sem fugir da lógica.

Refletindo:

- Em função da crescente frequência de nossa mente na Era do Mentalismo, com mais facilidade vamos sentir e identificar os campos energéticos luminosos, aqueles que eram considerados imponderáveis, o que nos causará excelente motivação íntima para acelerar o nosso religare.
- Com a nova mentalidade do espírito terreno, o Cristo-Criador será concebido como fonte alimentadora da vida dos seres de todos os reinos. O ser humano sentir-se-á magnificamente motivado para empenhar-se em dar sentido sagrado à vida.
- Nas assertivas constantes neste livro, por se apoiarem nas Leis de Deus, não foi preciso o uso de abstrações teológicas, tendo em vista que na Obra do Supremo Artífice do Universo não há mistérios.
- A mensagem de Os novos rumos do Cristianismo aguça os sentidos crísticos do homem-espécie, a fim de que ele não permaneça contemplando tão somente as suas realizações externas e transitórias, mas que se dedique a trabalhar o seu mundo interno e eterno, para tornar-se um homem integral.
- No contexto da Proposta Adventista constante nesta obra, suavemente o Jesus mítico foi desfeito... Aquele anjo

das planuras celestes sem função diante das necessidades terrestres deixou de existir... Ele foi inserido na consciência de todos nós, Seus seguidores, nos ensinamentos e na exemplificação. Isso porque já não concebemos o Nazareno Mestre apartado do nosso dia a dia, mas incentivando os seres humanos de todas as vertentes do conhecimento a se evangelizarem.

• O Cristianismo Renovado induz a pessoa a seguir o Cristo não somente pela fé no sentido amplo e sagrado de fidelidade às Leis de Deus, mas também pela razão, apoiando-se na logicidade da Lei da Evolução.

• Por ser inquestionável que a proposta dos Adventos Crísticos, para renovar o Cristianismo, também pode ser assimilada pelas vias da racionalidade, pois expressa a incontestável lógica da Lei do Criador, por enquanto não fará eco aos espíritos incipientes, pois lhes falta evolução para compreenderem as leis fundamentais da vida – Reencarnação e Causa e Efeito. Os insipientes, no entanto, apesar do exíguo tempo para acontecerem as grandes transformações do mundo, ainda poderão despertar os seus Cristos internos e abraçar a causa crística, mas será preciso dedicação total, pois esta aurora tende a desvanecer. Em outras palavras, os espíritos infantis ainda não têm condições evolutivas para assimilar a mensagem do Cristo trazida ao mundo pelo Nazareno Mestre. Justifica-se, assim, o fato de esses infantes terem transformado o Evangelho em "mercadoria" para compra e venda.

* * *

Agora que estamos desarmados para com os Haveres dos Céus, façamos uma avaliação consciente, afirmando:

• Jesus, apesar de ser um anjo em Sua condição cósmica e divinal, não está somente nas planuras celestiais, pois Ele faz parte de minha vida e da vida de toda a humanidade.

• Refletindo sobre o proposto em Os novos rumos do Cristianismo, consegui conceber que Cristo e Jesus são duas consciências espirituais distintas... Surgiu de meu âmago a Chama Crística mais luminosa, pois despertei o meu Cristo interno. Sinto-me um homem novo a caminho do homem integral... Sinto-me mais capaz para enfrentar os desafios naturais da vida.

• Não tenho dúvida de que a universalidade do proposto pelos Adventos Crísticos conduzirá os povos à união sem fusão, de forma que todos concebam o Cristo como sagrado ponto focal a ser alcançado e sentido.

* * *

Vamos encerrar Os novos rumos do Cristianismo refletindo sobre as constantes universais. O objetivo é nos conscientizarmos das Leis de Deus para, com lucidez, desdogmatizarmos, desmistificarmos e desmitificarmos o Cristianismo.

Por ser Deus Perfeito e Absoluto Criador, o caminho da evolução e ascensão espiritual em todo o universo é único – o espírito adquirir a misericórdia do ver, ouvir e falar.

Quão bom seria se os anjos encontrassem palavras adequadas ao vocabulário terreno para nos falar sobre as magníficas emoções que vivem as consciências ascensionadas.

Mesmo sem a palavra direta, oriunda das dimensões angelicais, intuitivamente somos capazes de deduzir a refulgência de luzes, perfumes, cores e músicas nos planos energéticos superiores em torno da Terra, nos quais todos os espíritos têm como primordial aspiração alcançar uma frequência que lhes permitam entrar em ressonância com o Cristo, Senhor Nosso e Irmão Maior.

O Nazareno Mestre, quando encarnado, transformava as ambiências de Suas divinais pregações em santuários, convidando os demais seres humanos a celebrarem a vida... A entrarem em núpcias com o Cristo-Amor. Sigamos o Seu exemplo, trabalhando com afinco em nosso polimento espiritual, a fim de nos tornarmos porta-vozes do Sublime Anjo, Jesus de Nazaré, e magnetizarmos os ambientes onde estivermos representando a divindade, a exemplo do que Ele fez na condição sagrada de médium do Cristo.

No Sermão da Montanha, Jesus traçou a trajetória ascensional para quem almeja alcançar os Céus o quanto antes, afirmando que somos deuses, somos Luzes... Ora, em sendo das

Leis da Evolução que não se deve acender a candeia e colocá-la debaixo do alqueire, mas no velador, coloquemos os nossos talentos a serviço da vida para glória do Cristo-Pai.

Permitamos que resplandeça a nossa luz diante dos demais homens, *para que vejam as nossas boas obras e glorifiquem nosso Pai, que está nos Céus*.

Continuemos investindo em nosso burilamento espiritual, para *nos tornar perfeitos, como perfeito é o nosso Pai que está nos Céus*, conforme solicitado por Aquele que *também é Caminho, também é Verdade e também é Vida*, Jesus, o Anjo planetário a serviço do Cristo-Pai na Terra.

Que o Supremo Artífice da Vida nos ampare nessa escalada rumo aos Céus.

Que sejamos fiéis representantes do Cordeiro do Amor, refletindo para o mundo Sua angelical imagem e convidando as demais criaturas a colocarem Sua Evangélica Mensagem na rotina da vida.

Que a paz do Senhor permaneça com todos nós.

Referências bibliográficas

ÂNGELIS, Joanna de (Espírito). Psicologia da gratidão. [Psicografado por Divaldo Pereira Franco]. Miami: LEAL Publisher, 2014.
BESANT, Anne; LEADBEATER, Charles W. Formas de pensamento. Trad. Joaquim Gervásio de Figueiredo. São Paulo: Pensamento, 1967.
CAMPOS, Humberto de. (Espírito). Brasil, coração do mundo, pátria do Evangelho. 18. ed. [Psicografado por] Francisco Cândido Xavier. Brasília, DF: Federação Espírita Brasileira, 1938.
DUFAUX, Ermance (Espírito). Escutando sentimentos. [Psicografado por] Wanderley Oliveira. Belo Horizonte: Dufaux, 2006.
LUIZ, André (Espírito). Missionários da luz. [Psicografado por] Francisco Cândido Xavier. Brasília, DF: Federação Espírita Brasileira, 1991.
MIRAMEZ (Espírito). Francisco de Assis. [Psicografado por] João Nunes Maia. 12. ed. Belo Horizonte: Fonte Viva, 1997.
PARAGUASSU (Espírito). As cinco vidas de Paraguassu. [Psicografado por Maria do Carmo Cardozo]. Niterói, RJ: Casa Senhora do Carmo, 1953.
RAMATÍS (Espírito). A missão do espiritismo. [Psicografado por] Hercílio Maes. 8. ed. Limeira, SP: Conhecimento, 2001.
RAMATÍS (Espírito). Fisiologia da alma. [Psicografado por] Hercílio Maes. 15. ed. Limeira, SP: Conhecimento, 2006.
RAMATÍS (Espírito). Mediunismo. [Psicografado por] Hercílio Maes. Limeira, SP: Conhecimento, 1960.
RAMATÍS (Espírito). Mensagens do astral. [Psicografado por] Hercílio Maes. 5. ed. Rio de Janeiro: Livraria Freitas Bastos, 1975.
RAMATÍS. A vida no planeta Marte e os discos voadores. 12. ed. [Psicografado por] Hercílio Maes. Limeira, SP: Conhecimento, 1999.
SANTOS, Adolfo Marques. A arte de interpretar a vida. 3. ed. Limeira, SP: Conhecimento, 2015.

SANTOS, Adolfo Marques. A predestinação espiritual do Brasil. Limeira, SP: Conhecimento, 2011.
SANTOS, Adolfo Marques. Adventos crísticos. 3. ed. Limeira, SP: Conhecimento, 2013.
SANTOS, Adolfo Marques. O cristianismo renovado. Limeira, SP: Conhecimento, 2014.
SANTOS, Adolfo Marques. O evangelho e a lei de Deus. 3. ed. Limeira, SP: Conhecimento, 2012.
SANTOS, Adolfo Marques. O fim dos tempos e os discos voadores. 3. ed. Limeira, SP: Conhecimento, 2012.
SANTOS, Adolfo Marques. Pérolas de esperança. Limeira, SP: Conhecimento, 2013.
SGARBOSSA, Mário; GIOVANNINI, Luigi. Um santo para cada dia. 4. ed. Vila Mariana, SP: Paulinas 1983.
UBALDI, Pietro. A grande síntese. 11. ed. São Paulo: LAKE, 1979.
UBALDI, Pietro. A lei de Deus. 4. ed. Campos dos Goytacazes: Fundapu, 1989.
UBALDI, Pietro. A nova civilização do terceiro milênio. Trad. Oscar Paes Leme. Campos dos Goytacazes: Fundapu, 1992.
UBALDI, Pietro. Ascese mística. Trad. Rubens C. Romanelli; Clóvis Tavares; Jerônimo Monteiro. 3. ed. Rio de Janeiro: Fundação Pietro Ubaldi, 1983.
UBALDI, Pietro. Evolução e evangelho. 2. ed. Campos dos Goytacazes: Fundapu, 1983.
UBALDI, Pietro. Grandes mensagens. Trad. Clóvis Tavares. Campos dos Goytacazes: Fundapu, 1985.
UBALDI, Pietro. Princípios de uma nova ética. 2. ed. Campos dos Goytacazes: Fundapu, 1983.
UBALDI, Pietro. Problemas do futuro. Trad. Mário Corbioli e Medeiros Corrêa Júnior. 4. ed. Campos dos Goytacazes: Fundapu, 1983.
UBALDI, Pietro. Técnica funcional da lei de Deus. Campos dos Goytacazes: Fundapu, 1985.

Pérolas de Esperança
Adolfo Marques dos Santos
ISBN 978-85-7618-289-4
14x21cm – 180 p.

É proposta deste livro que o leitor se descubra na condição consciente de portador dos Atributos Divinos... Que se conscientize de que, na Era do Mentalismo, continuarão na Terra apenas os espíritos fortes e capazes, pois os fracos e incapazes serão exilados para mundos condizentes com a sua evolução...

Pérolas de Esperança, em sua essência:
• É Evangelho em linguagem adaptada à forma mental do terceiro milênio...
• É alimento espiritual com efeitos psicossomáticos...
• É mensagem formatada em palavras, mas com significado de exaltação à vida...
• É ensinamento sagrado para ser inserido na rotina da vida...
• É verdade para ser assimilada pela razão e saboreada pelo sentimento...
• É autoajuda para a criatura despertar o seu Cristo Interno...
• É autodescobrimento para a alma se autoiluminar...
• É autoamor para a autorrealização...
• É autoaprimoramento para a autotranscendência...
• É autossuperação para a autolibertação...
• É autoconfiança em nosso Deus interior para a nossa autocura.

Nossa expectativa é de que, no final das reflexões destes apontamentos, estejamos convictos de que *a esperança nunca abandona a vida*. Mas, não nos esqueçamos da advertência bíblica: - *Faze tua parte, que o Céu te ajudará*.

OS NOVOS RUMOS DO CRISTIANISMO
foi confeccionado em impressão digital, em setembro de 2016
Conhecimento Editorial Ltda
(19) 3451-5440 — conhecimento@edconhecimento.com.br
Impresso em Super Snowbright_b 70g, Hellefoss AG